本研究获国家社科基金(16CRK022)、陕西师范大学优秀著作出版基金与陕西师范大学一流学科建设经费资助出版

性别失衡社会农村家庭风险、后果与应对研究

杨 博 著

陕西师范大学出版总社

图书代号　ZZ22N0539

图书在版编目(CIP)数据

性别失衡社会农村家庭风险、后果与应对研究／杨博著．—西安：陕西师范大学出版总社有限公司,2021.12
ISBN 978-7-5695-2356-0

Ⅰ.①性… Ⅱ.①杨… Ⅲ.①人口性别构成—影响—农村—家庭问题—研究—中国 Ⅳ.①D669.1 ②C924.24

中国版本图书馆 CIP 数据核字(2021)第 148224 号

性别失衡社会农村家庭风险、后果与应对研究
XINGBIE SHIHENG SHEHUI NONGCUN JIATING FENGXIAN、HOUGUO YU YINGDUI YANJIU

杨　博　著

责任编辑	于盼盼
责任校对	刘金茹
封面设计	金定华
出版发行	陕西师范大学出版总社
	(西安市长安南路199号　邮编710062)
网　　址	http://www.snupg.com
经　　销	新华书店
印　　刷	陕西隆昌印刷有限公司
开　　本	787mm×1092mm　1/16
印　　张	17.5
字　　数	310千
版　　次	2021年12月第1版
印　　次	2021年12月第1次印刷
书　　号	ISBN 978-7-5695-2356-0
定　　价	68.00元

读者购书、书店添货或发现印装质量问题，请与本社高等教育出版中心联系。
电　话:(029)85303622(传真)　85307864

前　言

　　中国性别失衡社会正在从出生人口性别比偏高现象所导致的出生人口性别结构失衡发展为人口结构男多女少的社会后果,中国社会发展形态中出现了性别失衡社会因素。考虑到中国性别失衡后果主要发生在农村地区,因而农村家庭将成为性别失衡社会形态下最先承受一系列经济社会影响的单元。以往研究大量关注农村出生人口性别比偏高及其导致的婚姻挤压现象,以及性别失衡治理问题,对于农村家庭作为基层社会单元如何在性别失衡社会中生存和发展尚有研究空间。在当前社会转型时期,中国农村家庭除了面临性别失衡,还面临农村城镇化、老龄化和城乡人口迁移等一系列社会结构转型,家庭规模、结构和功能都在发生快速而显著的变化,其是否能够在变化格局中及时适应性别失衡社会一系列后果尚未可知。考虑到农村家庭资源劣势导致的家庭脆弱性、农村家庭在社会转型中的风险暴露程度以及敏感性,农村家庭可能在性别失衡社会情境下面临一系列家庭风险议题,需要从社会、社区和家庭层面切入进行具体分析和研讨,明确性别失衡社会情境下农村家庭风险与后果并提出针对性策略建议。

　　本书基于社会转型影响研究家庭问题特别是家庭风险相关的理论体系,综合考虑中国性别失衡社会形态与农村城镇化、老龄化和城乡人口迁移等社会转型叠加因素,引入国家统计数据、微观问卷调查数据以及深度访谈信息,进行具体家庭风险的甄别、归类及其形成机制分析。在实证数据分析部分,考虑到农村家庭面临的风险环境是客观现实,农村家庭风险中存在跨层次的环境效应,需要纳入嵌套数据结构,因此实证数据大量应用了社区层与家庭层以及家庭层与个人层等多层次分析;考虑到性别失衡环境与农村城镇化、老龄化和城乡人口迁移等社会转型因素存在叠加效应,农村家庭风险的定义和识别引入了潜在类别分析及其相关的多层混合回归分析方法。在深度访谈阶段,考虑到性别失衡是综合型的社会情境因素,本书引入利益相关者模型框架对普通农村家庭进行扩展研究,挖掘性别失衡社会因素对农村家庭成员的普遍效应。

本书首先基于性别失衡社会情境因素以及农村家庭风险研究积累,提出了性别失衡社会农村家庭风险的指标体系及其测量方法。基于指标体系,具体探讨了农村家庭的社区风险环境、家庭综合风险、家庭婚姻风险、家庭养老风险、家庭健康风险等风险现状、类型及其形成机制,并由此探讨了农村家庭生育偏好变化趋势、农村婚姻稳定与可持续、农村家庭健康以及特殊家庭可持续生存与发展等后果议题。研究发现,农村社区抗逆力水平是农村家庭在性别失衡社会情境下面临的风险环境,社区抗逆力提供了普通家庭维系稳定和促进发展的外在保护机制,受到性别失衡、城镇化、老龄化以及城乡人口迁移等社会生态系统的综合影响。农村家庭抗逆力是农村家庭综合型风险承受能力,是普通家庭凭借自身资源、结构、规模、运行方式和功能为家庭成员提供的保护能力和风险响应水平,家庭抗逆力来自农村家庭可持续生计水平。在婚姻风险上,性别失衡社会形态下农村家庭婚姻危机主要来自跨国婚姻需求与流行趋势,特别是中越跨国婚姻正在成为中国边境农村和中国内陆农村性别失衡情境下婚姻危机的主要表现。由于大量中越跨国婚姻存在违法性质和灰色地带,农村中越跨国婚姻家庭稳定性和安全性以及可持续发展能力有显著不确定性。在家庭养老风险上,农村家庭的代际支持成为重要的风险空间。考虑到性别失衡、婚姻挤压、人口流动以及家庭少子化、子女独立化、家庭规模小型化等情境因素,农村子女未来是否能够为老年人提供财务支持、工具支持和情感支持存在显著的不确定性,但是未来老年人也会由于养老资源改善而降低代际支持依赖,农村养老风险存在弹性区间。在健康风险上,农村未婚男性家庭在婚姻挤压和人口迁移过程中存在显著的HIV/AIDS风险性行为的参与趋势,有可能成为家庭群体性的累积风险进而成为家庭健康风险典型。在性别失衡社会农村家庭风险后果上,农村家庭生育男孩偏好会受到男多女少环境的复杂影响,农村社区中越跨国婚姻正在性别失衡社会情境下扩散,但是跨国婚姻家庭稳定性也在曲折中不断提升,农村老年人的健康风险也是在农村家庭健康资源投入劣势下较为明显的风险后果。

整体而言,本书研究发现了农村家庭在性别失衡社会情境下通过抗逆力弹性应对复杂的风险后果,同时农村家庭的资源也会形成可持续生计弹性抵御各类不确定性和风险,性别失衡情境下中越跨国婚姻扩散、稳定性和缔结模式成为国际婚姻风险现象,农村老年人家庭和未婚男性家庭可能面临 HIV/AIDS 和医疗卫生健康风险。基于上述发现和结论,本书提出了农村家庭应对风险的对策建议,包括家庭风险的整体应对和社区治理策略,农村家庭跨国婚姻风险应对与治理策略,农村家庭代际支持风险应对与治理策略,农村家庭健康风险应对与治理策略。

本书是对性别失衡社会情境下普通农村家庭生存、发展及其可持续性的综合探讨,也引入了中国当前社会农村城镇化、老龄化和城乡人口迁移等叠加社会结构情景,由于直接反映性别失衡的农村数据有局限性,因此书中个别议题可能存在数据解读局限以及研究样本局限,后续会继续进行研究探讨予以补充。

目　录

第1章　绪论 …………………………………………………………… 1
　1.1　中国社会的性别失衡趋势 ………………………………………… 1
　1.2　农村家庭现状与风险议题 ………………………………………… 5
　1.3　研究问题 …………………………………………………………… 13
　1.4　数据来源 …………………………………………………………… 14

第2章　性别失衡社会相关理论 ……………………………………… 18
　2.1　性别失衡社会宏观理论分析 ……………………………………… 18
　2.2　性别失衡社会中观社区理论分析 ………………………………… 31
　2.3　性别失衡社会微观家庭理论分析 ………………………………… 36

第3章　性别失衡社会农村情境分析与理论框架 …………………… 48
　3.1　性别失衡社会的农村宏观情境分析 ……………………………… 48
　3.2　性别失衡社会的中观社区情境分析 ……………………………… 59
　3.3　性别失衡社会的家庭微观情境分析 ……………………………… 62
　3.4　农村性别失衡的风险情境分析 …………………………………… 65
　3.5　理论框架 …………………………………………………………… 76

第4章　农村家庭风险定义与指标体系 ……………………………… 82
　4.1　农村家庭风险及其定义 …………………………………………… 82
　4.2　农村家庭风险指标体系 …………………………………………… 88

第5章　农村社区抗逆力及其形成机制 ……………………………… 97
　5.1　农村社区抗逆力概况 ……………………………………………… 98
　5.2　社区抗逆力类型识别及其形成机制 ……………………………… 102

第6章 农村家庭抗逆力及其形成机制 ······ 111
- 6.1 农村家庭抗逆力概况 ······ 111
- 6.2 农村家庭抗逆力类型识别及其形成机制 ······ 115

第7章 农村家庭中越跨境婚姻及其形成机制 ······ 125
- 7.1 中国农村中越跨境婚姻概况 ······ 125
- 7.2 中越跨境婚姻风险识别及其形成机制 ······ 133

第8章 农村家庭代际支持预期及其形成机制 ······ 145
- 8.1 老龄化与农村家庭代际支持 ······ 145
- 8.2 农村家庭的代际支持预期及其形成机制 ······ 150

第9章 农村家庭HIV/AIDS风险及其形成机制 ······ 160
- 9.1 农村家庭健康与HIV/AIDS风险 ······ 160
- 9.2 农村家庭HIV/AIDS风险识别及其形成机制 ······ 164

第10章 性别失衡社会农村家庭风险的后果研究 ······ 172
- 10.1 男孩生育偏好及其机理研究 ······ 173
- 10.2 农村中越跨国婚姻家庭研究 ······ 185
- 10.3 农村流动老年人家庭健康研究 ······ 204
- 10.4 研究讨论 ······ 219

第11章 性别失衡社会农村家庭风险治理策略 ······ 224
- 11.1 农村家庭风险的社区治理策略 ······ 224
- 11.2 农村家庭婚姻风险治理策略 ······ 227
- 11.3 外籍新娘家庭生存与发展策略 ······ 229
- 11.4 农村家庭养老风险治理策略 ······ 231
- 11.5 农村家庭健康风险治理策略 ······ 234

参考文献 ······ 238

第1章 绪论

1.1 中国社会的性别失衡趋势

人口性别结构是人口结构基本问题之一,是影响我国社会可持续发展的重要因素。20世纪80年代以来,我国的性别失衡问题逐渐凸显,突出表现为出生人口性别比的异常升高。中国政府从1996年开始对性别失衡问题进行集中治理,并在"十一五"期间便将治理出生人口性别比问题上升至国家规划的高度,且连续三次将综合治理出生人口性别比偏高问题写入国民经济与社会发展五年规划纲要中。作为国家层面持续关注的一项人口战略,中国性别失衡的治理已经全面推进,取得了许多成效,也面临诸多挑战。在面临百年未有之变局以及中国特色社会主义事业进入新时代之际,面对诸多社会转型背景,我国性别失衡态势的发展历程以及后果逐渐成为社会形态的重要一环,即性别失衡社会形态日益形成,中国家庭特别是农村家庭即将面临性别失衡社会形态下的诸多挑战。

1.1.1 出生人口性别比偏高及性别失衡态势

作为性别失衡的主要驱动因素之一,中国的出生性别比自20世纪80年代以来持续偏高,但近十年稳中有降,总体上可将其变动趋势划分为四个阶段,如图1-1所示。第一阶段,20世纪80年代,出生性别比偏高并持续偏高的现象初见端倪。1980年我国出生性别比为107.8,此后十年内波动上升,1989年升至113.9。在家庭联产承包责任制的背景下,家庭重新成为基本经济单位,农业生产对男性劳动力的需求和父权制体系下养老医疗保障的缺失重新唤起了男孩偏好,同时计划生育政策的压力使生育率下降,加之医疗卫生水平的提高和

B超手段的出现,则为产前性别选择提供了技术支持,一系列因素的作用下性别选择从意愿观念落地为实际行动,出生性别比偏高现象得以维系(闫绍华,刘慧君,2012)。第二阶段,20世纪90年代,出生性别比继续攀升。在这一阶段,生育政策严格执行和价值观变化共同推动生育率进一步下降,B超技术的普及、人们经济收入水平提高和性别选择相关信息的传播,使得人们的性别选择能力,性别选择行为在人群中仍旧呈扩散趋势,出生性别比持续稳步攀升,到1999年达到119.3的高度,出生性别失衡十分严重。第三阶段,21世纪初的十年间,出生性别比增势放缓,高位徘徊。此阶段政府通过关爱女孩行动等一系列措施综合治理出生性别比偏高问题,但社会分层和收入差距的扩大令男孩偏好再度回归,血液鉴定等新型性别鉴定技术的出现更是助长了不良之风,使得21世纪开端的十年内我国出生性别比一直在120左右的高位徘徊,出生性别严重失衡。第四阶段,2010年至今,我国出生性别比持续下降,改善势头良好。在人口流动和家庭核心化的影响下,代际关系转变,儿子的养老功能和家庭经济功能弱化,人们对子女净收益差异的预期淡化,经济发展对男孩偏好的弱化作用逐渐突显,同时各项综合治理持续发力,我国出生人口性别比连续多年下降,2015年已降至113.54,这标志着我国"遏制出生人口性别比继续升高"的第一步综合治理目标初见成效(原新,2014,2016a)。

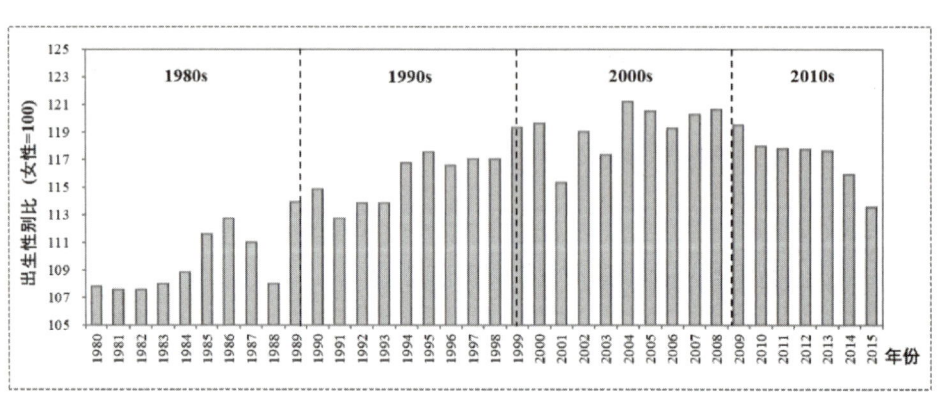

图1-1 1980—2015年中国出生人口性别比

资料来源:根据第三、四、五、六次全国人口普查资料,2004年《中国人口统计年鉴》,2005年人口抽样调查资料,2006—2008年度人口变动抽样调查资料,2009年、2011—2014年国家统计局统计公报、2015年全国1%人口抽样调查资料整理所得。

我国近期出生性别比的变化趋势与以往不同,主要表现为以下几大特征:第一,孩次转换。四次人口普查资料显示,我国一孩出生性别比在前三次普查中均为正常,二孩及多孩出生性别比持续偏高、严重失衡。到2010年,一孩出生性别比由2000年的107.1变为113.7,首次出现显著上升;而二孩出生性别比自2000年的151.9降至130.3,降幅明显。这说明在低生育率水平下,人们开始倾向于在首次生育行为中进行性别选择。第二,城乡转换。我国城镇地区出生性别比近期表现出连续攀升、加速上升的态势,而农村地区虽然绝对水平持续偏高,但已出现略微下降的趋势。到2010年,我国市、镇、县的出生性别比分别升至118.33、122.76和122.09,以往在农村地区严重的出生性别比偏高态势已经蔓延至城镇地区,城乡差异缩小,均处于出生性别严重失衡的状态。第三,区域扩散。2010年,全国出生性别比偏高的省份(港澳台除外)由2000年的27个进一步增加到29个,出生性别比仍处于正常水平的地区仅有西藏和新疆。第四,出生性别比偏高的少数民族数量增加,偏高的幅度进一步上升。2010年,百万以上人口的19个少数民族中,出生性别比偏高的省份为13个,而1990年仅为6个。少数民族的出生性别比有进一步扩大和严重的趋势(李树茁,果臻,2013)。

1.1.2 女婴数量变化及婚姻市场性别失衡态势

衡量性别失衡态势的另一个指标是出生女婴数量的变化趋势。受生物性因素的影响,男婴的存活概率普遍弱于女婴。经验数据表明,婴儿死亡率性别比的正常值为1.2—1.3,1—4岁儿童死亡率性别比为1.0—1.2,当观测值低于标准值时,表明该地区女孩死亡率偏高。随着社会经济发展和医疗保障水平的提高,我国婴幼儿死亡率在20世纪50—70年代快速下降,到2016年,婴儿死亡率、5岁以下儿童死亡率已分别降至7.5‰、10.2‰(国家卫生计生委,2017)。但从经验数据来看,我国婴幼儿死亡率的性别模式明显偏离了国际正常水平,自20世纪80年代开始出现女婴死亡率偏高现象,且女童死亡率偏高在20世纪60年代就已存在。

1981—2000年,我国婴儿死亡率性别比长期低于正常水平,女孩死亡率偏高持续加剧,2000年低至0.71,形势十分严峻(表1-1)。就主观意愿而言,男孩偏好和性别歧视是主要归因;从客观条件来说,这也受到部分地区经济发展水平和医疗条件落后的影响。到2010年,婴儿死亡率性别比回升至0.95,有所缓解。1—4岁儿童死亡率性别比在2000年开始回升,到2010年时已恢复正常水平。除却社会观念转变、医疗水平提高等因素的影响,这也是我国关爱女孩等行动措施卓有成效的体现。总的来看,当前女婴死亡率仍表现出略高于男婴的非正常状态,有进一步下降的空间,但我国婴幼儿死亡率性别比得到显著改善,尤其是儿童死亡率性别差异已恢复正常。值得一提的是,我国婴幼儿死亡率的绝对值已大幅下降,逐渐接近发达国家水平,其对人口性别失衡的影响已明显削弱(李树茁,果臻,2013)。

表1-1 婴幼儿死亡率性别比(女性=1)

年份	婴儿死亡率(‰)			儿童死亡率(‰)		
	男	女	比值	男	女	比值
1981	38.73	36.66	1.06	16	17.77	0.9
1990	32.36	33.48	0.97	12.02	15.13	0.79
2000	23.92	33.75	0.71	6.06	6.19	0.98
2010	13.62	14.3	0.95	2.75	2.34	1.18

出生性别比持续偏高和女孩死亡率偏高直接导致了失踪女性现象。不同于20世纪前半叶,战乱和饥荒导致的资源严重不足迫使家庭将资源更多地分配到男孩身上,最终使得女孩死亡水平偏高,目前我国的失踪女性现象主要发生在女孩时期,包括出生前的女孩失踪以及出生后的女孩失踪。出生前的女孩失踪主要由性别选择性人工流产导致,出生后的女孩失踪则是指由于成长环境较差甚至是溺弃女婴所导致的女孩死亡水平偏高。失踪女性往往有实际失踪和名义失踪之分。实际失踪是由于性别选择机制,女孩在出生前后就消失了,是真实失踪;而名义失踪不仅包括真实失踪,还包括存活的女性但在统计中消失的假性失踪,即女孩的瞒报和漏报等。

总体而言,自1980年以来,我国失踪女性的比例正随着时间变化持续上升。1980—2000年我国失踪女性的数量为920万人,比例为4.19。其中1980—1989年出生队列失踪女性数量为294万人,比例为2.71%;而1990—2000年出生队列失踪女性数量为626万人,比例为5.65%(姜全保等,2005)。进一步测算1980—2010年间性别失衡对女性缺失的影响发现:1980—2010年间,我国缺失女性为2013万,比例为7.34%,2000—2010年间缺失女性的比例高达10.85%(李树茁 等,2014)。失踪女性现象导致了中国人口性别结构的不平衡,对人口规模、老龄化、劳动年龄人口和婚姻等人口问题产生了间接影响。尽管女性失踪对人口规模的减少效应从短期来看可能较小,但是通过人口长期发展的传导机制,失踪女性对人口增长的积累效应不应被忽视,这也会在一定程度上影响到我国人口的老龄化状况以及劳动年龄人口的总数。最后,适婚女性的短缺使得婚姻市场上男性过剩,产生了男性婚姻挤压,对人口和社会的可持续发展构成威胁。

1.2 农村家庭现状与风险议题

中国的性别失衡现象已经成为国际和国内关注的热门话题。随着国家和地方治理活动的深入开展,出生人口性别比偏高趋势整体上得到了缓解,但是性别失衡的累积效应正在逐渐形成。演变为性别失衡后果,不仅会造成宏观环境的变化,也会对微观个体形成影响(Jiang et al.,2014),成为社会宏观发展和微观生活中必须面对的现实问题。因此,与经济和社会新常态一样,性别失衡将成为中国社会客观面临的现实环境,中国社会也将进入性别失衡社会,成为人口结构意义上的新型常态化。中国性别失衡的总体态势表明,由长期出生人口性别比偏高以及强烈而持续的男孩偏好文化,农村社区环境下的性别失衡趋势会比城市地区更快凸显,性别失衡造成的后果以及对社区和万千家庭的影响会最先在国家层面表现出来。因此,农村家庭可能是性别失衡社会趋势和社会结构形态下最先承受社会、经济、健康等结构型变化的单位。

1.2.1 农村家庭变迁态势

性别失衡正在成为中国社会、经济和民生发展面临的现实环境。根据国家统计局的数据,2015年末中国大陆男性人口超出女性人口3366万,出生人口性别比为113.51;2014年人口抽样调查中,15岁及以上未婚人口性别比更高达146.1。性别失衡局面已经初步形成,其后果将在未来10—20年进一步显现(Jiang et al.,2014)。性别失衡将在社会、家庭和个人层面带来不确定性后果和危机,成为性别失衡风险,影响经济发展、女性权益、家庭结构和生活以及社会安全和稳定(李树茁 等,2009)。因此,性别失衡社会已成为不可回避的客观现实,其后果带有长期性和风险性。家庭结构和数量的变化削弱了农村家庭的风险抵御能力。随着农业生产方式变化、人口外出流动增多以及生活方式转变,农村家庭户规模从1990年的3.96下降为2010年的3.1,"夫妻-子女"核心家庭逐渐增多(王跃生,2013)。农村家庭规模小型化速度快于城市家庭(尹秀芳,杨云彦,2014),意味着农村家庭抵御和分担风险的能力被削弱。在城镇化进程中,农村家庭占全国家庭的比重从2000年的61.44%下降到2010年的48.45%,公共资源向城镇倾斜很容易造成农村家庭资源劣势(周长洪,2013),削弱其抵御风险的能力。因此,当前转型期社会的农村家庭将面临现实和潜在风险。

性别失衡社会中的农村家庭将承担风险后果。性别失衡主要在农村地区(Guilmoto,2012),可能对农村家庭造成深刻影响。2014年抽样调查中的家庭户男性比女性多4%(周长洪,2013),家庭分工、家庭角色都将出现潜在冲突,家庭资源分配也会发生深刻变化(Regnerus,2012),对女性家庭成员生存发展和单身男性家庭养老构成不利影响(杨菊华,2012;陆杰华,张韵,2014)。研究显示,农村地区的女孩户家庭、未婚男性家庭特别是大龄未婚男性家庭可能面临最直接的性别失衡风险(李树茁 等,2009)。目前多数学者认为,男性婚姻挤压、经济资源冲突、劳动力结构变化、女性生存与发展劣势、社会养老困境以及个体健康风险是性别失衡的主要后果(Jiang et al.,2014;李树茁 等,2009;杨菊华,2012;陆杰华,张韵,2014)。部分研究间接涉及家庭因素,包括家庭经济、社会融合、福利保障以及家庭发展等(Goodkind,2011)。家庭研究认为家庭风险是家庭生存与发展中的不确定性危机,是对家庭成员的潜在伤害和家庭功能的缺失(王跃生,2013;尹秀芳,杨云彦,2014),包括家庭成员变动导致的直接风险,以及家庭决策行为、教育与发展预期、社区环境变化、健康与养老等间接风险(Rettig,Leichtentritt,1999;周长洪,2013;Christiaensen,Sabbarao,2004)。相关研究不足主要表现在:在研究对象上,性别失衡后果研究关注宏观层面的社会和微观层面的个人,对于中观层面的家庭关注较少。性别失衡主要在农村地区(Guilmoto,2012),在生育政策调整、经济发展模式转变、生活环境变化以及公共医疗与养老服务尚未完善的条件下,农村家庭可能面临生育决策、理财与经济投资、教育与发展、社区环境以及健康与养老等困境(石智雷,杨云彦,2012)。因而有必要关注性别失衡可能导致的对家庭成员的负面影响和家庭功能的缺失,即家庭层面的风险。

1.2.2 农村家庭生存与发展策略

家庭是社会结构的基本单位,是个体生存和发展的落脚点。性别失衡社会中,性别失衡后果很可能在家庭层面对个人生活与发展产生影响,特别是主要面临性别失衡现象与后果的农村家庭(李树茁 等,2009)。已有研究关注性别失衡的直接或间接后果,从宏微观层面分别探讨了性别失衡相关的社会风险以及"剩余男性""婚姻挤压"现象(王跃生,2013),但是对于性别失衡在农村家庭的后果很少提及。有学者关注性别失衡对于家庭的影响,落脚在单个家庭劣势成员或者特殊劣势家庭的婚姻和发展权利(尹秀芳,杨云彦,2014),但是并没有专门探讨性别失衡对于普通农村家庭带来的影响。从性别失衡对社会可持续发展的影响来看,当性别失衡成为农村社区一种社会新常态的时候,其后果和潜在风险不仅会影响特殊劣势人群,对于普通农村居民也将造成影响(周长洪,2013;Guilmoto,2012)。因此,如果从家庭层面分析性别失衡的后果和风险,就需要从农村家庭所处的宏观环境、家庭功能以及发展等进行全面探讨。在性别失衡社会日益形成的趋势下,在社会风险和个体风险成为热门话题的同时,性别失衡后果的应对与治理已经成为当前性别失衡研究的紧迫议题,不仅要面向社会和个体,更要关注农村家庭,有必要从家庭层面观察和分析性别失衡造成的影响,探讨农村家庭发展在性别失衡社会中面临的挑战和不确定性。因此,本书基于已有研究探讨家庭在性别失衡社会中所面临的后果和风险类型,明确农村家庭本身的功能和发展,进一步从实践资料分析中总结当前农村家庭在性别失衡社会中的整体风险情境。

家庭发展是指家庭所具有的经济能力、支持能力、学习能力、社会交往能力以及风险应对能力等家庭功能的集合(Regnerus,2012),同时会随着家庭所处的不同生命周期和发展任务,利用自身拥有的资源禀赋、功能支持和风险应对能力,去追求更高生活水平和家庭可持续性的发展(杨菊华,2012)。中国当代农村家庭发展面临的挑战,是在转型期大背景下逐渐形成的一系列人口和社会环境变迁。因此,农村家庭发展目前面临的主要挑战与当前人口发展的热点议题息息相关,包括家庭生育的少子化,导致家庭规模的小型化和家庭发展资源稀缺以及劳动力短缺;家庭结构的老龄化与空巢化,造成家庭养老压力与照料需求,部分空巢家庭与留守人员的福利与安全受到不利影响;人口分布的流动与城镇化,造成农村家庭结构的变化,而流动到城市的农村家庭还面临市民融合问题;弱势群体的集中化,包括大龄未婚男性以及其他劣势人群的家庭发展需求,特别是还有新出现的 LGBT 人群对于家庭权利的呼声(吴帆,李建明,2012;魏伟,2013;陆杰华,张韵,2014);最后是农村家庭发展还面临性别失衡的宏观环境。由于规模、结构以及功能的变化,农村家庭已经开始面临更为复杂和多变的社会风险挑战(Goodkind, 2011),而性别失衡环境中夹杂了多类型的社会挑战,也是农村家庭发展面临的风险叠加局面。

基于已有研究,结合性别失衡社会环境,本书认为性别失衡社会的农村家庭发展是指在性别失衡后果逐渐显现的社会环境中,当面临社会宏观环境风险、家庭结构与功能风险、家庭成员个人风险时,农村家庭所具有的发展能力和资源,能够保障家庭资源禀赋的持续性、家庭功能的有效性、家庭成员应对风险的决策。与此相对应,农村家庭风险则表现出农村家庭在性别失衡宏观环境、社区中观环境下所面临的一系列家庭发展议题,涉及家庭整体应对不确定性的能力和可持续性,家庭成员具体需求方面涉及的婚姻生育需求与实现、养老及健康需求与实现,以及特殊家庭个体权利福祉等。

1.2.3 农村家庭生存与发展内容

基于家庭发展需求评估结果,本书进一步提出了性别失衡社会的农村家庭发展分析框架,如图 1-2 所示。该框架包含了利益相关的各类家庭和群体,将家庭发展面临的挑战和风险纳入性别失衡社会环境中,对家庭发展三要素的现状进行了解读,提出了农村家庭发展在性别失衡治理中的公共政策需求。

首先,性别失衡的社会后果造成农村家庭发展面临宏观环境风险,包括少子化、老龄化导致的社会经济资源、劳动力资源与财富创造能力的减弱,这对于农村家庭而言将直接造成家庭结构变化以及家庭分工等多维度的变化,家庭在社会经济发展中面临的不可控因素增加。如果从性别差异视角切入,性别失衡等环境中女性劳动力资源面临更加不利的地位,对于其在家庭中的地位改善造成负面影响,特别是降低了女性在家庭分工和功能中的权重,进一步压缩女性家庭成员的话语权和决策权(杨菊华,何炤华,2014)。同时,在人口流动趋势和

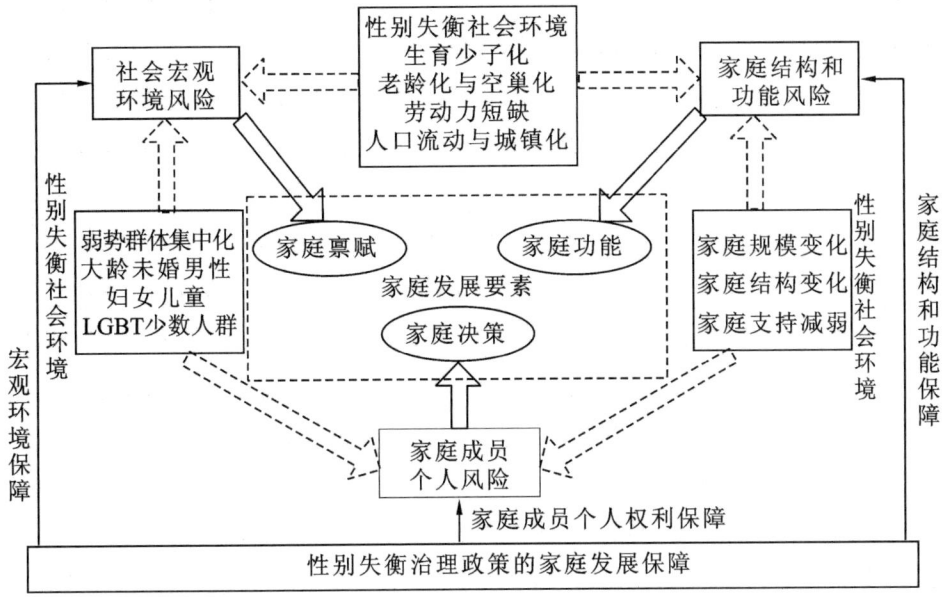

图 1-2 性别失衡社会的农村家庭

城镇化战略下,性别失衡风险的城市化扩散趋势是显而易见的。因为目前的性别失衡和婚姻挤压还局限在农村地区,城镇社区尚未感受到其影响,随着流动人口的增多,婚姻挤压下的大龄未婚男性将会越来越频繁地出现在城市社区和各个组织机构中,对城镇社区中的家庭构成直接影响。以上都是属于客观环境带来的农村家庭禀赋的变化,对农村家庭创造财富的能力、对家庭资源的积累以及弱势人群的家庭角色改善,形成了负面影响。

其次,性别失衡的家庭后果形成了农村家庭的结构和能力风险。一是婚姻挤压现象与低生育率重叠,可能造成家庭在人口再生产功能减弱的同时,又加重了男性的成婚困难,进一步加大了家庭负担。二是在家庭结构多元化趋势下,越来越多的个体家庭或个人家庭逐渐增多,传统意义上的一夫一妻家庭不再成为家庭的唯一内涵,特别是一些多元化的家庭模式比如同性伴侣家庭的出现,进一步丰富了家庭的内涵和结构。因而性别失衡实际上成为家庭人口规模递减和家庭结构变迁下的复杂人口环境,很多问题可能集中爆发成为叠加性的社会问题。三是人口流动趋势与城镇化战略下的影响,比如在农村家庭成员普遍外流务工的前提下,农村家庭的传统支持功能和角色开始外延到流动家庭,一些异地分居的家庭更是实质上失去了家庭应该具有的支持和协作功能,性别失衡环境对于农村流动家庭子女的影响就成为潜在的风险后果。四是一些劣势家庭比如个体家庭和同性伴侣家庭等还面临社会融合与排斥风险等,造成家庭在结构和功能上存在缺失,无法实现家庭应有的作用。

再次,性别失衡的个人后果则是直接造成家庭成员的个人风险,比如农村社区愈发多见的光棍/大龄未婚男性作为父母家庭成员的生存和协作问题,他们的健康议题和养老议题,以及作为单个个人家庭时候的社会生活与公共参与问题等。性别失衡环境下的农村老人/空巢家庭也是重要的个人风险议题,比如成婚子女对于老人的养老支持功能可能随着大龄未婚男性光棍的增多而出现变化。大龄未婚男性自身的养老和照料问题都已经捉襟见肘,其对于父母的支持和对于兄弟姐妹负担的形成将是养老议题中的重要一环。另外,性别失衡环境下,不可避免存在着农村留守妇女与儿童家庭的安全问题。虽然不能对大龄未婚男性标签化和污名化,但是也有必要搞清楚光棍集中出现和留守妇女家庭安全是否一定存在潜在关联。最后就是同性伴侣人群的背景家庭和新家庭风险应对等。上述这些变化造成的家庭成员个人行为变化,也必将导致其在各种风险中面临决策难题。

虽然性别失衡环境对于农村家庭构成了宏观和微观以及个人影响,但是农村乡镇行政层级和乡村社区普遍实施的性别失衡治理政策同时构成农村家庭发展的能力保障。在目前的政策体系下,经济支持和福利保障相关的家庭政策都是针对家庭禀赋构建宏观环境保障,包括经济、社会、文化、治安等;一些家庭文化干预政策也都是针对家庭结构和功能构建家庭结构和功能保障,例如家庭婚育新风建设、幸福家庭建设等发展措施;在家庭成员个人方面,涉及家庭的公共卫生服务与健康服务政策也在尝试构建面向个人的风险应对和权利保障,包括弱势群体家庭的个人风险防范以及权利保障措施等。因此,性别失衡治理政策以及其他相关公共政策体系,也都在通过服务供给、风险防范和发展支持,为家庭提供力所能及的支持和帮助。

1.2.4 农村家庭生存与发展政策

在理论分析基础上,进一步通过整理公共政策与地方实践,梳理了目前性别失衡治理的工作成效,也总结了家庭发展的现状与不足,梳理出公共政策和各类公共干预情境下农村家庭已经面临的发展问题。首先是治理政策取得了突出成效,这就在根本上为农村家庭发展提供了良性的社会环境基础。出生人口性别比偏高治理取得突出成效,SRB 全国水平的持续下降,2009 年至 2015 年实现"七连降",部分偏高地区如浙江、陕西、广东等实现正常化,偏高态势得到控制。同时在地方上形成了多样化的性别失衡治理模式,包括省级治理模式如浙江、安徽、陕西、江西、贵州、广西等,县区治理模式如长丰、靖安、周至、神木。治理模式也各具特色,包括法律与公共政策特色,利益导向与社会福利保障特色和社会文化宣传特色等。

与此同时,整体成效的背后也直接或间接折射出治理工作还没有明确农村家庭发展的内涵,尚待进一步细化政策条款,提高政策的针对性和适用性。这种缺失首先表现在治理工作研究与实践还没有专门关注性别失衡后果对农村家庭造成的影响,未关注婚姻挤压中农村光棍/大龄未婚男性作为单个家庭成员所应该享有的家庭发展权利和需求;没有关注农村特殊家庭如留守家庭妇女和儿童的状况,忽视了她们的发展需求、安全需求以及情感需求等;也忽视多样化家庭模式及需求的客观性存在,没有关注不婚者与同性伴侣家庭正当合法的生活、发展和社会参与权利,也容易引起相关人群对于目前政策的误解和争议。

在缺乏家庭视角的前提下,治理工作体系主要是针对性别失衡直接相关的性别歧视、性别选择以及农村计生工作查处"两非"等进行设计和实施,忽视了多重社会风险对农村家庭的冲击,例如低生育率趋势与男性过剩现象,老龄化社会与光棍家庭的养老风险,劳动力短缺与女性就业劣势的加剧,以及弱势群体集中化等。这些风险现象很可能在性别失衡环境下逐步显现,成为叠加性的社会问题,而治理政策显然还没有意识到叠加风险的复杂性,也一定程度上轻视了叠加风险爆发的速度和范围。在地方乡镇政府层面,突出矛盾是性别失衡治理政策与家庭发展政策协调存在问题,包括综合治理政策如何突出家庭发展内容,治理政策关注对象如何区分个人和家庭,家庭发展政策如何有效融入具体的政策平台等。虽然单项社会支持政策与综合福利政策体系的矛盾一直都存在,但是性别失衡治理政策一直都是基层家庭政策领域绕不开的重要工作领域,无论是综合政策体系与专项治理政策谁忽视谁,都会形成政策效应递减现象,制约了政策效果的实现。

1.2.5 农村家庭的不确定性风险

性别失衡研究一般从微观、静态进行横截面分析,从宏观、动态进行人口态势分析,很少结合宏微观、动静态对连接社会和个人的家庭予以关注。宏观动态研究揭示了性别失衡变化规律和预期(姜全保等,2010),微观静态研究能够发现性别失衡社会中的个人风险(韦艳,张力,2011),但这些动态宏观态势以及静态微观风险无法准确定位性别失衡在家庭层面的影响和后果。鉴于性别失衡风险和后果主要在农村地区,有必要结合宏微观和动静态视角对农村家庭进行性别失衡相关的家庭风险探讨。在研究内容层面,当前研究缺乏对性别失衡社会中家庭整体脆弱性的认识,尚未明确农村家庭风险的内容。现有研究关注农村弱势群体在性别失衡社会中的脆弱性,认为女性和大龄未婚男性的个人风险同时也带有家庭风险含义(靳小怡等,2010;唐美玲,2010;韦艳等,2012),忽略了家庭整体的脆弱性及其风险后果。家庭风险测度还包括家庭的动态持续适应能力即恢复力(Khanlou, Ron Wray, 2014),但是已有研究尚未关注家庭恢复力相关的风险内涵。因此有必要专门针对性别失衡社会中的农村家庭重新界定家庭风险的内容。

在家庭风险具体的理论指标测量上,尚未基于"脆弱性-恢复力"理论和风险的时间累积特征对农村家庭风险现状进行研究。脆弱性理论从静态维度将家庭风险区分为经济、生活、健康等风险类型(Saltzman et al., 2011),也被定义为不适应型风险和不可恢复型风险(Masten, 2013),未考虑家庭的风险适应性即恢复力,忽略了家庭结构的动态变化与家庭风险之间的关系(Finklestein, 2015)。因此有必要结合脆弱性和恢复力理论以及风险的时间累积特征进行农村家庭风险现状分析,包括风险的类型识别和形成机制研究。对于农村家庭风险后果,性别失衡研究关注到农村家庭可能由于人口环境的变化而出现个人和家庭的不利局面(刘慧君,2011;张澧生,2015),但是并没有专门探讨其对社会、社区和个人的影响,也没有探讨其对家庭现实生活和未来发展的影响,因而有必要深入分析农村家庭风险的后果。由于缺乏农村家庭风险后果的判断,现行性别失衡治理政策和实践缺乏家庭层面的关注,尚未涉及针对农村家庭风险的政策干预措施,很难构建家庭自身的风险防范和发展保障措施。因此,有必要基于农村家庭风险后果进行应对策略探讨。

1.3 研究问题

1.3.1 研究的具体问题

本书立足于中国农村性别失衡社会情境,关注农村家庭生存与发展面临的不确定性,提出农村家庭风险的分析框架和整体指标体系,识别农村家庭基于风险指标体系所凸显的具体风险形式,结合农村社会整体环境因素和农村家庭自然、社会、经济金融以及人力资源等可持续生计因素,探讨具体家庭风险的现状、水平以及形成机制,进而围绕农村家庭风险所产生或者预计产生的后果进行探讨,进行针对性的对策建议讨论。具体研究问题如下:

(1)中国性别失衡社会情境研究与分析框架提出。本部分需要明确农村家庭所在的性别失衡情境里,农村社会宏观环境、社区中观环境、家庭微观环境以及性别比失衡直接相关的风险情境现状;在此基础上,围绕性别失衡社会农村家庭可能面临的不确定性和风险估计提出本书分析框架。

(2)性别失衡社会农村家庭风险的定义与指标体系研究。首先,基于理论综述和情景分析,围绕性别失衡社会农村家庭现状、特征、需求和潜在风险现象,提出包含有农村环境信息、农村家庭生存与发展信息以及特殊家庭类型信息的家庭风险定义。其次,围绕农村家庭发展的要素与结构,定义家庭风险的指标体系,包括家庭应对不确定性的整体能力水平指标以及家庭生存与发展涉及的具体风险指标。

(3)基于性别失衡社会农村家庭风险定义和指标体系,进行社区层面和家庭层面的家庭风险细化研究,包括探讨具体风险类别的现状与水平并引入家庭可持续发展要素进行具体风险类型的形成机制研究。

(4)针对具体家庭风险类型的水平及其形成机制分析结果,对农村家庭可能面临的风险后果进行总结和机理探讨,明确农村家庭在性别失衡社会风险向农村社区和家庭扩散路径上的可能损失和不利结果。

(5)围绕性别失衡社会农村家庭风险的现状、水平、形成机制以及风险后果结论,针对性地进行农村家庭风险应对策略与治理策略分析。

1.3.2 研究思路与整体框架

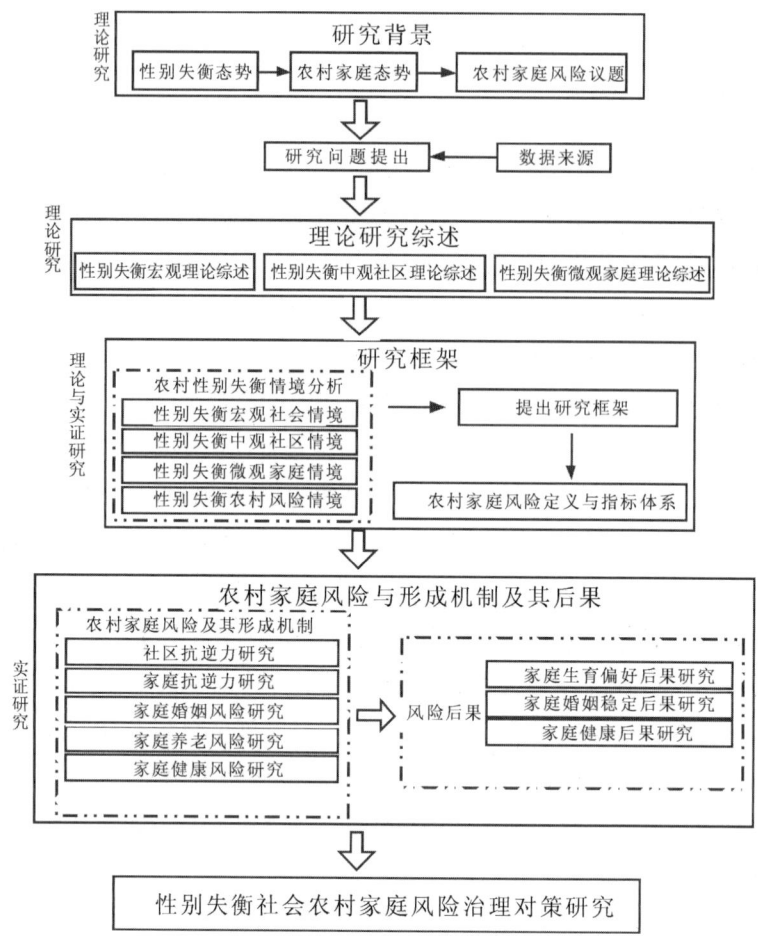

图1-3 研究框架

1.4 数据来源

本书涉及性别失衡社会情境,因此在研究资料来源上关注多元数据形式和来源,既包括性别失衡省份为样本来源地的一手问卷调查数据库,也有国家层面公开的人口追踪调查数据库,还有来自性别失衡国家与地区干预项目的实地政策评估与农户访谈资料。由于性别失衡的影响波及农村家庭生活的方方面面,本书还在一手调研数据和二手公开统计资料基础上引入网络新闻媒体的报道数据,从中剖析社会公众所认知的性别失衡对农村家庭的影响和反馈。

1.4.1 县区微观问卷调查数据库

本书依托于笔者所在团队长期开展的性别失衡国家社科基金项目。首先,依托于2015年进行的微观农户问卷调查,调查地点位于安徽、广西、贵州和陕西。2015年数据库为"2015年农村居民性别失衡后果及治理政策问卷调查",关注性别失衡后果及其对社会、社区、家庭以及个人的影响。鉴于核心议题是性别失衡后果,本次调查地点选择了安徽、广西、贵州和陕西,上述地区能够反映出生人口性别比偏高、重男轻女、女性外流与男性贫困以及跨境婚姻等性别失衡后果相关的现实环境。普查数据表明,性别失衡环境中居民生育性别偏好的变化存在地区规律,华南和中原地区居民的生育男孩偏好会进一步强化,性别失衡趋势更明显;而长江流域居民的生育男孩偏好会出现弱化,但是性别失衡结果已经成为现实。本数据库涉及的地区涵盖上述区域,因此保证了调查样本的性别失衡符合地区差异的现实规律。调查采取多阶段PPS抽样,每个省选取2个县(陕西选取1个县),每个县选取2个乡镇,每个乡镇选取3个行政村,每个村随机选取30位村民,最终获得1338样本。

其次,依托的是国家社科基金项目实施的问卷调查"2018年湖北省中城乡家庭发展与社会治理调查"。调查对象为县区城乡居民。抽样原则和过程如下:在100万以上人口县区中随机抽取出黄梅县(总人口100.73万,2017),在100万以下人口县区中随机抽取出嘉鱼县(总人口45万,2017)。黄梅县农业人口较多,在16个乡镇里随机抽取12个农业经济乡镇,每个乡镇随机抽取1个村;嘉鱼县农业人口较少,在8个乡镇里随机抽取1个农业乡镇和2个城镇化乡镇,在农业乡镇随机抽取2个村,在2个城镇化乡镇各随机抽取3个社区。在黄梅县和嘉鱼县,每个村/社区随机抽取15户家庭样本(2人/家);每个家庭户2人中一人回答家庭卷和个人卷,另一人仅回答个人卷。最终完成家庭户样本702户,居民个人样本1032人。

再次,微观调查还涉及笔者长期研究的微观数据延续。由于性别失衡议题涉及农村男性家庭HIV/AIDS风险领域,本研究使用到笔者于2010年实施的"农村流动男性生殖健康及家庭生活问卷调查"项目。该项目调查查阅了性行为研究中的相关指标和量表,参照流动男性和中国文化特征进行了改进,最终形成"农村流动男性与生殖健康及家庭生活问卷"。调查地点位于西安市。由于28岁之后无法成婚的农村男性将会面临更加严峻的成婚难题,因此将样本界定为28岁以上具有农村户口的流动男性。又因当地流动人口信息登记制度尚未完善,无法实现随机抽样,故选择了方便抽样,抽样框为市区不同区域的三个大型劳务市场。调查方式采用计算机辅助调查工具,答题者自己操作电脑答题,调查员将计算机带入劳务市场并隔离出封闭空间,避免外界干扰。本次调查共得到979样本,其中26个样本由于问卷过于敏感而中途退出,14个样本不符合对流动男性的界定。最终得到有效样本939个。

1.4.2 国家公开数据库

针对性别失衡社会农村家庭可能存在的健康风险议题,本书使用了"2015年全国流动人口卫生计生动态监测调查"数据。调查样本选取在现居住地居住1个月以上且非本区(县、市)户口的15周岁及以上流动人口,调查内容包括流动人口基本信息、就业状况、基本公共卫生和医疗服务、社会保障等。通过采取分层、多阶段、与规模成比例的抽样方法,从全国随机抽取31个省(区、市)作为调查点,样本总量为206 000人。由于本书围绕农村家庭老年人健康问题探讨可能的性别失衡情境下的农村家庭健康风险,故仅选取调查对象中年龄为60周岁及以上的流动人口,最终经过筛选的有效样本量为来自全国9 183个家庭的共计12 975个样本。

1.4.3 质性访谈与媒体文本信息

本书除了基于问卷调查进行实证统计研究,还加入了部分农户质性访谈资料进行相应补充,使用"中国性别失衡视野下中越跨国婚姻研究",其关注中国经济发展和性别失衡背景下中越跨国婚姻家庭。该项田野调查关注中国越南新娘的社区生存、融合和发展,在2017年进行,通过深度访谈获取来自越南新娘、家庭以及社区的一手信息。首先,边境选择广西靖西市。靖西市与越南三个县交界,外籍新娘基本是越南籍,边贸经济发达,代表了中越通婚传统和边贸发展中的中越通婚趋势;靖西市性别失衡也在全省前列(SRB = 113.7, 2017),能反映边境中国婚姻市场剩余男性情况。其次,内陆选择河北省蠡县。该县近年来越南新娘数量增长快,是长距离中越跨国婚姻典型。蠡县皮革产业规模占据全国30%和全球12%,反映了经济发展的婚姻市场吸引力。同时,河北已登记越南新娘最多的三个县里,蠡县性别失衡最严重（SRB = 114.6，2017）,能反映内陆中国婚姻市场剩余男性情况。本书访谈中涉及的越南新娘全部为无中国国籍的自愿样本,共计 14 户中越跨国婚姻家庭。考虑到无国籍和非法滞留敏感性,常规随机抽样或方便抽样不可用,因此采用"守门人"策略进行滚雪球抽样。

第 2 章 性别失衡社会相关理论

2.1 性别失衡社会宏观理论分析

性别失衡是中国人口影响世界人口格局的特征之一,同时中国也是性别失衡问题最严重的国家之一。偏远地区的性别失衡有女性人口外流因素,但是全国范围内的宏观性别失衡主要源于出生人口性别比(SRB)偏高(Jiang et al.,2016)。目前,治理政策已经扭转了 SRB 持续偏高趋势,相较于 SRB 正常水平 105—106,中国 SRB 已经从 2008 年的 120.56 下降为 2016 年 113.51;而偏远山区经济扶贫政策的实施使女性外流造成的性别失衡及其影响在逐渐减弱(Lu,Tao,2015)。因此,当前的核心问题在于已经出生的男性人口及其面临的婚姻、家庭需求及其对社会和社区的影响,即性别失衡问题的后果应对(李树茁等,2009)。

与韩国、印度等同样存在性别失衡的国家类似,中国性别失衡后果也夹杂了人口转型的复杂因素。除了性别结构,中国人口正在从出生、流动与死亡三个层面呈现出人口转型态势。首先,中国人口自然增长率在近年来一直处于 4‰—5‰,总和生育率水平降至 1.5—1.6,实现了低出生低增长的结构转变(原新,2016a)。其次,中国的老龄人口比重在 2050 年将达三分之一,老龄化对中国经济和社会的负面影响将愈发明显。再次,2016 年国家统计局公布的中国城镇化率已达 57.4%,城镇户籍人口和城乡人口流动还在继续增大规模,农村问题影响范围也会扩展到城市(中国人口与发展研究中心课题组,2012)。与上述人口转型相对应的是中国人口政策的持续调整及其效应。无论是生育政策、养老政策还是城乡人口迁移与城镇化政策,都在微观层面对居民的生育行为和文化偏好产生影响,而这些行为和偏好恰恰也是中国性别失衡长期存在的微观原因

(Yoon,2006)。

2.1.1 人口转型与人口性别结构转型

人口转型是指人口增长所表现出的人口再生产变化(郭凯明,2011)。中国的人口转型除了出生率,还跟社会转型相关联,因而从出生、流动与死亡三个层面呈现出一般意义上的人口转型。而从世界范围的性别失衡趋势来看,人口性别结构变化的长期累积也将带来性别结构转型(Guilmoto,2013)。从人口转型视角去探讨性别结构的转型过程,可以明确人口增长、人口老龄和人口流动对性别失衡变动机制的影响。

首先,在时间维度上,中国人口增长的放缓甚至停滞成为改变中国未来人口结构的根本因素。1980年后数据显示,中国总和生育率已经从1982年的2.92逐年下降至2010年的1.18,低于世界公认的人口更替水平2.1。伴随着总和生育率持续下降的是人口出生率在过去三十多年呈现出的持续下滑趋势,从1981年的14.6‰下降至2015年的4.9‰,人口增长趋势根本扭转。就性别失衡而言,在全国整体SRB下降中,人口出生率下降可能会从数量上弱化过剩男性人口带来的婚姻挤压,但是也可能由于减少女性出生人口而增大男性成婚困难。因此人口增长的转型可能会对性别失衡的趋势及其后果产生影响。

其次,老龄化也是在时间维度上改变了人口年龄结构(胡湛,彭希哲,2012)。老龄化更具有风险预期,因为人口增长减缓下的老龄化意味着劳动力人口减少以及更高的老龄抚养比(郑妍妍 等,2013)。老龄化对于性别失衡的影响主要是大龄未婚男性这样的直接利益相关者所面临的养老问题。当这些过剩男性成为老龄人群后,在缺乏家庭支持的前提下将面临更加被动的养老困境,同时他们自己对父母家庭的养老支持也缺乏能力(靳小怡 等,2011),成为老龄化社会中养老资源供给和需求的特殊群体。因而老龄化对性别失衡的影响可能不仅包括直接利益相关者,还包括直接利益相关者附带的家庭、社区以及社会。

再次,空间维度的人口转型表现在城市扩展所带来的乡村城镇化(朱宇,2012),也包括农村人口向城市流动带来的人口城镇化(刘厚莲,2013)。婚姻挤压和性别失衡治理主要在农村(李树茁 等,2009)。但是随着城乡人口流动和乡村城镇化,越来越多的农村人口开始融合到城市社区,婚姻挤压的现象和影响也必然会逐渐扩散到城镇,特别是流动到城市的大龄未婚男性会面临更加弱势和艰难的成婚机会(Fogarty，Feldman，2011)。同时，城镇就业格局中的男女比例问题会逐渐显现，女性就业的机会和待遇可能会更加受到男性劳动力的挤压(Michael et al.，2008)。因而无论是农村流动人口还是城市居民，都将在城镇化中受到性别失衡影响。

性别失衡治理是宏观人口政策的重要内容，是对人口性别结构进行调节的工具之一(Li et al.，2011)。在 SRB 偏高问题出现后，人口政策调整往往也涉及生育控制、家庭养老以及城乡人口迁移，从生育行为、老龄化支持以及人口城镇化方面对性别失衡治理产生影响。生育政策调整经历了从"1 孩"到"1.5 孩"再到"全面 2 孩"的政策过程。在严格生育政策环境中，居民生育行为偏向于男孩偏好以及性别选择倾向(Li et al.，2011)，因此性别失衡治理主要从法律层面约束非法胎儿性别鉴定和堕胎，以及强调女性生存权利保护，呈现出管制含义。随着生育率下降，生育政策灵活调整，治理开始关注女性发展和权利，但是依然存在男孩偏好的强化和女性发展权利侵害(杨雪燕 等，2010)。因此，人口政策调整会推动治理政策进步，但是个别地区还表现为政策调整导致的治理失灵(杨雪燕 等，2010)。

老龄化政策的发展也与性别失衡治理存在关联。中国并没有体系化的老龄化政策，而性别失衡治理政策中关于家庭、弱势群体养老和健康的内容都与老龄化政策理念一致(胡湛，彭希哲，2012)，因而性别失衡治理一定程度上弥补了老龄化政策空白，扮演了替代政策。但是老龄化问题的加剧也催生了专门的老龄化政策，包括社保、医保以及积极老龄化等一系列政策相继出台(陈社英，2010)，使得性别失衡治理在养老和健康方面出现治理政策内容重叠，性别失衡治理的养老支持和健康保障作用开始减弱。因此，老龄化政策发展可能对性别失衡治理产生影响。

性别失衡治理主要在农村，而城镇化政策调整首先带来了农村人口流动及其户籍管理的难题(戚伟 等，2017)，这就造成治理无法有效追踪治理对象。与此同时，城镇化政策推动了女性务工就业，对治理工作中的女性权利保障形成有利因素。然而，城镇化也带来了农村文化特别是生育文化、婚俗文化、女性权利和侵害向城市传播(Liang et al.，2014)，很可能将男孩偏好传播到城市社区。婚姻挤压原本集中在农村，城镇化必将带来婚姻挤压的地区扩散和后果扩散，给治理活动带来挑战。因而中国性别失衡治理必将伴随着城镇化政策的发展及其影响。

以上理论分析得出人口转型可能会影响性别失衡及其治理。因此,本书将从人口转型和政策调整视角来分析性别失衡及其治理的变动机制,在理论假设中,人口结构转型和人口政策调整共同构成性别失衡及其治理变动的动力来源。其中,人口增长放缓、老龄化加剧以及城镇化率提升等人口转型对性别失衡后果可能造成影响,在时间和空间上形成性别失衡的变动机制;而生育政策调整、老龄化政策调整以及城镇化政策调整可能对性别失衡治理产生影响,在时间和空间上形成性别失衡的变动机制。

为了判断人口转型趋势,本节探讨引用部分数据与政策文本,资料来源选择了 1990—2010 年三期全国人口普查数据和 1981—2015 年全国人口抽样调查数据;为了总结人口政策调整的时期与内容,选择了人口生育政策、老龄化相关政策、人口迁移与城镇化政策以及出生人口性别比治理政策等相关政策文本进行分析。数据来源如表 2-1 所示。

表 2-1 数据来源

数据类型	数据内容	数据来源
全国人口抽样调查 全国人口普查	1980—2015 全国人口抽样调查* 人口普查(1990、2000、2010)	国家统计局
政策文本数据	出生人口性别比治理政策(2008—2016) 人口生育政策(1980—2016) 老龄化相关政策(2000—2016) 人口迁移与城镇化政策(1980—2016)	国家卫计委 地方卫计委
媒体数据	男多女少现象 男性婚姻挤压、婚姻彩礼、买卖婚姻 生育男孩偏好、性别平等权利与文化	新闻媒体网站

注:*1987 年、1995 年、2005 年和 2015 年为 1% 抽样调查,其他年份为 1‰ 比例的年度人口变动抽样调查。

本节的分析方法主要是用于统计资料与政策阶段的匹配分析。本书的人口转型指标中,性别失衡反映婚姻市场男性过剩水平,因此用 SRB 测量;考虑到 SRB 所带来的男多女少以及婚姻挤压后果,人口增长率指标在本书中需要反映婚姻市场人口增量水平,因此使用人口出生率(BR)测量;老龄化指标反映人口转型中的老年人口比重,因此用 65 岁以上人口在总人口所占比例来测量;城镇化指标反映总人口中城镇户籍人口比重,因此用城镇人口在总人口所占比例来测量。

在政策指标构建上,生育政策按照对生育行为的约束程度分为严格阶段、半放开阶段、全面放开阶段。老龄化政策按照政策内容分为政策缺失阶段、试点与探索阶段、实施阶段;城镇化政策按照政策内容分为试点与探索阶段、专项政策实施阶段、整体战略阶段、新型战略阶段。为了进行政策文本分析,本部分引入政策耦合度作为政策文本分析指标(李静,2016)。政策耦合度分析可以明确不同政策在内容、对象、执行和效果方面的重合程度,本部分研究引入政策耦合度,比较人口政策调整和性别失衡治理政策之间的关系,总结政策调整过程中的性别失衡治理变动。其中,无耦合关系为零,存在耦合关系可分为:(1)政策覆盖关系,例如 A1 < B1,指 B1 政策内容上包含 A1 政策;(2)政策引导关系,例如 A1→B1,指 A1 政策促进 B1 政策细化和完善;(3)政策融合关系,例如 A1→B1→B1(A1),指 A1 政策促进了 B1 政策完善,B1 政策呈现出带有 A1 特征的新型 B1 政策。指标体系如表 2 - 2 所示。

表 2 - 2　数据指标与政策指标

概念界定	指标内容	备注
出生人口性别比	SRB:年度新出生男孩/年度新出生女孩	婚姻市场男性过剩水平
人口增长率	BR:人口出生率	婚姻市场人口增量水平
老龄人口比率	AR:年 65 岁以上人口/年平均人口	老龄化水平
城镇化率	UR:年城镇人口/年度总人口	城镇化水平
性别失衡治理 A	A1:部门与地方探索阶段 1991—1998 A2:政策试点阶段 1999—2005 A3:全面治理阶段 2006—2010 A4:综合治理阶段 2011—	治理工作变动
生育政策阶段 B	B1:严格阶段("1 孩 + 部分 1.5 孩")1984—1990 B2:半放开阶段("有条件 2 孩")1990—2014 B3:全面开放阶段("普遍 2 孩")2015—	生育政策调整

续表

概念界定	指标内容	备注
老龄政策阶段 C	C1:政策缺失阶段 1991—1998 C2:政策试点与探索阶段 1999—2005 C3:全国专项政策阶段 2006—2010 C4:国家整体战略阶段 2011—	老龄政策调整
城镇化政策阶段 D	D1:政策试点与探索阶段 1981—1990 D2:地区专项政策阶段 1991—1999 D3:国家专项政策阶段 2000—2005 D4:国家整体战略阶段 2005—2013 D5:国家新型战略阶段 2014—	城镇化政策调整

2.1.2 生育率下降与过剩男性成婚压力

图 2-1 是 1980—2015 的 SRB 与 BR 的变化趋势。其中,从 1981 年开始,SRB 已经高于 105 的正常水平,1981—2005 期间 SRB 持续增高。而 BR 则从 1981 年开始形成三十多年的持续下降,其中 80 年代末至 90 年代末下降速度较快,2000 年后下降速度开始放缓。人口增长放缓对性别失衡的影响呈现出两阶段特征。在 2005 年前是人口增长速度的减缓与快速攀升的 SRB 所形成的过剩

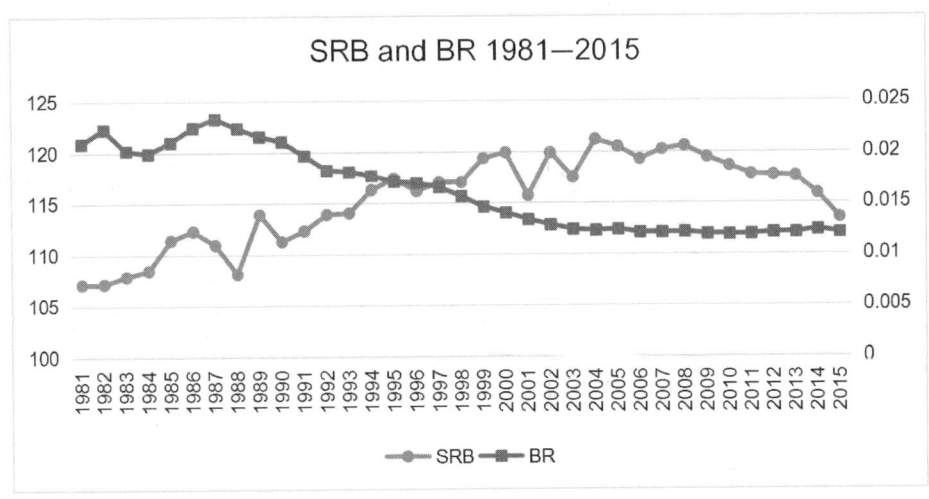

图 2-1 人口增长与性别失衡

男性数量快速累积。因为人口出生率的下降意味着女性数量增长的减缓,而同时期的 SRB 快速上升意味着剩余男性数量的快速增加。因此,这一时期人口转型中的生育率下降强化了过剩男性对婚姻市场的影响。

2005 年后,BR 下降的速度明显放缓,SRB 虽然高位偏高,但是整体趋势是下降的。这一时期的人口增长实际上仍然在缓慢累积未来婚姻市场中的剩余男性数量。持续的低生育率水平意味着新增人口数量中女性数量的持续减少。如果婚姻市场中男性想要通过扩大年龄差来应对女性数量不足造成的婚姻挤压(Guilmoto,2012),本时期内的低水平 BR 和前一时期持续偏高的 SRB 仍然在加重中国婚姻市场的婚姻挤压。因此,生育率下降带来的人口增长转型强化了过剩男性在婚姻市场中的成婚压力。

2.1.3 老龄化与性别失衡后果

图 2-2 中可以看到中国 65 岁以上人口占总人口的比率(Aging Rate,AR)持续增大,特别是 2010 年后上升的速度明显加快。老龄化后果直接反映在社区和家庭层面养老压力的加大(陈社英,2010)。短期内的养老问题与过剩男性相互关系主要表现在婚姻层面,因为男性过剩数量的增加意味着婚姻成本持续增加,造成居民家庭特别是农村居民家庭面临较大的婚姻成本(靳小怡,2011)。因此婚姻成本实质上占用了相当比例的家庭养老财力储备(Jiang et al.,2014)。

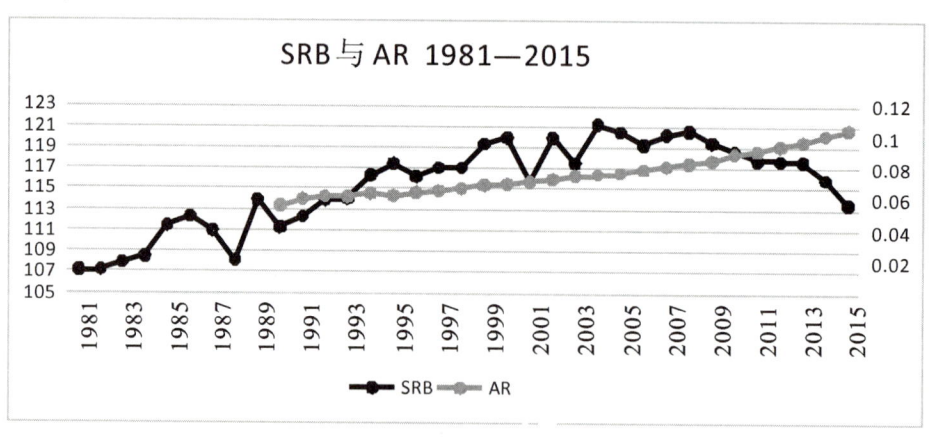

图 2-2 人口老龄化与性别失衡发展趋势

注:由于数据局限,老龄化比率从 1990 算起。

在 2009 年农村居民基本养老保险制度建立之前,AR 快速攀升使家庭养老压力持续加大,而农村家庭不断增加婚姻成本的投入,分流了家庭和社区的养老资源。2008 年后的 SRB 出现下降趋势,更加完善的社会养老保险也开始实施,但是并不能由此认为老龄化进程与性别失衡的关联会减弱,因为 SRB 下降无法在短期内直接减轻婚姻挤压,成婚困难仍然是很多农村家庭挤占养老资源的竞争因素。因此,人口老龄化使农村家庭在面临婚姻成本压力的同时,增加了养老资源压力,性别失衡后果扩散到多个代际人群。

2.1.4 城镇化与性别失衡地理空间

图 2-3 反映了 SRB 与城镇化的关联,首先是 1981—2005 年,农村的 SRB 偏高速度较快,同时期城镇化率提升呈现出两阶段特征:一个是 1981—1995 年缓慢增长,1995 年后进入快速提升阶段。农村 SRB 和城镇化率均出现了 20 年以上的同步提升。城镇化会带来更多就业和发展机会,推动乡城人口流动规模的快速增加(Liu et al., 2014);而农村过剩男性必然会参与乡城人口流动,因此城镇化率的提升意味着更多过剩男性的生存、发展空间向城镇转移,城镇化率为性别失衡后果的地理扩散提供了驱动力。

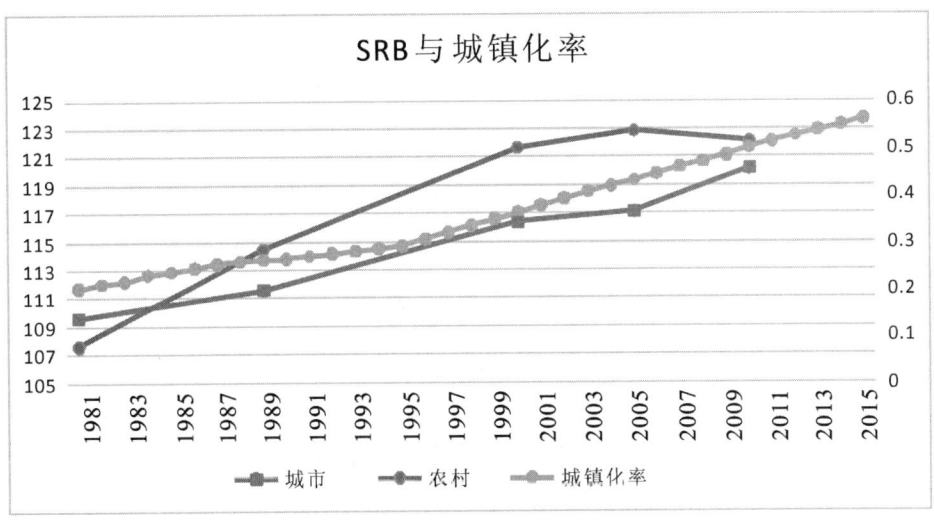

图 2-3 人口城镇化与性别失衡

虽然城市 SRB 的偏高状况一直低于农村,但是也处于持续提升和偏高态势。与农村 SRB 不同的是,城市 SRB 增长趋势与城镇化率提升趋势基本趋同,也证明城镇化在一定程度上与城市 SRB 相关。特别是 2000—2010 年城市 SRB 偏高趋势与农村 SRB 下降趋势对应,可以认为人口城镇化中的农村人口迁移将 SRB 偏高由农村扩散到城市,性别失衡的地理空间出现扩散。

2.1.5 公共政策与性别失衡治理

中国在 1982 年将计划生育政策列为基本国策,1984 年开始实施城镇 1 孩、农村 1.5 孩、部分地区 2 孩生育政策,至此进入严厉生育政策阶段 B1。从 1990 年开始,个别省份试点单独 2 孩,形成了半放开的生育政策阶段 B2。2013 年之后,进入全面单独 2 孩(2013)和全面 2 孩(2015),生育政策调整进入宽松阶段 B3。与此同时,治理也经过了地区政策探索阶段 A1、地区政策试点阶段 A2、全国专项治理政策阶段 A3 和综合治理阶段 A4(图 2-4)。

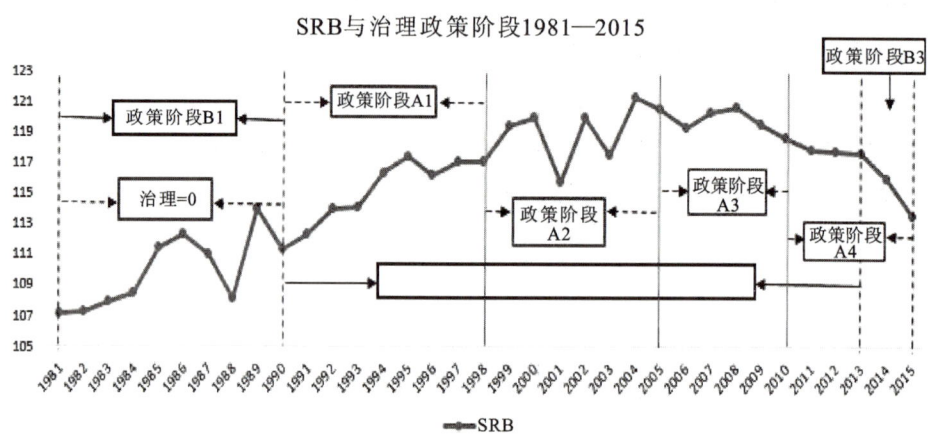

图 2-4 生育政策调整周期与性别失衡治理变动

在严格的生育政策阶段 B1("1 孩")中,政策执行重点首先是生育数量控制,SRB 偏高尚未引起重视,治理政策处于零状态。1990 年后,生育政策进入 B2 阶段,人为性别鉴定和人为终止妊娠现象成为保障男孩偏好的手段,SRB 偏高开始显现。B2 阶段也是性别失衡治理的成熟时期(A1→A2→A3),但是 B2 本身并不是引起 A1→A2→A3 发展路径的直接原因,而是因为 B2 引起了很多农村居民在男孩偏好下的性别选择倾向(Yoon,2006),进而间接引起了 SRB 的升高,这也导致治理的首要目标是约束非法人为性别选择。因此,可以认为 1990—2013 期间的生育政策调整成为治理活动产生和变革的间接动力。

2013年全国开始实施单独2孩(夫妇双方任何一方为独生子女,则可以生育2孩),2015年进一步放宽为全国范围内的全面2孩。虽然这一时期的SRB呈现出下降趋势,但是不代表男孩偏好会降低(Fogarty et al.,2011)。由此治理逐渐提升为多部门综合治理阶段,除了继续对非法性别选择保持高压态势,还从经济发展、社会福利、医疗卫生等方面治理,包含生育监测、宣传倡导以及更多的利益导向。因此,2013年之后的生育政策调整实质上构成了治理的直接动力。

老龄化政策调整和治理的耦合分析如表2-3所示。性别失衡刚刚出现的时候,由于老龄问题和性别问题并无直接关联,加上当时中国老龄问题并未显现,治理和老龄化政策并没有显著相关,因而耦合度为零。

表2-3 老龄化政策与性别失衡治理政策耦合分析

老龄化政策阶段	老龄化政策内容	治理工作阶段	治理工作内容	耦合关系
C1	中华人民共和国老年人权益保障法(1996) 农村敬老院管理办法(1997)	A1	地方治理探索("两非"监测+利益导向)	0
C2	全国老龄工作委员会成立(1999) 中国老龄工作年鉴(2004)	A2	地区政策试点(法律、福利、文化)	C2 < A2
C3	中国老龄事业发展白皮书(2006) 关于推进居家养老服务工作的意见(2008)	A3	全国"关爱女孩行动"专项治理	C3 < A3
C4	社会养老服务体系建设规划2011—2015 关于加快发展养老服务业发展的若干意见 中国老龄事业发展"十二五"规划 延迟退休政策	A4	性别失衡综合治理 网络治理 协同治理 家庭发展导向	C4→A4→A4(C4)

需要注意的是,老龄化问题带有滞后性,其相应的政策内容和实施路径都会带有滞后性,很难像衡量SRB治理那样严格按照SRB的下降目标来制

定政策。因此分析两者之间关联中也考虑了老龄化政策的滞后性,不详细讨论老龄化政策效果对治理的影响,仅讨论老龄化政策内容对治理政策实施的影响。

1999年中国老龄化政策开始进入探索和试点阶段C2,出台了专项政策,但是地方基层具体政策落实不显著。而治理政策在该阶段进入地区专项政策试点阶段A2,在禁止人为性别选择的同时,还围绕女性权利保障、弱化家庭养老中的男性依赖等手段推进性别平等,性别失衡治理已经开始关注家庭养老的性别角色和分工(国家关爱女孩行动,2006)。A2阶段实质上成为老龄政策缺位下的替代政策,A2政策推动了老龄化政策的探索。在老龄化政策进入C3阶段后,老龄服务成为政策核心,包含国家整体老龄化公共服务以及家庭养老资源供给,但是治理政策包含甚至替代老龄化政策的局面一直没有改变,治理政策在具体落实上的目标依然包含老龄化政策。

2010年后的老龄化政策和治理政策的耦合关系出现明显变化。如表2-3所示,国家开始形成具体的老龄战略,老龄化政策进入C4阶段开始探索延迟退休等手段。2010年后的治理进入A4阶段,在控制SRB偏高态势后,治理工作偏向社会综合治理,强调网络协同、多部门参与和社会整体福利保障等,治理内容更加呈现出人口与社会领域的基本需求,也不可避免地与养老保障政策内容出现重叠,后者的内容设置、执行路径以及群众评价在老龄化福祉方面都优于治理政策。因此在政策耦合关系上呈现出C4引导A4的优化和提升,即C4→A4。至少在应对性别失衡与老龄化方面,A4越来越呈现出A4(C4)的特征,即带有老龄化福祉色彩的治理政策。

表2-4是城镇化政策调整与性别失衡治理的政策耦合分析结果。20世纪90年代前已经出现城镇化发展规划(政策阶段D1),但是直到2000年,SRB偏高一直是农村地区特有的问题,城市地区并不突出(Jiang et al.,2014),地方治理探索也一般是农村治理探索(治理工作阶段A1)。因此在2000年之前,无论是D1还是D2,城镇化政策调整和性别失衡治理之间的政策耦合度均为零。

从2000年开始,城镇化政策D3和治理工作A2开始耦合。首先是国家小城镇建设和农村就地城镇化开始实施,城乡人口流动规模增大;其次是治理从农村政策探索进入地区政策试点,工作过程不可避免接触到人口迁移问题,例如流动人口SRB监管手段和追踪等。但是D3在具体执行上还处于城镇化布局阶段,相比A2中的流动人口生育管理,D3的内容并不丰富,因此呈现出治理包含人口流动管理即 D3 < A2 的耦合关系。在 2000—2010 年,城镇化政策进入全面实施阶段 D4,依然缺乏具体的流动人口管理条款;而治理则发展为国家专项治理阶段 A3,以"国家关爱女孩行动"为代表的专项治理更加细分,对流动人口 SRB 监管有详细说明。因此该阶段依然是治理内容包含城镇化政策内容,即 D4 < A3。

表 2-4　人口城镇化与性别失衡治理政策耦合分析

城镇化政策阶段	城镇化政策内容	治理工作阶段	治理工作内容	耦合关系
D1	全国城市规划工作会议关于积极发展小城镇的意见(1981)	—	专项治理政策缺失	0
D2	关于加强若干小城镇建设的若干意见(1994) 实施西部大开发和加快小城镇建设(1998)	A1	地方治理探索("两非"监测+利益导向)	0
D3	国家关于促进小城镇建设意见(2000) 就地城镇化战略(2000)	A2	地区政策试点(法律、福利、文化)	D3 < A2
D4	中央经济工作会议城镇化战略布局(2010)	A3	全国"关爱女孩行动"专项治理	D4 < A3
D5	国家新型城镇化规划(2014)	A4	性别失衡综合治理 网络治理 协同治理 家庭发展导向	D5→A4→A4(D5)

2014 年国家提出了新型城镇化战略,城镇化政策进入阶段 D5,城镇化进程加速,对流动人口动态跟踪和服务管理更加具体,例如每年进行流动人口动态监测调查以及出台国家和地方流动人口管理服务条例等。同时治理也进入综合治理阶段 A4,强调网络协同、多主体参与以及家庭发展导向。D5 和 A4 耦合的宏观背景是全国城乡人口迁移成为常态(朱宇,2012),无论是城镇化政策本

身还是性别失衡治理,都需要解决城乡社区均存在的性别失衡问题。在政策条款上,D5 关于流动人口的内容更加详细,为擅长农村 SRB 问题的性别失衡治理提供了城市社区工作经验,因此在政策耦合关系上呈现出 D5 引导 A4 即 D5→A4。为了应对城乡共同的性别失衡问题,各地性别失衡治理政策内容、执行手段以及服务对象也越偏向于城乡综合治理,A4 越来越呈现出 A4(D5)的特征,即带有人口流动和城镇化色彩的治理政策。

本部分的理论分析与数据分析结果反映了人口转型对性别失衡态势和后果的影响,也反映了人口政策调整对治理活动的影响。根据中国性别失衡治理最新走向,未来治理工作的开展将更加趋向协同治理,对于人口数量、家庭婚姻、居民健康、社会福利等多维度的政策需求会更加迫切。因此需要在政策工具设计、执行策略以及效果评价上,丰富治理工作对生育行为、家庭养老以及人口流动方面的覆盖面,做好与计生工作本身、养老保障工作以及人口流动和城乡公共服务一体化等相互间的协调和协同,推进协同治理在中国性别失衡问题中的实施效果。

中国生育政策已经进入"3 孩"生育政策时代,这也意味着出生人口性别比偏高导致的性别失衡现象将逐渐得到控制甚至扭转。伴随着已经出现的 SRB 逐渐向 105 - 106 正常水平下降现实趋势,对于性别失衡的关注点将越来越放在性别失衡后果的治理,包括大龄未婚男性问题、婚姻挤压、婚姻成本等。但是,生育政策的放开也可能短时间内增加生育人口数量,"3 孩"生育政策下是否带来二胎和三胎生育高峰尚不得知。因此,在当前"3 孩"生育政策环境下,应该在城乡社区重点监测二胎生育和三胎生育中的 SRB 偏高导向,继续强化对非法人为性别鉴定和性别选择行为的约束与惩罚。另一方面,2015 年实施"2孩"生育政策后的实际新生人口数量增长并不显著,显现出中国育龄人群生育意愿的下降,2021 年实施"3 孩"政策后的生育数量增长预期也并不乐观,因此治理工作重复 SRB 偏高阶段的工作内容,可能性不大,因此要重点强化治理对大龄未婚男性、婚姻文化、家庭发展的支持。

老龄化将是未来中国社会形态与人口结构的新常态,而性别失衡治理将在治理 SRB 的同时,更加面临来自社区和家庭养老需求的压力。老龄化政策正在朝向积极老龄化、社区与居家养老结合、智慧养老,对于公共政策手段、实施路径的要求不断提高;性别失衡治理工作需要促进性别平等和家庭发展,而这些议题无法避开家庭养老支持的话题,因此也需要在治理政策手段和实施路径上符合老龄化家庭、老龄化社区形态的要求,在内容上突出老龄化需求的政策内容,在手段上也要认清政策对象老龄化的事实。建议将治理政策实施纳入老龄化政策实施框架,结合老龄化政策进行治理工作的推进。

在中国城镇化步伐持续前进的前提下,性别失衡城乡统筹治理导向是未来治理 SRB 工作的基本方向。考虑到城乡社区文化、生活和发展差距会逐渐缩小的预期,建议性别失衡治理的城乡统筹在三个方面进行探索。首先是农村性别失衡治理工作的创新,需要考虑农村社区居民普遍具有流动经历的事实,传统的乡村治理手段和方式要适应不断变化的农村居民需求。其次是城市性别失衡治理工作的创新,建议将农村治理措施和手段结合城市社区特征与城镇居民需求进行创新,突出城市社区经济、家庭、福利保障等多元化的需求,及时应对城市 SRB 偏高问题;再次是城乡性别失衡治理工作的统筹衔接,不能简单单列城市治理和农村治理,在农村社区城镇化和农村居民市民化的过程中,很少有农村社区完全没有受到城乡人口流动影响,而城市社区基本都会接触到城乡流动人口,因而城乡性别失衡治理工作的统筹衔接势在必行。

2.2 性别失衡社会中观社区理论分析

性别失衡社会情境下的农村社会,在男多女少和婚姻挤压等宏观社会现象下,与普通农村居民和家庭最直接关联的是农村社区所承受到的性别失衡事件表现,因而社区理论成为性别失衡社会分析农村家庭风险的中观理论基础。农村社区作为农村家庭聚集的集体单元,其所表现出的性别失衡环境影响来自社会宏观性的结构因素,因此本节首先引入了研究家庭风险的社区社会生态系统理论,从社区所在的自然地理因素、经济资源因素、社会资源因素、文化因素以及政治因素切入,剖析了在转型中国社会,性别失衡、城镇化、老龄化以及城乡人口迁移等社会宏观转型影响最先从社区资源变化体现出对于社区家庭和个人的影响,社区社会生态系统成为农村家庭产生家庭风险和应对社会风险的集体结构性因素和集体资源因素。在此基础上,本节引入研究社区风险议题的社区抗逆力,将社区抵抗突发危机的资源积累水平和变化应对能力作为农村家庭集体地域风险的集体机制,由此进行农村家庭风险在性别失衡环境下的社区环境解读。最后,由于涉及农村社区风险环境的分析结论以及如何发挥对农村家庭风险的管控和治理作用,本节进一步以内社区治理理论体系,从社区风险治理常见的社区自治理论,围绕村规民约合法性和约束性进行中国农村和性别失衡情境下的理论解读,还引入社会治理理论探讨了农村家庭和多元合作单位共同参与农村性别失衡社区治理从而抵御农村家庭风险。

2.2.1 社区生态系统理论

在社区风险研究领域,社区生态系统理论是常用的社区资源禀赋评判依据,其通过社区所在的自然和社会条件提出社区环境相关的资源指标体系,进而通过社区资源指标体系的评价对社区不确定性进行预测和估计(Berkes,Ross,2013)。在自然风险研究领域,越来越多的社区风险研究应用了社会生态系统理论,因为所有的社区自然灾害后果和影响在造成短期可见的物理伤害后,还会持续很长一段时间形成社区相关的社会影响,对社区是否在自然灾害中能够生存和可持续构成更大挑战(Chung et al.,2018)。在社会风险研究领域,虽然社会危机事件对社区造成的影响与自然环境关联较小,但是几乎所有的社会危机和风险案例在社区层面最终都会衍生出与社区所在地理环境及社会环境高度关联的一系列后果和伤害(Emery,Flora,2006)。社区环境所在的社会生态系统也是社区赖以生存和持久发展的基础,无论危机事件处于何种水平,社区在抗争和恢复阶段都要借助于社会生态系统汲取资源,产生动员,实施集体活动,运用集体力量保护社区家庭和居民能够生存并长期发展(Kelly et al.,2015)。国外学者运用社会生态系统理论关注社区风险主要围绕自然灾害多发地区进行探讨,也有针对自然灾害后果发生后的社区弹性进行实证检验(Norris et al.,2008)。在中国,社区研究领域主要围绕农村社区在已有脆弱性条件下如何运用社会社会生态系统进行风险应对,尤其是在人口性别结构失衡、老龄化、城镇化以及城乡人口迁移条件下农村作为中国最基层家庭管理层次所进行的社区危机和风险治理活动(Wilson et al.,2018)。

社区生态系统首先强调自然地理因素对农村社区风险的影响。自然地理因素决定了农村是否具备可持续的自然资源和更充分的现代社会公共服务资源,从而影响农村在突发危机中的应对能力(Berkes,Ross,2013)。在中国性别失衡情境下,存在明显性别失衡和婚姻挤压现象的农村一半都是贫困山区和离城市较远的落后西部农村,山区自然环境是构成山区劣势的根本因素(Li et al.,2012)。经济资源是社区生态系统第二个构成因素,也是社区是否具备风险抗压能力的直接物质来源,决定了社区是否能够调动足够财力及时响应社区集体危机(Chung et al.,2018)。在中国性别失衡较严重的农村社区,先天劣势中就包含了经济基础劣势,也凸显了经济资源对于农村整个婚姻市场的重要性(谭琳,周垚,2008)。社区所在区域社会网络资源是社会生态系统中社会因素的直接表现,这决定了社区在应对危机和不确定事件中是否能够利用可用的外部资源解决社区在应对风险和调动资源时的困境(丁士军 等,2016)。在中国性别失衡情境下,农村社区应对集体性的婚姻挤压时是否能够利用政府、企业和社会组织资源缓解本地婚姻市场压力并提升当地村民家庭社会经济条件,决定了本地农村在性别失衡社会中的可持续发展水平(李树茁 等,2009)。在文化资源方面,社区文化不仅意味着社区整体教育水平,也意味着本地与社会主流文化甚至潮流的跟随程度,也是社区是否抵御落后传统文化习俗的能力体现(Kelly et al.,2015)。在中国性别失衡中,农村社区很多集体问题恰恰都是来自落后重男轻女文化的影响,导致了社区很多治理活动很难有序开展(李树茁 等,2015)。最后社区政治参与决定了农村是否能够调动群众集体参与公共危机应对和治理,尤其考虑到中国农村村民参与集体决策和公共事务的热情有限,政治参与因素更能表现出农村社区如何在性别失衡社会环境下保障村民集体利益和公共福祉(李树茁 等,2010)。

2.2.2 社区抗逆力理论

社区风险研究关注社区伤害,其中所引入的社区抗逆力(community resilience)里解读社区应对风险和危机时如何利用已有资源,在现有社区管理结构中发挥社区管理和治理职能从而应对集体危机的过程(Norris et al.,2008)。在自然灾害风险研究领域,最先提出社区抗逆力的研究往往关注社区在面临地震、飓风和水灾等自然灾害时的危机应对水平,通过客观指标比如人口、财政、地理条件以及领导能力和调动能力等管理条件进行衡量(Chaskin,2008)。但是随着社区在当代全球社会环境下面临的社会危机和社会不确定性骤增,基于反恐危机、种族冲突以及文化融合等社会问题的社区抗逆力也被提出,从而使得社区个人评价工具成为衡量社区抗逆力的重要工具(Leykin,2013)。在中国,社区抗逆力研究也最先围绕地震灾害与环境保护等生态问题展开,近年来也开始引入国外社会科学研究理论和工具关注包括退耕还林、农业开发、土地流失等中国转型社会风险研究(Wilson et al.,2018)。整体而言,社区抗逆力理论是研究社区在不确定环境下的整体能力评价指标,还在不断得到丰富和完善。值得注意的是,在社区抗逆力客观指标和主观指标应用上,学界依然有争议,自然灾害研究依然聚焦在客观资源和管理结构等有形因素,认为客观存在的抗逆力是决定社区在危机中相应模式的根本来源(Rapaport et al.,2018)。相反,社会风险研究领域则认为,很多社会危机现象对社区的影响,只有通过社区居民的感知和评价才能发现社区深层次的风险危机,因此社区抗逆力量表就成为社区社会风险研究的偏好理论体系(Pfefferbaum et al.,2013)。

由于性别失衡属于社会风险范畴,因此本书对于社区抗逆力理论的梳理和总结关注在主观评价的社区抗逆力理论。在主观评价视角下,社区抗逆力理论包含了社区归属感,社区紧急准备能力,社区日常准备能力,社区集体效率,社区领导力和动员力,以及社区成员信任(Leykin,2013)。首先,社区归属感是社区居民是否有凝聚力和向心力的根本来源,而后两者是社区形成团结一致应对危机的集体氛围的不可或缺因素(Rapaport et al.,2018)。在性别失衡情境下,中国广大农村本来就因为城市务工和女性婚姻外流导致了明显的农村空心化趋势,因而社区归属感成为衡量社区抗逆力在性别失衡时代的首要指标(靳小怡,郭秋菊,2011)。其次,社区准备能力,包含有应对重大突发危机的集体资源紧急准备能力以及应对社会转型挑战的日常资源准备能力,是社区在关键时刻调动集体资源应对危机的物质基础(Pfefferbaum et al.,2013)。在中国性别失衡社会形态下,性别失衡现象明显的农村一般都是集体资源匮乏社区,因而其社区准备能力一般而言都是不足的,这也解释了为什么性别失衡农村在空心化的同时也表现出社区资源凋零(毕雅丽 等,2015)。在社区集体效率方面,社区居民的归属感和社区资源基础共同构成了社区紧急动员效果的来源,集体效率也体现出社区在面临重大自然灾害和社会危机时社区危机应对模式是否短期内有效果和长期内可持续(Leykin,2013)。在性别失衡环境下,考虑到社区居民普遍外流务工以及农村社区资源长期劣势,农村社区在面对具体危机事件时是否有充足的集体效率并不清楚。最后,领导力因素和社区信任作为社会治理和行政管理因素,在中国农村社区表现为农村传统乡绅治理制度和现代社会治理制度在性别失衡社区治理体系中分别扮演的消极和积极角色,也能够表现出治理和管理含义上的社区抗逆力(杨雪燕,李树茁,2009)。

2.2.3 社区治理理论

性别失衡研究在关注现象、来源和后果基础上,还关注相关的政策问题,因此也更关注性别失衡相关的社区治理议题。对于中国农村广泛存在的性别失衡治理需求,社区治理理论在管理和治理角度提出了主动应对性别失衡的理论思考。考虑到性别失衡在农村社区往往表现为意愿、婚姻、文化、生育、家庭决策等农村家庭现象,而上述现象基本都是无法用公权力进行直接干涉的私人领域,因此社区自治理论导向成为社区性别失衡应对的选择(杨雪燕,李树茁,2008)。社区自治理论强调社区自己在乡镇政府公共管理体系中实施乡村自治,这也是中国政治制度规定的农村治理模式,因此非官方的条例和约定在农村社区层面扮演更关键的角色(杨雪燕,尚子娟,2010)。虽然中国基层政治制度对于农村自治有明确的规定,但是普适性的自治共识并不能精准对应性别失衡这样的具体社区挑战,因而民约成为中国性别失衡农村社区治理的核心环节(程秀英,孙柏瑛,2017)。村规民约并不具备法律效力,但是村规民约在一定程度上通过集体利益分配、家庭冲突调节、性别平等促进、婚育新风推进等途径直接或者间接调节性别失衡导致的矛盾,也对性别失衡来源进行干预和性别平等宣传(杨亮承,鲁可荣,2015)。随着对中国出生人口性别比的持续控制,中国性别失衡主要风险形式已经从源头治理转向后果监测和风险治理,村规民约由于深入农村家庭和成员根本利益范畴,更有利于在乡村婚育文化和家庭决策等家庭私域进行性别失衡治理(田毅鹏,2018)。

在社区治理具体的理论应用上,针对性别失衡的社区治理模式需求特征,同时考虑到治理目标和手段涉及的家庭私域属性,多元参与的三轮驱动治理模式成为普遍共识(闫绍华,刘慧君,2012)。中国农村社区的性别失衡治理是一个复杂的系统工程,只靠单个部门的力量或者只在某个领域措施都无法达到风险管控目标。因此各个领域之间工作机制的相辅相成、每项工作机制从制定到监督的贯彻、各个部门联合所发挥的作用都是非常重要的。在长期的探索实践中,中国"关爱女孩行动"以相关政府部门为依托,已经成为出生人口性别比治理为代表的性别失衡治理战略平台,给各部门包括社会组织和农村家庭能够参与性别失衡治理工作提供了空间和机会,体现出社会治理模式。中国的性别失衡社会治理与中国社会性别主流化进程和社会发展制度完善是相互影响和促进的,中国正处在社会转型的重要时期,性别失衡社会治理在统筹解决人口问题的基础上,可以促进经济社会发展,从而促进社会转型的实现。从1990年到1995年,政府出台一系列的文件和治理措施,如1994年的《母婴保健法》等;从1996开始,政府、学术界、公民社会合作开始进行改善女孩生存环境的行动,中国政府结合当时的低生育率背景采取了一系列积极的政策与法律措施,为当前在农村地区形成有效的社会治理模式提供了法律支持。

2.3 性别失衡社会微观家庭理论分析

在宏观社会形态和中观社区理论分析基础上,性别失衡社会形态下的农村家庭风险分析还需要引入微观家庭视角下的家庭理论体系,从而为家庭风险的定义、指标设计以及形成机制分析提供直接的可操作化的理论基础。在本节,首先进行家庭发展理论综述,通过家庭发展视角下的家庭结构、角色、功能、模式以及家庭互动等发展要素,提出家庭风险分析是需要考虑的主要结构问题和视角问题。其次,梳理了近年来家庭风险研究领域常用的理论体系,包括家庭可持续生计资本理论,这是农村家庭风险研究的常见理论参考,其解释了遭受自然灾害和社会突发危机事件的农村家庭如何依靠家庭传统资源渡过难关,其中扶贫攻坚相关研究提供了大量关注农村家庭不确定性和风险后果的研究参考。在家庭风险的具体理论上,社区抗逆力和家庭抗逆力是家庭风险研究的新领域,其通过家庭自有的弹性功能和弹性机制解读了家庭风险的内涵和形成过程,也提出了家庭风险的具体表现和关注点。再次,在具体的家庭风险研究内容上,本节引入了婚姻缔结理论和家庭代际支持理论以及家庭健康理论。婚姻缔结理论解读了性别失衡视角下农村家庭面对婚姻挤压时的应对逻辑,特别是跨国婚姻成为可选项时,农村家庭的婚姻缔结模式成为中国性别失衡社会形态下解读农村家庭婚姻风险的重要关注点。关于代际支持,考虑到性别失衡社会形态与农村老龄化、城镇化以及子女独立趋势相叠加,代际支持理论体系的引入也是从家庭养老风险视角探讨农村家庭养老风险的可行路径。最后,家庭健康理论引入了健康资本理论,从农村家庭资源视角特别是家庭支持视角探讨了性别失衡社会形态下农村家庭健康风险的可能解释。

2.3.1 家庭风险理论

家庭风险是指在宏观社会情境下,家庭作为个体单位在所生活的社区环境中面临外部冲击和内部矛盾,家庭成员和家庭集体可能由此出现家庭利益和福祉受损的可能性事件(Hawley,DeHaan. 1996)。与个人风险不同,家庭风险理论强调对风险现象和受损情况的评估研究,这种评估过程由于家庭规模、结构、运转模式以及家庭资源禀赋的差异会出现家庭风险评估结果差异,因此家庭风险不仅仅包含风险事件,还包含家庭应对风险所必须面临的风险要素(王增文,邓大松,2015)。在风险内涵上,家庭风险理论在风险本身含义上借鉴了生态系统理论,引入了脆弱性、暴露度和敏感性,由此定义和归纳家庭面临的不确定风险本质和特征并探讨潜在伤害范围和持续时间(Walsh,2003)。其中,脆弱性是指家庭在突发危机或者长期社会变动格局中由于资源、结构、规模、功能以及人员弱化或者变动所导致家庭抵御能力的不足,体现出家庭在风险环境中的易受伤害程度(Walsh,2007)。暴露度是指家庭在风险环境下由于自身家庭特质导致的接触风险事件的频度和程度,体现出家庭风险环境的严重程度和家庭自身的风险特质(Vesely et al.,2017)。敏感性则是针对家庭本身机制和功能而言,家庭在面临或经历风险时可能面临的功能劣势、组织弱点以及资源缺陷,体现出家庭抵御风险时出现重大或者激烈变化的程度(Patterson,2002)。

在性别失衡情境中,农村家庭风险在上述三个理论要素界定下体现出社会宏观风险环境对社区和家庭的风险扩散过程。首先,无论何种社会结构型风险环境,中国农村由于资源和公共福利劣势一直都是脆弱性突出的家庭单元(丁士军 等,2016)。在性别失衡情境下,农村家庭由于经济收入劣势很容易在婚姻挤压中成为最直接挤压对象,在面临婚姻选择和婚姻成本上升时脆弱性明显,农村因婚姻彩礼导致父母家庭致贫返贫现象屡见不鲜(靳小怡,郭秋菊,2011)。其次,自然灾害和社会风险研究表明,农村家庭很容易在自然灾害和社会转型环境下遭受风险环境,接触风险的直接暴露程度较高(马志雄,丁士军,2018)。在性别失衡社会形态下,婚姻挤压现象以及大龄未婚男性现象大部分都出现在农村家庭环境,农村家庭面临的性别失衡直接风险和连带风险相比城市家庭要多得多(李树茁 等,2009)。再次,就敏感度而言,农村家庭在各类风险环境中由于资源劣势,最容易在短时间内出现家庭结构功能与人员构成的变化,农村家庭比城市家庭在各类风险环境下更为敏感(江克忠,刘生龙,2017)。在性别失衡社会情境下,农村家庭本来就已经承受着城镇化带来的家庭生计变迁和人员城乡迁移以及老龄化带来的家庭结构变化与资源分享增多等叠加社会风险冲击,婚姻挤压及其导致的一系列性别失衡关联风险将加剧农村家庭面临的风险环境压力,农村家庭相比城市家庭更为敏感(彭希哲,胡湛,2015)。

2.3.2 家庭发展理论

家庭是以婚姻和血统关系为基础的社会单位,包括父母、子女和其他共同生活的亲属在内的居民生活单元,并且会随着经济、文化与社会领域的变化,对于家庭本身的界定也在不断变化,反映出不同家庭关系构成的变化(谷树忠,1994)。从发展的角度,家庭发展包含了规模上的由小到大、由简单到复杂、由低级到高级的变化,也包含功能上不断进步,从而实现家庭成员的长期健康和稳定生活,并通过发展实现个体追求的自由生活过程(Beavers, Hampson, 2000)。从家庭发展构成上来看,家庭发展不仅包含家庭作为整体单元的发展,还包括了家庭组成主体的家庭成员发展(Skinner, Steinhauer, 2000)。家庭发展理论始于20世纪30年代对于家庭生命周期的相关研究,主要关注家庭整体的发展变化过程。随着二战后传统家庭生活模式和生活规律出现重大转变,家庭发展的指向更加具体化和功能化,反映在劳动力市场的就业困难问题、家庭遭遇变故后的创伤问题、离婚问题等使得家庭成员难以处理工作与家庭生活之间的冲突,进而将家庭发展的研究聚焦于家庭成员在特定阶段的特定发展需求上(Walsh, 2016a)。家庭发展的早期理论视角关注家庭角色及其角色获取、家庭角色扮演和角色分化,也关注家庭结构功能包括家庭立场、家庭规范和道德、家庭边界维持以及平衡与职业工作,也包括社会学视野中的家庭职业角色冲突等(Hill, Mattessich, 1979)。

20世纪80年代后期,家庭发展理论吸收了生命历程理论思想,解释了家庭对于个体生活路径的塑造作用,并以家庭生命周期为核心衍生出家庭及其成员可持续的发展议题界定(潘允康,2002)。其中,家庭系统理论视角将家庭界定为一个具有结构的系统,有产生、发展与消亡的基本进程,并通过生命历程角度强调家庭整体与家庭成员的发展任务(费孝通,1986)。在这种发展任务体系内部,家庭发展的核心任务是在特定发展阶段完成满足家庭成员基本需求与家庭社会化的相关活动,并将家庭概念化为促进其成员成长和发展的组织与环境(曾毅,1988)。进入21世纪,随着社会变动加速,学界越来越多从宏观社会层面的制度视角探讨家庭发展含义,使家庭发展的研究层次从以家庭与家庭成员中微观层面为中心扩展至宏观社会制度层面(王跃生,2011)。从家庭发展的理论体系可以发现,家庭发展融合了家庭生命周期、家庭系统以及个体生命历程思想,一方面指由婚育或者收养关系形成原生家庭组织形态,并实现原生家庭功能需求的过程;另一方面则指随着原生家庭中子代家庭成员成人另立新生家庭而使家庭在代际层面实现延伸扩展(吴帆,李建民,2012)。因此,家庭发展是在家庭历史上逐步进行的结构分化和转变的过程,是具有家庭地位的家庭成员为了满足家庭系统不断变化的生存功能需求,并适应反复出现的生活压力而主动地获得和选择性地放弃家庭角色的过程(石智雷,2014)。

从性别失衡情境下的农村家庭发展议题来看,本书涉及的农村家庭风险研究引入家庭发展理论具有可行性和可操作性。考虑到家庭发展反映出家庭变化进程的一般规律,也反映了家庭系统在不同阶段时不同家庭成员的需求与功能实现过程,因此性别失衡社会对农村家庭带来的长期和全局性影响,决定了家庭发展必然是农村家庭风险议题的适用理论。因为家庭必然受到性别失衡情境下的社会变革、家庭制度以及家庭成员之间互动关系的诸多影响(黄玲,郭显超,2018)。从性别失衡情境的全局社会形态来看,农村家庭风险议题反映了家庭发展的系统性,家庭结构的变化性与家庭功能的多样性。

首先,系统性是家庭作为一个既有组织表现出的适应内在或者外在变化的整体组织构成,内在反映为家庭成员之间相互依赖,外在反映为与核心家庭以外的其他家庭组织或者社会的有选择性接触。通过系统内部与外部的互动关系完成家庭生存所必需的功能任务,这些家庭任务包括家庭整体和成员在性别失衡社会形态下维持家庭运转、维系家庭成员角色、维持家庭内在外在角色参与、维护社会控制、保障家庭成员生育或者收养等家庭变化发展。

其次,在家庭发展的不同阶段,家庭结构存在差异,而特定时期的家庭任务的实现在很大程度上依托于有效的家庭结构。在性别失衡社会情境下,一方面,家庭结构反映了家庭成员之间基于特定关系的联系;另一方面,家庭成员之间相互作用与彼此影响而决定不同类型的家庭类型和家庭组织模式(穆光宗,2012)。性别失衡带来的婚姻挤压以及叠加社会形态如老龄化和城镇化以及少子化,导致在现有社会形态下划分家庭结构存在多种标准,但是双亲与子女核心家庭仍然是主要家庭关系结构(夏益俊,2012)。已有的家庭结构划分包括残缺家庭、核心家庭、扩大家庭与联合家庭,或者核心家庭、直系家庭、联合家庭与其他家庭,也可以界定为核心家庭、直系家庭、复合家庭、单人家庭、残缺家庭等(秦和,2019)。但基于家庭亲子关系的划分标准始终是考察家庭结构的基本轴心,反映了家庭组织构成形式以及家庭成员角色定位(吴帆,李建民,2012)。从性别失衡社会形态下关注农村家庭风险,需要关注特殊社会形态对农村家庭结构的影响极其带来的深层次变化(李树茁 等,2009)。

再次,从组织功能角度,在不同类型的家庭结构中,家庭成员依照角色定位承担着不同的家庭功能以满足家庭需求,而这一既定模式必然在男多女少的性别失衡社会形态下发生变化,需要从家庭发展视角进行针对性解读。从传统社会形态视角来看,家庭具有人口再生产和经济生产功能,是基于血缘、姻缘或者收养关系而形成的具有共有财产和共同家庭预算的经济合作单元(Walsh,2016a)。从更为广泛的功能角度,家庭是具有连贯道德伦理,由婚姻关系形成的家庭成员为其后代提供一系列关怀和稳定的家庭支持系统,包括教育、抚养、赡养等功能的微观社会生活系统。尽管由夫妻关系变化或者代际关系密切而形成的单亲家庭、单身家庭或者隔代家庭等,使得家庭结构的构成日益复杂化和多样化,但是婚姻、生育与照料的家庭功能依然是在家庭生命历程中构成家庭发展以及家庭可持续的重要事件,并进一步与家族延续、权利关系、居住安排、财产分配等家庭发展相联系。在性别失衡社会形态下,上述家庭再生产功能受到婚姻挤压带来的挑战,家庭结构构成和个人生活模式也会在男多女少社会出现变化,家庭组织功能视角引入将有利于从性别失衡特殊社会情境下探索农村家庭风险议题。

2.3.3 可持续生计资本理论

可持续生计资本理论是解释农村家庭依托自然资源基础上,通过各类家庭资源积累所实现的长期的可持续的发展能力,包括了土地林地等自然资本,家庭设备与固定资产等物质资本,家庭社会关系与社会网络等社会资本,家庭储蓄、投资预计负债等金融资本,以及家庭人员的数量、劳动力质量等人力资本(Pandey et al., 2017)。可持续生计资本理论的提出为分析农村家庭在各类自然灾害和社会转型风险挑战中的生存能力和发展前景提供了理论参考,可持续生计资本所具有的长期积累属性和未来提升预期特征使得家庭风险研究找到评估风险来临时家庭脆弱程度和承受能力,也提出测量家庭在各类不确定性甚至是风险事件挑战中的恢复能力以及进步能力(丁士军 等,2016)。可持续生计资本面向农村家庭研究,从资源角度将家庭在风险环境中的生存能力、稳定能力、恢复能力和发展能力探索出可操作化的分析路径。

可持续生计资本的首要标志性资本是自然资本,包括了农村家庭长期稳定持有的土地资源、林地资源、渔业畜牧资源以及任何自然环境所能给予的可用资源类型,是农村家庭无论在何种自然风险和社会风险环境下可靠的生存基础(杜本峰,李碧清,2014)。物质资本同样是农村家庭的标志性资本,包括了家庭设备数量和质量、家庭房产场所等固定资产规模以及家庭设备和固定资产所能变现后衍生的收入形式,是农村家庭在缺少其他所有资本条件下最后依靠的物理屏障(汪为,吴海涛,2017)。社会资本是农村家庭所具有的社会关系网络和关系强度,代表了农村家庭在风险环境下的外部支援力量水平,决定着转型社会或者突发灾害事件下农村家庭额外的资源收集能力(刘军奎,2019)。金融资本是指农村家庭所具有的储蓄存款和外部投资,以及拉低家庭风险应急能力的债务情况,是农村家庭在城镇化和现代化社会情境下的新增家庭资本形式,决定着家庭在现代社会风险环境下的稳定和发展潜力(江克忠,刘生龙,2017)。最后,人力资本的多少意味着农村家庭是否能够在家庭成员教育能力和职业能力方面获得家庭人力资本回报,特别是性别失衡社会环境下男多女少和男性婚姻挤压以及女性歧视,以及农村家庭是否具备足够人力和有效劳动力支持家庭积累资源(文洪星,韩青,2018)。

不同于老龄化、城镇化、人口迁移以及家庭小型化等特定情境因素,性别失衡社会情境由于是客观人口数量因素从而与上述几乎所有社会风险和不确定情境相关联,因此家庭可持续生计面临的挑战更大,对于家庭生存稳定和发展的意义更大(Li et al.,2012)。中国当代农村家庭并不全部是男多女少的直接承受者,但是大部分家庭都在经济生产、社会参与、金融资本以及人力资本层面面临客观环境的挑战。性别失衡带来的一个重要影响是农村男性婚姻挤压和外出务工,从而导致全国大部分农村家庭都面临自然资本积累不确定性,因为家庭自然资源产出显著依赖青壮年男劳力(张灿强 等,2017)。虽然尚未有研究从性别失衡视角专门进行农村家庭可持续升级研究,但是已有的可持续生计研究围绕农村家庭贫困、养老和教育策略进行了家庭不确定性分析,已经呈现出性别失衡社会复杂情境下农村家庭多方面的挑战和风险,为性别失衡视角下家庭风险分析提供了理论参考。

2.3.4 家庭抗逆力理论

家庭抗逆力理论(family resilience)是家庭风险研究的经典理论体系,是关注家庭本身所具有的家庭信念、家庭结构以及家庭管理运行模式如何衍生出家庭内部的凝聚力和抵抗机制,在面临自然灾害和社会转型不确定性时具有抵抗能力,家庭自己产生弹性维系家庭在风险环境中的稳定生存并由此产生可恢复的预期效应(Walsh,2007)。家庭抗逆力最早始于自然灾害风险中家庭在大规模救援尚未到达前的生存能力,表现出家庭作为集体单元具有的弹性和韧性

(Vesely et al.,2017)。随着现代社会不确定性的增加,家庭需要在社会复杂形态下特别是转型社会如贫困、老龄化、人口迁移、家庭结构规模变化过程中,在系统性的公共政策出台前,具备一定的抵御外部环境变化能力以及短期内迅速形成适应能力,由此产生抗逆机制从而恢复原有生活水平(Patterson,2002)。

在性别失衡社会形态下,尚未有研究专门关注农村家庭抗逆力,但是已有的性别失衡研究领域已经开始涉及家庭层面应对社会转型后果的方式方法。家庭信念是家庭抗逆力首要的构成因素,其通过家庭乐观态度和家庭对困境的态度表现出个体家庭是否具备乐观向上的文化氛围,也决定了很多农村家庭在面临婚姻成本上升时是否积极应对而非消极等待(Walsh,2015)。家庭乐观情绪是决定弱势群体家庭风险适应性的基本因素,弱势家庭研究表明,良好的家庭信念系统特别是乐观积极氛围决定了这个家庭能够在缺少外部资源救济前提下获得自我生存机会并获得长期生存机遇(Windl et al.,2011)。相反,家庭信念缺失的家庭无论是在自然灾害还是在社会风险事件中都会比其他家庭更快出现家庭功能丧失并威胁家庭福祉(Hawley,DeHaan,1996)。

家庭抗逆力中的家庭结构是性别失衡视野下关注农村家庭风险的另一个主要元素。家庭结构是家庭抗逆力中体现出人员要素的核心构成,包括了家庭合作方式、合作机制、交流沟通方式等人为因素,是家庭物理抗逆力发挥最终效用的外在保障(Ungar,2011)。在性别失衡社会情境下,家庭结构变化不仅仅来自性别失衡社会男多女少所形成的婚姻挤压与人口婚姻迁移现象,还来自家庭老龄化、子女家庭独立趋势,以及少子化带来的家庭规模整体缩小和家庭成员联系减弱(彭希哲,胡湛,2015)。因此,家庭结构特别是家庭人员彼此交流与合作决定了农村家庭面临留守问题、外出务工问题,以及婚姻、健康问题时是否能够团结一致应对危机(吴帆,李建民,2012)。在家庭整体结构出现现代化转变过程中,更要关注农村家庭在包括性别失衡在内诸多社会转型因素叠加情境下的抗逆力来源和抗逆力产生机理。

家庭管理运行模式是家庭抗逆力第三个主要元素,是家庭日常运行、家庭灵活度以及外部资源利用等管理运行因素(Sixbey,2005)。在自然灾害研究中,家庭风险抵御能力会随着家庭管理运行模式的灵活呈快速提升趋势,而家庭外部资源利用越多也越有利于家庭快速脱离风险后果的伤害阶段并尽快恢复常态生活(Rocchi et al.,2017)。性别失衡主要集中在中国农村社区,农村家庭恰恰是家庭管理运行模式相对滞后和传统的群体,其在转型社会环境下的灵活适应能力本来就很弱,加上传统格局下农村家庭很少利用外部社会资源而是聚焦在亲戚网络,因此农村家庭已经呈现出在性别失衡环境下的家庭迟滞和反应缓慢(石智雷,2014)。虽然个别家庭已经针对婚姻挤压或者选择外出进入外地婚姻市场,或者选择国际婚姻市场,但是其家庭婚姻成本的有限性依然表明家庭管理运行模式阻碍着家庭整体应对性别失衡的能力和资源。

2.3.5 婚姻家庭理论

婚姻家庭理论是家庭风险研究领域中基于婚姻视角关注家庭不确定性的理论路径,从家庭婚姻获得的不确定性到婚姻稳定的不确定性中分析个体成婚机会以及婚姻维持或者瓦解的可能性(郭婷,秦雪征,2016)。从家庭婚姻风险的源头上来看,婚姻寻找理论解释了家庭个体成员及其父母或兄弟姐妹在个体婚姻寻找过程中的资源不确定性,是解释家庭婚姻风险的首要理论来源(李海鹰,2009)。在婚姻寻找理论体系下,家庭风险的主要来源是婚姻获取过程中的资源挤占、分配、补充以及相互支持,也是性别失衡研究领域分析婚姻市场婚姻挤压、女性向上成婚倾向、婚姻梯队现象等家庭婚姻风险的常见理论(李树茁等,2006)。在婚姻寻找导向下,无论是承受婚姻挤压的男性还是倾向阶层向上的女性,其家庭都产生了相应婚姻决策基础上的资源消耗风险和资源流失风险(马磊,2015)。在具体的婚姻获取过程视角中,婚姻缔结理论是阐述具体行为人如何寻找婚姻,以及通过何种途径在已有资源基础上以利益最大化争取婚姻机会,是具体婚姻形成过程和模式的指导理论(保跃平,2013)。婚姻缔结理论关注资源与非资源基础上的婚姻缔结方式,因此彩礼资源、婚姻距离、社会关系网络以及婚姻离异等后果是重点关注内容,也为性别失衡研究中关注农村男性婚姻挤压提供了适用的理论工具(刘计峰,2011)。

在性别失衡视角下,婚姻寻找理论和婚姻缔结理论除了对于一般男性家庭提出了婚姻挤压的理论问题,更是引出了中国男性与邻国女性的跨国婚姻现象的理论解读,其中主要是以中国东南亚边境跨境婚姻和中国内陆跨国婚姻为表现(王登科,2011)。跨境婚姻来自与越南、老挝和缅甸等接壤的中国边境农村社区,主要是女性跨越国界的婚姻流动,但是中国性别失衡导致的婚姻挤压在近三十年来加速了外籍女性向中国的婚姻迁移规模和速度(戴波,赵德光,2015)。跨国婚姻理论本质上是婚姻寻找理论的延续,也是反映婚姻成本概念的个人理性选择过程(陶自祥,2017)。理论视野下的跨国婚姻主要还是从婚姻寻找和婚姻流动理论层面剖析跨国婚姻的动机、实施途径以及背后所联系的一系列经济、社会、文化、政治因素,特别是解释了性别失衡下的中国婚姻市场未来可能会增加更多的跨国婚姻现象(周建新,2008)。在关注跨国婚姻家庭风险理论方面,有研究已经引入了国际上研究外籍新娘常用的 Maternal citizenship 理论,其从女性角色、女性社区参与、女性自我价值等方面阐述了外籍新娘如何在本地社区获得认可从而维系跨国婚姻稳定和家庭可持续发展(Thapan,2005)。从跨国家庭风险形成、过程和最终后果来看,Maternal citizenship 理论可能更适用于解释性别失衡情境下的跨国婚姻家庭稳定和发展议题,因为跨国新娘所涉及的家庭经济生计、个人适应和家庭角色以及个人长远而可持续的融入发展是国籍问题家庭常见的家庭风险范畴。

2.3.6 代际支持理论

代际支持解释了中国农村典型的家庭养老模式。其一,金钱支持是首要物质因素,为老年人直接提供了生存基础,也是农村老年人在失去劳动能力后的生活来源(Feng et al., 2012);其二,传统农村家庭多是多代共居模式,子女为老年人提供生活健康照料等工具支持(Whitney et al., 2016);其三,孝道文化规定老年人作为子女养育者,理应获得子女情感支持,子女关心是老年人获得情感支持的稳定来源(Liu, 2017)。代际支持表面上源于孝道文化规范与多代共居,实质上是家庭成员合作实现家庭养老的家庭资源分享(Luo, Zhan, 2011)。资源交换理论(intergenerational exchange theory)剖析了中国农村社会在缺少养老医疗公共服务时家庭内部自发形成的利益交换模式,即父母通过养育子女换取子女成年后对自己的养老(Cong, Silverstein, 2011)。这种交换也通过家庭伦理和社会氛围成为成年子女默认的生活模式(Cong, Silverstein, 2008a)。在利他理论(intergenerational altruism theory)下,中国家庭规范强调家庭成员对家庭弱势群体,例如丧失经济与生活能力的老年人,应该提供更多资源和照料(Fingerman et al., 2011)。还有基于家庭代际关系的代际团结理论(intergenerational solidarity theory),其认为维系代际支持除了情感和规范因素,最直接的是子女基于对父母的忠诚为资源劣势父母提供可靠的家庭支持(Bengtson, Robert, 1991)。在传统中国,家庭通过孝道文化约束子女,父母子女的代际团结系统具有道德合法性和强制性,家庭资源的代际交换与资源利他成为传统规范(Cong, Silverstein, 2014)。今日中国,则通过法律维系代际团结,家庭资源的代际交换与资源利他成为子女义务(Chou, 2011)。在文化和法律双重约束下,农村家庭代际支持的资源供给和需求始终稳定(Phillips, Feng, 2015)。

基于发达国家经验古德理论,经济快速发展中家庭经济改善和家庭规范减弱同时发生,尤其是年轻世代会减少代际关系连接中的资源交换和资源利他(McDonald, 1992)。在中国,经历了40年余改革开放和高速经济增长的中青年,他们的家庭规范和代际关系也正在经历代际关系连接减少(Qin et al., 2020)。首先,1970年代之后出生的中青年经历了家庭小型化和少子化,不仅与父母的代际关系连接减少,而且养儿防老的传统明显减少,导致了农村地区代际资源交换的观念和资源多样化(Qin et al., 2020)。在发达农村,中青年人群的孝道内涵更偏重情感而非物质和照顾,其有可能成为中青年未来对子女要求资源交换的新规范(Croll, 2008)。在落后农村,中青年依然向父母提供最基本的财务支持,因而可能向下一代继续传递代际资源交换的传统模式(Qin et al., 2018)。其次,农村家庭变化趋势导致多代共居、相邻居住以及分居模式下子女资源利他的多样化。例如,很多农村家庭是作为长子的中青年与老人共居,这些中青年可能向下一代延续代际资源利他需求(Sun, 2013)。相反,进城务工的中青年适应了城市化的代际关系,即相比农村家庭更少的财务分享、照顾与情感交流,因而这类中青年对自己子女资源利他的期待可能更少(Evandrou et al., 2017)。农村社区也在探索子女之外的养老资源供给,其可能对代际资源利他产生替代(Cramm et al., 2016)。但中国户口制度下无城市户籍的农村中青年无法获取城市养老资源,因而可能无法完全放弃子女资源利他的需求(Chen, Han, 2016)。此外,中青年与父母的代际关系多样化可能导致中青年成为老年人后面临代际团结模式的多样化(Warmenhoven et al., 2018)。

2.3.7 家庭健康理论

无论家庭经济社会地位如何变化,家庭现实风险的重要构成即为家庭健康风险(Grossman, 1972)。家庭成员健康是家庭发展所需的家庭人力资源要素的重要内涵。家庭具有保障家庭成员的生存与健康的基本功能,健康是家庭成员得以生存的基本需求,也是家庭内在禀赋在人力资本层面得以发挥的重要体现。不良的身体健康状况意味着正常的支出消费在健康领域过度倾斜,如果农村家庭成员处于非健康状态,则直接影响家庭的基本生活所需消费,进一步导致家庭整体出现因病致贫、因病返贫,同时成为制约农村家庭进一步提升生活与发展水平的重要障碍。在家庭健康风险研究领域,健康风险是每一个家庭成员都潜在的风险,由于家庭风险的健康维度体现在所有因为健康潜在危机所造成的有形或无形、短期或长期形态的家庭不确定性,因此家庭风险主要从身体健康与心理健康两个方面集中表现(Cropper,2000)。作为传统视角下的农村健康危机,由于农村长期以来的医疗资源劣势和农村公共服务劣势,老年人的健康与医疗水平一直是农村家庭健康风险研究的主流(牛建林,2013)。其中,家庭健康资源投入理论解释了为什么不同社会经济地位和不同家庭结构中的农村老年人健康水平和健康资源存在显著差别,体现出农村老年人健康风险与家庭资源的紧密关联(罗会强 等,2016)。

大龄未婚男性作为婚姻挤压形态下特殊的农村弱势家庭类型,他们的家庭健康集中表现出性别失衡下农村家庭风险的典型特征。从最直接的生理健康而言,农村大龄未婚男性的身体健康方面劣势相对明显。从一般身体健康来看,健康身体是男性进入婚姻市场的重要资本,一部分农村未婚男性由于身体健康劣势,主要包括残疾、存在影响个体劳动能力的身体疾患等,而在婚姻市场处于劣势地位,进而成为制约其结婚的重要因素,又成为其所在农村家庭的健康负担(李树茁 等,2010)。由于缺少婚姻的保障作用,相较于已婚群体,农村大龄未婚男性的身体健康因缺乏婚姻的保障而普遍处于相对不利状况(靳小怡 等,2012)。在健康生活习惯方面,由于缺乏婚姻家庭的约束,大龄未婚男性容易形成不良的生活习惯,包括吸烟、酗酒等,这些都是引发个体健康风险从而为其父母家庭和兄弟姐妹家庭带来长期健康负担的来源。特别是在性健康方面,由于婚姻生活的缺失,农村大龄未婚男性家庭性与生殖健康往往被常规农村婚姻家庭性与生殖健康公共服务忽视,而成为性健康领域的特殊弱势群体。婚姻的缺乏意味着性伴侣的缺乏,农村大龄未婚男性往往处于性压抑状态,性生活满意度普遍较低(靳小怡,刘利鸽,2009)。由于缺少婚内合法的性生活满足渠道,农村大龄未婚男性所参与的非婚性生活,包括商业性行为、同性性行为,以及可能涉及的一夜情等风险性行为则成为引发其性健康风险的主要威胁(靳小怡 等,2010)。

在心理层面,由于农村大龄未婚男性家庭的婚姻缺失有违于中国传统婚姻家庭文化的社会规范,因而易成为周围人群的关注对象。这不仅增加了农村大龄未婚男性自身的心理压力,也是其所在家庭的主要压力来源,这些都成为诱发农村大龄未婚男性家庭心理危机甚至心理抑郁的主要来源。同时,由于缺少来自伴侣的亲密关系支持,农村大龄未婚男性家庭应对外在冲击的能力较弱,这些压力也导致了农村大龄未婚男性家庭易于形成光棍家庭症,即自卑、恐惧和脆弱,进一步导致父母等家庭其他弱势成员心理失范以及行为失范(李树茁,孟阳,2018)。在性心理健康中,农村大龄未婚男性由于缺少婚姻生活,而普遍处于性压抑的心理状态,当农村大龄未婚男性寻求其他性满足渠道时,农村大龄未婚男性家庭的 HIV/AIDS 以及性传播疾病等健康风险会呈现扩大化,不仅反映在躯体层面的性健康疾病风险,还反映在为整个家族带来的不便和 HIV/AIDS 潜在传播概率(Merli,Hertog,2010)。

第 3 章 性别失衡社会农村情境分析与理论框架

本书在大规模问卷调查开始前,首先针对性别失衡典型地区进行了农村社会环境分析。农村宏观环境分析的目的是在可能选取的问卷调查县区进行性别失衡社会现象、政府治理和文化氛围相关的整体分析,试图了解目前性别失衡具体现象、具体问题和具体表现形式在县区层面的宏观图景,由此获得对性别失衡社会在农村的整体表现和发展趋势,也为进一步进行农村社区分析和农村家庭分析提供宏观环境参考。针对宏观环境分析,笔者研究团队与联合国人口基金、中国人口与发展研究中心合作,选取了安徽省长丰县、宿州市埇桥区,湖北省黄梅县、嘉鱼县,广西壮族自治区宾阳县和宁明县,作为性别失衡社会的农村宏观环境分析调查地,以及未来可能的微观大规模社区与家庭样本调查备选地。本次调查主要采取两种方法获得数据与资料。一是访谈(小组访谈、个人访谈)。专家组分别编制了县区级卫计部门负责同志和相关工作人员、乡镇卫计部门负责同志和相关工作人员、村干部以及村民(群众)访谈提纲,在每县区召开县级座谈会1个、乡镇级座谈会2—3个、村干部座谈会5—6个,群众座谈会5—6个。干部座谈会上由参会干部自填完成了性别平等意识的小问卷。群众座谈会注意参与群众的典型性,此次调研从不同层次、不同角度获得了大量的一手资料。二是统计资料收集。专家组在各个样本地区分别收集了人口、社会以及经济发展方面的宏观数据,以及近3—5年出生人口性别比数据、样本地区政府在治理人口出生性别比方面的政策文件和法律法规等文件资料。

3.1 性别失衡社会的农村宏观情境分析

3.1.1 宏观环境地区概况

宾阳县,隶属于南宁市,是广西中南部重要的交通枢纽,经济发达,尤其是民营经济发展较好,被誉为"广西小五金之乡"。宾阳县下辖16个乡镇(街道),192个行政村。2015年全县地区生产总值184.6亿元,城镇居民人均可支配收入26 145元,农民人均可支配收入9 916元。2015年末,全县户籍人口105.13万人,比上年增加0.75万人。据卫计部门统计,全县出生人口数13 462人,人口出生率为13.43‰,出生人口性别比114.1。民族构成以汉族为主,其中又以文化层面的客家人为主。

宁明县,隶属崇左市,与越南接壤,是边境县,也是广西林业大县、蔗糖生产大县,被国家林业局命名为"中国八角之乡"。其境内的花山岩画2016年列入了世界非物质文化遗产。宁明县下辖13个乡镇(街道),162个行政村。2015年全县地区生产总值108.5亿元,城镇居民人均可支配收入22 037元,农民人均可支配收入8 131元。2015年末,全县户籍人口34.5万人,常住人口41.7万人。全县出生人口数7 603人,壮族人口占77.1%,出生人口性别比108.5(女性为100)。

嘉鱼县,湖北省咸宁市下辖县,是国家首批对外开放地区和长江经济带重要开发区,是湖北省有名的蔬菜之乡、螃蟹之乡、鮰鱼之乡、黄金之乡,获"湖北省绿化模范县"称号。嘉鱼县下辖8个乡镇(街道),82个行政村。2015年全县,地区生产总值201.06亿元,城镇居民人均可支配收入23 245元,农民人均可支配收入13 760元。2015年末,全县户籍人口数370 012人,其中男性193 344人,女性176 668人。2015年全县出生4 456人,出生率为11.19‰,出生人口性别比为119.4。

黄梅县,属湖北省黄冈市,是驰名中外的佛教禅宗发祥地,黄梅戏的发源地,还是闻名全国的挑花之乡、楹联之乡、诗词之乡、武术之乡。黄梅县下辖17个乡镇(街道),519个行政村,全县面积1 701平方公里。2015年全县地区生产总值174.87亿元,城镇居民人均可支配收入22 733元,农民人均可支配收入11 413元。2015年末,全县户籍人口1 003 928人,其中男性533 068人,女性470 860人。2015年出生人口11 918人,人口出生率11.8‰,出生性别比为122。

埇桥区,是宿州市的政治经济文化中心,是传统的农业大区,其历史文化底蕴非常深厚,是中国书法之乡、中国马戏之乡。埇桥区下辖26个乡镇(街道),286个行政村,该区总面积约2 868平方公里。2015年全区全年地区生产总值325.5亿元,城镇居民人均可支配收入27 628元,农民人均可支配收入9 311

元。2015年末，全区户籍人口188.6万人，城镇人口占比24.9%，出生人口3.6万人，出生率为19.1‰，出生人口性别比为109.52，自然增长率为15‰。

长丰县，位于合肥市北部，地理位置优越，经济发达，是全国中部百强县。2015年全县地区生产总值360.96亿元。城镇居民人均可支配收入25 684元，农民人均可支配收入14 614元。长丰县下辖14个乡镇（街道），1个省级开发区，179个行政村，总面积1 841平方公里。2015年末，全县户籍人口75.83万人，其中城镇户籍人口16.75万人，占比22.1%。全年出生人口8 694人，人口出生率11.14‰，出生人口性别比为110.6，自然增长率7.08‰。长丰县从2011年第七周期项目起就开始了基于性别平等的出生人口性别比治理的探索，也是第七周期项目点中知名度最高、工作创新力度最大的项目地区。在开展第七周期项目期间，长丰县大力推进将性别平等视角纳入各相关部门的工作，推进"公厕革命""姓氏革命"等民风民俗的变革，取得了较好的效果。

3.1.2 出生人口性别比治理现状

图3-1展现了6个备选样本县区出生人口性别比近五年的变动趋势。整体来看，6个县均出现明显连续下降趋势，但仍然偏高。湖北省两县的性别比失衡状况更为严重，但下降趋势更为明显。嘉鱼县2010—2014年出生人口性别比平均值为131.26，2012—2016年连续快速下降，但仍在高位运行，2016年为114.97。黄梅县出生人口性别比在2012年时还高达129，2016年数据显示已经降至120以下。广西宁明县是6个样本备选县区中唯一一个少数民族为主的县区，出生人口性别比连续五年一直最低，但也高于正常值，宾阳县长期高于广西平均水平，性别比治理面临着更大的压力。必须要指出，在生育政策上，宁明的边境地区与其他5个地区有所区别。其他地区包括宁明的非边境地区在"单独两孩"政策出台前，普遍实施的是农村"一孩半"政策。宁明距边境5公里以内的地区之前实施"两孩"政策，2016年后边境地区允许生育3个孩子。安徽省两个样本备选县则居于中间水平。长丰县虽然总体下降，但出现连续波动，2014年高达117.71，2015年下降至110.61，出生人口性别比仍然高于正常水平，并且要时刻警惕性别比反弹。埇桥区2012年出生人口性别比还接近120，但经过五年的治理，出现连续快速下降趋势，2016年降至106.62，几近正常水平。

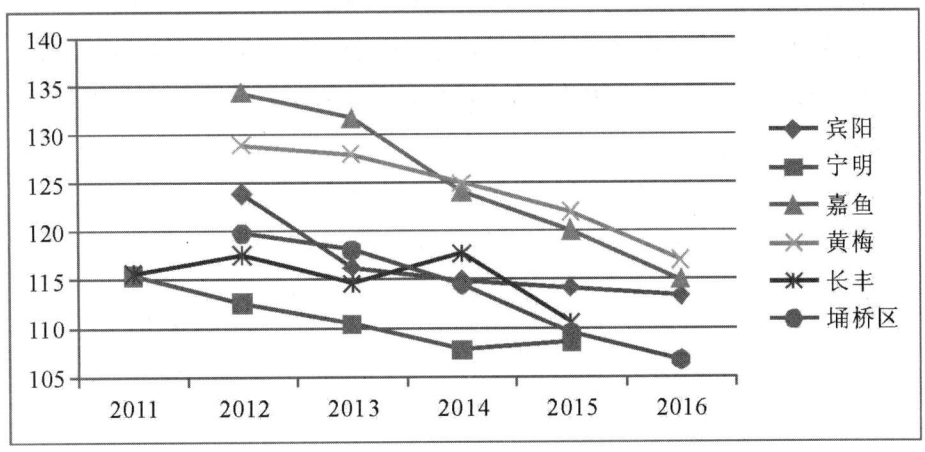

图3-1 六县五年出生人口性别比数据

数据来源：宾阳县、宁明县、长丰县、埇桥区（两县报表数据），嘉鱼县、黄梅县（湖北省人口和计划生育服务与管理信息系统）。

此次6个样本备选县区干部对社会性别不平等现状认知不足。图3-2反映了干部对男女不平等的感知情况。多数人认为当前存在男女不平等现象，但是，也有一部分干部认为完全或基本不存在男女不平等现象。

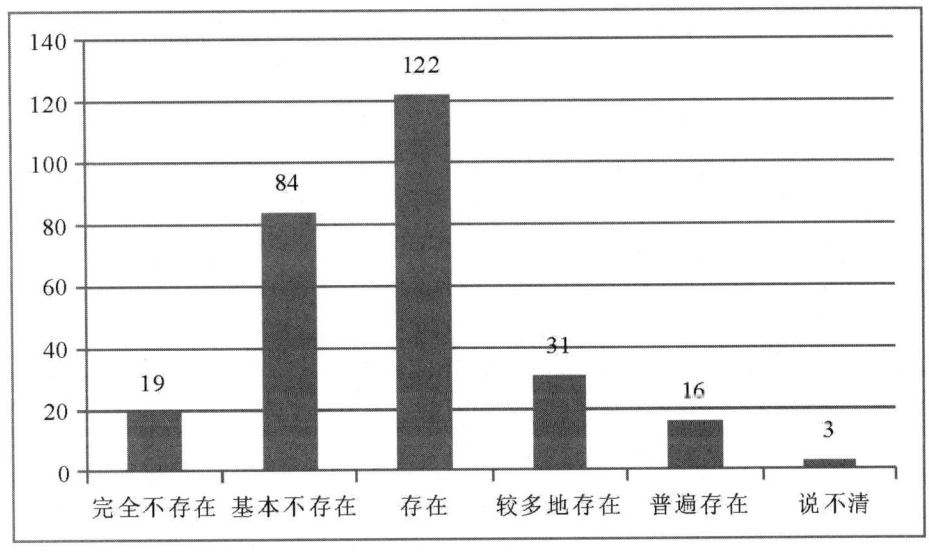

图3-2 干部对于男女不平等的感知

图 3-3 呈现了项目地区干部对女性相较男性的社会地位的感知。绝大多数干部认为目前女性和男性的社会地位差不多,仅有不到30%认为女性的社会地位比男性低。可见,项目地区干部并没有真正地认知到当地女性社会地位不如男性的事实。

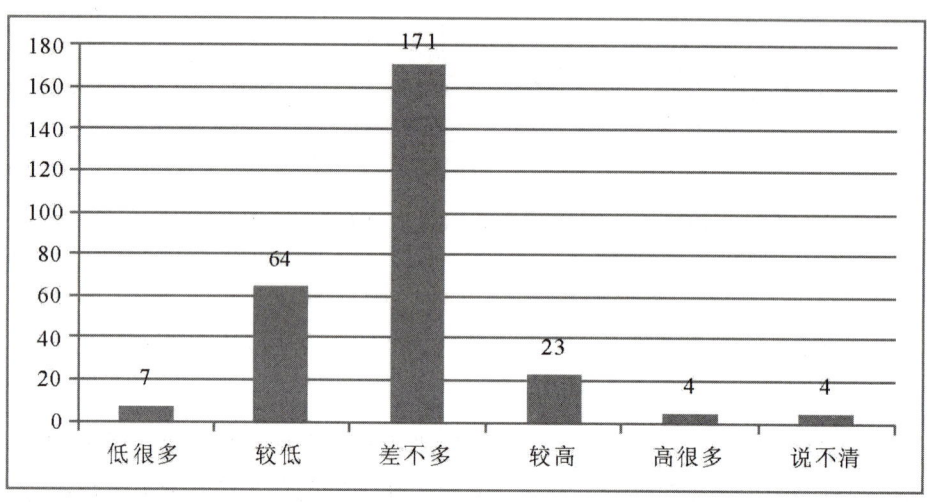

图3-3 项目地区干部对女性相对男性地位的不平等感知

调研中用三个问题分别从两性能力、相对地位与事业重要性的对比来衡量干部性别平等认知。表3-1中,45岁以上的干部对两性平等权利的认识要落后于年轻的干部。从表3-2可见,女性干部不同意以上方面两性差距是必然的比例要高于男性,这说明,男性干部的性别平等观念不及女性干部。但也要看到,样本地区女性干部队伍中也有人认为女性与男性比存在天然的和社会的劣势。村级工作人员的性别平等意识要远远落后于卫生计生系统与县级其他部门的工作人员。

表3-1 不同年龄干部的性别平等意识

年龄	丈夫的工作/事业比妻子重要			
	不同意	说不清	同意	人数
45以下	80.43	0.72	18.84	138
45以上	75.91	2.19	21.90	137

续表

年龄	男人能力天生比女人强			
	不同意	说不清	同意	人数
45 以下	87.68	2.17	10.14	138
45 以上	74.45	6.57	18.98	137

年龄	女性天生就弱势,应该处于被保护、被引导的位置			
	不同意	说不清	同意	人数
45 以下	69.57	2.17	28.26	138
45 以上	53.28	4.38	42.34	137

表 3-2 不同性别干部的性别平等意识

性别	丈夫的工作/事业比妻子重要			
	不同意	说不清	同意	人数
男	74.86	1.64	23.50	183
女	84.44	1.11	14.44	90

性别	男人能力天生就比女人强			
	不同意	说不清	同意	人数
男	79.78	4.92	15.30	183
女	84.44	3.33	12.22	90

性别	女性天生就弱势,应该处于被保护、被引导的位置			
	不同意	说不清	同意	人数
男	56.28	2.73	40.98	183
女	73.33	3.33	23.33	90

表 3-3 不同部门干部的性别平等意识

工作单位	丈夫的工作/事业比妻子重要			
	不同意	说不清	同意	人数
卫计委系统	81.82	0.00	18.18	77
政府其他部门	86.05	1.16	12.79	86
村委会	69.09	2.73	28.18	110

续表

工作单位	男人能力天生就比女人强			
	不同意	说不清	同意	合计
卫计委系统	84.42	5.19	10.39	77
政府其他部门	82.56	4.65	12.79	86
村委会	77.27	3.64	19.09	110

工作单位	女性天生就弱势,应该处于被保护、被引导的位置			
	不同意	说不清	同意	合计
卫计委系统	67.53	0.00	32.47	77
政府其他部门	68.60	4.65	26.74	86
村委会	51.82	4.55	43.64	110

图3-4显示样本地区干部对解决性别比偏高问题主要出路问题的认识。基层干部对解决性别比偏高问题的对策和方法有共性认识。干部普遍认为加强农村社会养老保障、改变重男轻女的生育观念有助于治理偏高的出生人口性别比。样本地区干部已经意识到治理工作需要改变传统生育观念和提高家庭发展能力,这与本书微观调查活动的核心理念相一致。

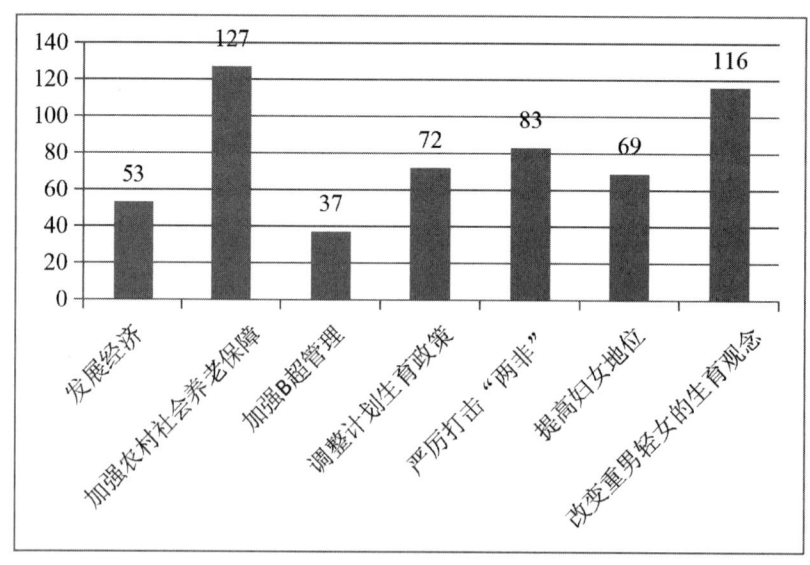

图3-4 干部对解决性别比偏高做法的认识

不同层级、部门干部对于性别平等与自身工作的联系认知有差异。由表3-4可以看出,不同工作单位层级的干部对个人治理工作是否能够促进社会性别平等的感知存在差异。超过八成的干部都认为个人治理工作与促进性别平等有关系,其中以卫计委系统干部对工作的认同感最高。但是,政府其他部门和基层村委会干部认为没有直接关系的人数比例明显偏高,其中基层村委干部最高。

表3-4 基层干部认为自身工作与性别平等的关联度

工作单位	工作与推进社会性别平等的关系				
	没有直接关系	有关系	关系密切	说不清	人数
卫计委系统	2.60	67.53	29.87	0.00	77
政府其他部门	6.98	59.30	32.56	1.16	86
村委会	8.18	56.36	29.09	6.36	110

总的来看,上述6个样本备选地区接受调查的干部对社会性别平等的意识还比较弱,对社会中存在的性别不平等现象认识不足,反而认为现在两性社会地位已基本一致。45岁以上的男性村级干部的认知尤其薄弱。他们大部分认同性别平等与自己本职工作的关联,认同转变重男轻女的观念、完善社会保障对出生性别失衡治理的意义。

3.1.3 性别失衡地区共性与差异

在厘清6个样本备选县区性别平等与生育观念、后果与风险感知、出生人口性别比治理工作开展等基本情况的基础上,本节进一步总结了县区层面的性别失衡宏观环境共性与差异特征。首先,内陆地区样本县区的性别平等与生育观念有相似特征。调研发现,随着城镇化进程的推进,6个县区中居民的生活方式和思想观念与城市人非常接近。座谈会上很多群众表示,现在年轻人基本没有重男轻女的观念了,老人这种观念重一些。现在只要家庭经济好,就不会被人瞧不起。对比下来,男孩调皮,女孩听话,有的女孩也能赚钱。在生育观念与习俗上,生男孩和生女孩的习俗基本一样。比如在广西,遇到清明上香、铲坟等传统节日和风俗,女性和外姓人也可以参加,图的是热闹。没有儿子的家庭一些仪式可以由女婿来代替。纯女户家庭可以招女婿,也可以外嫁。在养老上,父母并没有一定要让儿子养老的传统,女儿也可以照顾年迈的父母并其送终。然而,现阶段仍然存在一些传统的风俗习惯强化着性别不平等观念。比如在湖北的某些村就丧葬习俗来看,必须由男孩抬棺材,家里没有男孩就由嫡亲的或者过继的男孩担任,必须是直系亲属;就祭祀习俗来看,男女均可参加祭祖活动,但一般一家一个男孩参加,并且组织者只能由家族里面的德高望重的男性组织。在生育意愿上,各地基本呈现"儿女双全"的偏好,即相较于早年"多子多福"的生育意愿,许多访谈对象表示理想的孩子数量和性别搭配是一儿一女。但是细问之下,相当数量的访谈对象或直接表示或默认,如果第一胎是儿子,考虑到当前日渐增加的生育成本和养育成本,很可能不要第二个孩子;但如果第一胎是女儿,有极大可能再要第二个孩子。具体来看,对于第一胎是女儿的育龄妇女而言,生育二胎的压力非常大,家中长辈甚至丈夫都会希望第二胎是儿子,如果不能完成"任务",家庭关系甚至夫妻关系会面临一定程度的危机。对于家中长辈,这种非男孩不要的观念更加强烈。访谈中有一家的儿媳生了两个女儿,当问及"如果第三胎还是女孩怎么办"的时候,访谈对象没有直接回答,但对于身旁同村被访者"那就直接打掉嘛"的说法没有表示反对,而是持一种默许态度。在生育意愿的差异上,纯女户家庭对生育男孩的偏好没有其他类型家庭强烈,访谈中很多纯女户没有明确表示必须要一个男孩,很多访谈对象只是希望生两个孩子让孩子有个伴儿,男孩女孩都一样。

其次,边境少数民族样本县区存在单一特征,微观大规模问卷调查不建议进行,可进行中越跨国婚姻相关的深度访谈研究。在广西宁明这样的少数民族地区,性别观念更具有开放性与包容性。宁明县地处西南边陲,南与越南接界,居民大多数为壮族,文化程度较其他县区低一些,小学文化较为普遍。壮族文化对上门女婿并不排斥,在县级座谈会上,县妇联副主席本身就是招婿,她的妹妹也招婿,目前与父母同住。分管副县长也来自一个招婿家庭,他随的是母亲的姓。座谈会上大家说,并不歧视上门女婿,反而高看一眼,因为大多数的上门女婿都手脚勤快,把家里的经济做好了,腰杆比谁都硬。壮族接受从夫居与从妻居,在子女性别上更具有包容性。虽然也存在重男轻女的观念,但女儿也可以接受。在座谈会上,大家说"生女孩好命,生男孩好听"。村子里的姓氏多元化。家里摆神台牌位,但并无祠堂,村里有公共的土地庙。村里还实行土葬,在葬礼上原本由长子来拿香炉,现在没有儿子的家庭由女婿来捧。三月三给祖先上坟时,捧灵牌的可以是儿子也可以是女儿。

再次,样本备选地前期调研还发现,各地生育意愿较之前有所转变,即已基本由"多子多福"转变为"儿女双全",多数年轻人表示"生儿生女一样好"。但在农村"养儿防老""儿子传宗接代"等传统观念依旧存在。在湖北、安徽等汉族聚居地区,虽然传统生育观念已经发生显著的改变,养儿防老的观念也日益淡薄,但男孩偏好作为一种积习已久的文化观念,其社会影响及效应依然十分广泛而强烈,主要体现在婚嫁、生育、丧葬等社会规范中,比如对招赘婚姻接受度较低。广西宾阳客家人聚居,重男轻女的观念相对严重,当地还有修家谱、建祠堂的风俗,一般男性为主。在安徽,虽然儿子养老功能逐渐淡化,但其象征意义依旧重要。此外,在尊老、孝老家庭文化的影响下,老年人重男轻女的思想对子女还有较大的影响。

与此同时,基层干部对中国出生性别比偏高的严重性均有一定的认识。图3-5描述的是样本备选县区干部群体对中国出生婴儿性别比偏高严重性的认知情况。其中排在首位的是认为出生性别比偏高是重男轻女问题,这表明上述地区干部认为男孩偏好依旧是导致出生性别比偏高的直接原因和重要原因。其次是社会保障和养老问题,这说明干部已经用发展的眼光看待性别失衡的严重性。此外,只有很少的干部认为出生性别比偏高还是妇女人权问题,表明目前干部群体对出生人口性别比偏高严重性的认识还不够深刻和全面。

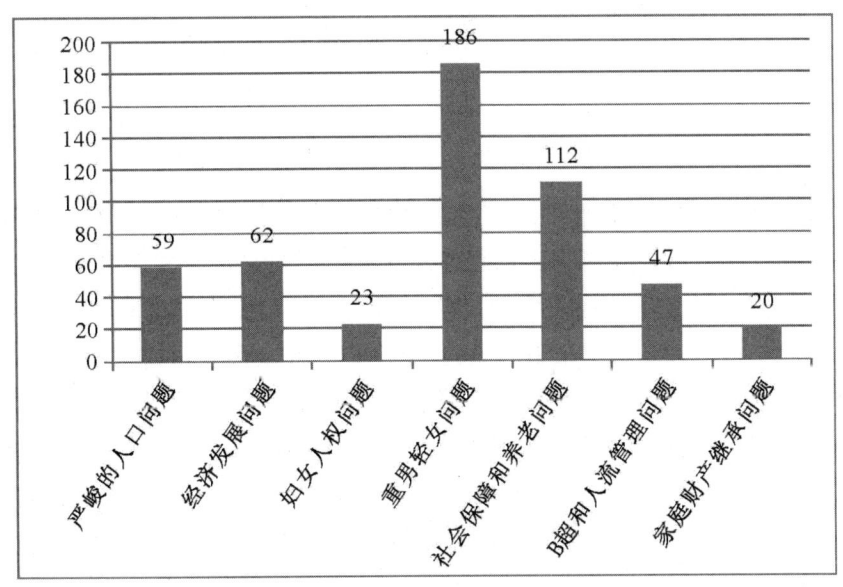

图3-5 干部对出生婴儿性别比偏高严重性的感知

大部分基层干部对中国出生婴儿性别比偏高的风险后果也有一定的认识，主要归结为性别平等问题。图3-6反映的是样本备选县区干部群体对出生婴儿性别比偏高后果的认知。排在首位的是认为会影响社会稳定，这表明干部群体已经察觉到男性过剩与婚姻挤压可能为社会带来沉重的维稳压力。其次的后果是导致未来男性找不到配偶、婚姻家庭问题增多。但关于出生性别失衡对妇女生存发展的侵犯认识不足。

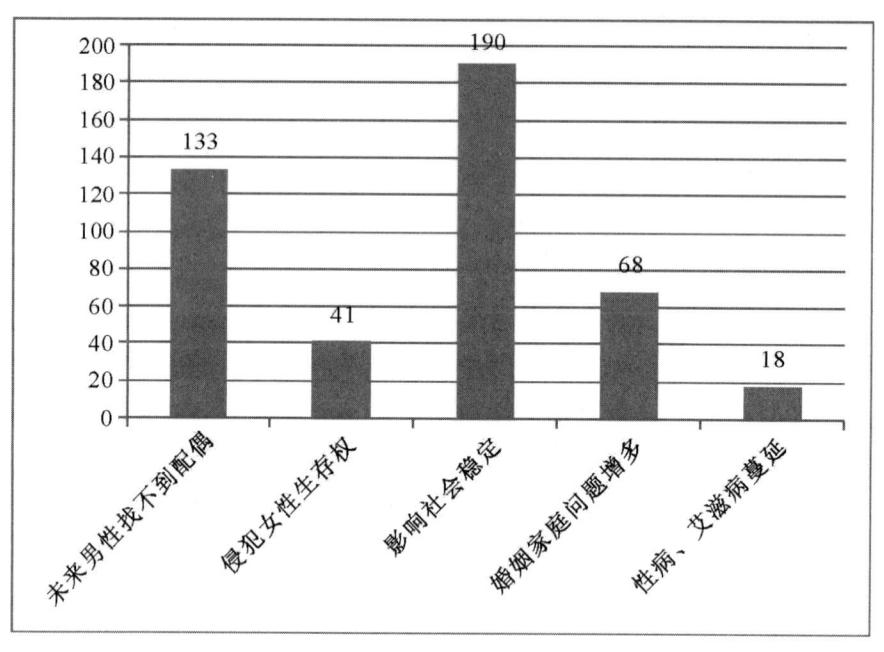

图3-6 干部对于出生婴儿性别比偏高的风险感知

最后，6个县区由于地域、经济和文化的显著不同，性别失衡的后果和风险也存在一些明显差异。相比较而言，广西宾阳、湖北及安徽人口流动性大，通婚范围扩大，而且经济条件相对较好，因此对男多女少的后果尚未有明显感觉。对于村中大龄青年未婚的原因，上述县区群众多表示这主要是家庭的经济条件差和个人素质不高如个人个性原因（内敛）、思想观念（不想结婚）和身体原因（智力问题）综合作用的结果。一般来说，条件稍好的男青年都选择外出务工，在一定程度上缓解了当地婚嫁的压力。在外来媳妇上，当地基本没有出现外籍新娘，外来的媳妇也多是村中男性外出务工带回来的，以贵州、云南、四川等地的女性居多。宁明县的情况显著不同。宁明县地处边境，其出生人口性别比虽然不高,但也表现出婚姻挤压的后果。当地光棍现象比较严重,每个村子都有40—50名大龄未婚男性。这些主要是贫困的、残疾的男性。导致这一现象的原因主要有两个:一是本地女性的外流。随着人口流动,这些村子也存在空心化的趋势。在长桥村,一共有991户,有69户全家人口长期在外地,还有258个家庭户只留下了老人与孩子。二是本地婚姻成本的上升。本地娶媳妇至少要8万元,包括彩礼5万以及其他开支3万。如果是招女婿的话,也流行男方给女方家聘金,一般在3万。村里有些人娶个越南新娘,一般只需要2万元。

3.2 性别失衡社会的中观社区情境分析

3.2.1 农村社区村规民约现状与特征

村规民约是"在某一特定乡村地域范围内,由一定组织、人群共同商议制定的某一共同地域组织或人群在一定时期内共同遵守的自我管理、自我服务、自我约束的共同规则"。现有村规民约中关于性别平等的规定大多流于形式,缺乏制度化保障。虽然村或社区均开展了村规民约修订工作,对村规民约和村民自治章程进行清理和完善,梳理其中含有歧视女性内容的民风民俗,增加并细化移风易俗、男女平等、利益导向等相关条款,并且试图从政策层面维护了女性参政议政权利。但是由于过于格式化,约束性条款较多,与村庄本身的特点结合不紧密。一些村子签订的诚信计生条款与当前实施"全面两孩"政策不适应。一些村子的村规民约是"墙上公约",看不出村庄的特点与执行的效果。此外,现行的村规民约中依旧存在或即使并未明确指出但实际上默认歧视妇女的条款。

在广西宾阳,当地很多村庄都没有实现土地家庭联产承包,村集体掌握了土地流转、拆迁安置等大量资源。但宾阳县里,行政村的村委是个纯粹的管理机构,没有直接参与对村庄资源的分配,而是将权力下放给了村民小组。村民小组由每家每户选出村民代表,召开村民代表会议,共同制定小组内的分配方案。每个村里都有自治章程。村里的宅基地在80年代分过,之后分家、新迁入的就不再分配了。在分配集体经济收益时,当地不同村庄遵循不同的分配原则。有的按1996年时的人口,当时每人都有一份股份,现在根据股份可以享受分红,股份可以继承,由儿子还是女儿继承是家庭内部的决策。有的小组每年调整可以参加分红的人数。大多数村庄按照户口与常住来界定村民资格,对于外来媳妇和女儿,只要符合这两个条件,也能享受分红。外来的媳妇与本村男性离婚后,可以留在本村内,但每个村民小组不一样。外嫁女的丈夫一般不允许迁入户口,即使户口迁入,也不参加分红。上门女婿一般也不参加分红。由于每个村民小组的村民每年平均都能获得 2 000—3 000 元分红,所以大家都倾向于迁到本村来。村里曾经有一男性,结婚了 3 次婚,迁入媳妇 3 人,村民们有意见,最后只有 1 人享受了分红。

宁明县多数村规民约中关于村民资格和资源分配的描述非常模糊,不具有可操作性。调研的两个村庄都没有村集体经济,土地在 80 年代分配之后就没有调整,人均现在有 0.5 亩,自留地的继承都在家庭内部决策,宅基地也不再分配,村民有建房需求,都在自家的自留地上盖房。目前还未开展土地确权工作。这几个村子虽然表面上看都有村规民约,但实际上是统一格式,都是由上级制定并下发的。而在湖北黄梅县,现有村规民约对于上门女婿和返乡女性的权利没有明确规定,实践中差别化对待普遍存在。在对乡镇访谈过程中,乡镇干部表示上门女婿在当地很难扎根,岳父岳母一旦过世,就会携家带口返回老家。这是因为老家村庄对男性的容忍度和接纳程度很强。不管是上门女婿到女方所在村庄还是返回自己老家所在村庄,作为男性,都能分到土地、集体经济分红等资源。与此相对,出嫁的女儿如果因为某种原因返乡,情况就大不一样了。甚至是家里人都只接受女性短暂回乡居住,这部分女性绝不可能享有本村集体资产和政策优惠。

3.2.2 农村社区性别文化现状与特征

社区治理工作人员特别是领导决策层的性别观念在治理出生性别比的过程中起到关键性的引导作用,应该在坚持现有工作的基础上进一步强化性别平等理念的形成。调研中发现,组织部近来注重探索提高女性干部的办法,使女干部的比例有所上升。在村民代表、村两委等机构中也保证了相当的女性比例。但是相较于男性,女性比例仍然非常低,并且在党校工作人员培训中,内容仅包括计划生育条例和工作实务,而没有涉及性别平等这部分内容。宁明县组织部介绍了宁明县女性参政的现状。县人大代表中 68 名为女性,占全体代表的 32%,党代表中女性比例为 21%。全县 840 名科级干部,女性有 130 多人。

民政局介绍说,在村级,女性村委会主任的比例在5%—8%,村委会成员中女性的比例在25%。

湖北嘉鱼县规定在村民代表中女性的比例不得低于1/4,主要是能力比较强的女性。县级层面在招聘女职工比例上做得比较好,事业编招聘时没有设置性别门槛。近年来,随着女性报考人数增加,考取比例也随之增加,加上女性在考试中表现普遍好于男性,县公务员中女性招考人数反而比男性要多,少数特殊岗位由于工作性质需要除外。并且在推选各级党代表、人大代表、政协委员时尽量提高妇女比例。在工作人员培训中,党校连续十年每期都有计划生育专题,一个主题班15个课时,其中70%的课时讲党的基本理论,安排1个课时专门讲计划生育,由卫计系统老干部授课,内容是计划生育条例和工作实务,但是暂时还没有涉及性别平等这部分内容。黄梅县政府及相关部门,基层各单位工作人员在治理出生性别比偏高的过程中都表现出较强的性别平等意识,很多干部以身作则,提倡"生男生女都一样"。访谈中,县组织部工作人员告诉我们,"在县级层面,是欢迎有知识、有能力的女性同志参与的,并且会将这部分同志作为重点培养对象"。

3.2.3 农村社区治理现状与特征

从各个样本备选县区的社区工作人员访谈中发现,当前围绕性别失衡的社区治理侧重考核,环境建设比较欠缺,并且非政府组织作用相对薄弱。在社区层面,主要任务:一是每年对人口计生工作进行考核,除了基本的"两非"指标,重点还有控制性别比的过程,比如孕情监测。二是由卫计部门、组织部、宣传部、妇联及党校等部门合作开展性别平等宣传倡导活动。但在社区性别比治理过程中,一方面,单靠简单的宣传工作,群众容易产生厌烦情绪,难以转变群众生育观念,尤其是农村的老年人;另一方面,单一的宣传手段或活动开展难以调动群众参与的积极性,群众参与度比较低,不能实现宣传倡导的目的。此外,目前村和社区性别比治理中缺乏非政府组织的参与,比如企业、协会、志愿者等。与此同时,人口流动的不断加快给社区治理工作带来严重的挑战。本次调研中,城镇化进度较好的安徽两个区县,人口流动给项目执行带来的难度尤其明显。长丰县和埇桥区均为安徽省重要的劳动力供给地,外出务工人员规模非常之大,如在某些村庄,全村80%以上青壮年都外出打工了。其中,一部分人已在外面购买房屋,并举家迁徙到那里定居。这便给村规民约修订、宣传教育等工作带来诸多困难。由于人户分离,找不到工作对象,这已经成为出生性别比治理的重要难点所在。

3.3 性别失衡社会的家庭微观情境分析

3.3.1 家庭发展能力及其特征

家庭发展能力包括经济能力、支持能力、学习能力、社会交往能力、风险应对能力等多种能力,是衡量家庭能否良性运行、家庭关系是否和睦的重要指标。提高家庭发展能力可以有效遏制偏高出生性别比。调研发现各地在家庭发展能力建设上都进行了有益的探索。总的来看,三省六县都通过建立利益导向机制、创新制度建设等方式,开展了一系列提高家庭发展能力的治理工作,但工作略显雷同,都着重在女孩家庭关爱、助学这些利益导向政策上。某种程度上说明各地的工作未能很好结合当地特色和实际情况,开展的都是一般性、常规性工作,因此在效果上仍存在提升空间。各地相关工作存在诸多不足,这主要是由于现阶段农村的社会保障制度环境尚未完善和社区养老服务缺乏具体项目与服务,群众不得不选择依赖传统的"养儿防老",家庭呈现功能虚置、发展能力停滞现象。访谈中,很多群众表示现有的新农合、新农保的覆盖并没有解决他们生活中的日常照料、养老等问题。当前农村依旧以依靠儿子养老为主,只有当家里没有儿子时,才由女儿养老。很多访谈对象都表示"生个男孩老了有依靠,生个女孩出嫁之后就是婆家的人了"。当谈到家里没有儿子面临的困难时,一位老大爷直言"那是各方面都相当困难啊",他表示在生活上没有儿子就没有劳动力,女儿出嫁后若在近处还能经常帮衬一下,嫁得远了就没办法。本质上而言,很多群众认为家中没有儿子就是缺乏将来养老的安全感,也容易出现被歧视的现象。由此观之,虽然各地都意识到治理出生性别比偏高需要关注家庭发展能力建设以应对各种可能出现的风险,但现阶段做的仍然不够,无法真正转变人们的生育观念和重男轻女意识。因此,家庭能力发展建设任重道远,下一步各地应该结合当地特点继续探索一些行之有效的方法和路径。

3.3.2 家庭婚育文化与发展特征

婚居模式多样性有利于减弱男孩偏好和降低出生人口性别比。调研发现,各地的婚居模式均存在多元化趋势,但仍有较大改进空间。除了传统的嫁娶婚姻,各地探索实践了如招赘婚姻、跨国婚姻等模式。与此同时,各地在经济、文化、地域上存在差异,这导致各地的多元婚居模式存在一定差异。总的来看,在广西两县,由于独特的壮族文化,当地并不排斥上门女婿,招赘婚姻较为普遍,子女可以随母姓,招赘婚姻家庭不会受歧视。由于地处边境,当地还存在跨国婚姻(主要是越南新娘),这是广西的独特之处。湖北、安徽两地情况类似,虽然存在一定数量的招赘婚姻,但上门女婿一般只履行养老职责,很难真正扎根下来。

由于地缘优势,多数越南新娘并不是拐卖或买卖婚姻的产物,而是有人介绍、自由恋爱的结果。2009年左右广西宁明做过关于越南新娘的调查,当时的数量大约在2500人。越南新娘在课题组调研的宁明的两个村分别有40多个与20多个。宁明与越南有频繁的商贸与人员往来,在甘蔗收割的季节,大量的越南劳工进入宁明工作,他们的工资只有本地人的一半。另外,边境居民与越南居民语言相通、生活习惯相似,许多人还相互是亲戚,相互参加家里的红白喜事。村里的越南新娘年龄从20多岁到50多岁都有,大多很勤快,也很能持家。据村干部说,有的越南女性学会了中文,还会用微信。越南来的妇女中,有不少是再婚的情况。在洞浪村,调研组遇到了一名越南妇女担任村里的卫生员。但问题在于,当地存在相当数量的非法跨国婚姻,合法的跨国婚姻要去南宁的越南驻华使馆进行注册并履行一定的手续,这些人都没有办理,只是在村里办几桌酒就在一起生活。因此,这些越南新娘在中国都没有合法的身份,没有医保,无法享受中国的基本公共服务。据洞浪村的村干部讲,在卫生计生方面,凡是能享受的免费服务,比如避孕节育或是检查,都以事实婚姻的名义尽可能让越南新娘享受,但她们无法享受到经济补贴。越南新娘组建的家庭往往经济状况不太好,加上医疗负担,无法享受政府其他的补贴,往往使这些家庭更加贫困。

由于娶越南新娘这种行为基本上与家庭条件不好画上了等号,村民们对于这行为虽然能接受,但言语中还表达出一些轻视。近些年,由于交通条件好转,信息流通快速,宁明娶越南新娘的优势正在逐步减少,新来的越南新娘人数也在减少,这些越南新娘更倾向于去沿海经济更发达的地区谋生或嫁人。在湖北、安徽等地,由于地处内陆,基本不存在跨境婚姻。在主流的嫁娶婚姻外,存在一定数量的招赘婚姻。但是根据访谈我们了解到,在这两个省份招上门女婿的家庭一定是只有女儿没有儿子的,如果有儿子,这一家肯定是不会要上门女婿。而且老一辈一旦去世,上门女婿就会携带家庭返回老家,适应不下来。上门女婿这个具有特殊称谓的身份现在仅是具有一些象征性的意义,其孩子还是随父亲姓,这就导致他可能认为自己还是老家那边的人,尽到给岳父岳母养老义务后,还是要回到自己家乡的。访谈中,一位村干部直言"上门女婿就是为了给岳父母养老而不是扎根下来"。因此,现阶段一方面针对广西边境地区,应该进一步探索使跨国婚姻合法化的路径,消除对娶越南新娘家庭的歧视,避免对这些家庭的"二次伤害";另一方面,对于湖北、安徽等地,应该结合家庭发展能力建设工作,营造多元婚居模式共生、共荣局面,使上门女婿留得下去,发展得下去。

3.3.3 家庭女性地位现状及特征

调研发现,从家庭分工来看,"男主外女主内"占主导地位,但女性地位相对有所提升。从性别平等意识和理念看,近年来,各地探索了男女平等的实践,但是性别不平等意识和观念依旧严重,男女差别化对待现象明显。在广西宾阳县,相关部门开展性别比治理工作时也注意通过提高女性在家庭的地位进而控制偏高出生人口性别比和纠正男孩偏好。通过访谈发现,在妇联开展的"四自"精神培养活动中,当地妇女在一定程度上认识到了"两非"行为的危害;在县女企业家协会的"树立模范、进行推广"的活动中,优秀女性的榜样力量得以发挥,女性独立自主精神和理念开始形成,女性自身能力较之前有所提高。但是,据妇联相关同志介绍,当地仍然存在因家庭暴力而出现的女性维权案件。在湖北黄梅县,主要在提高女性家庭地位和就业上发力,开展了一些活动。比如培养女性干部、开展创业就业培训、建立专门的公众号,针对女性推送相关宣传信息。此外,在下乡资本的推动下,黄梅县引进建设了一些工业园区和生态农业建设区,女性可以就近务工、照料家庭,经济能力得到一定提高。

在安徽省埇桥区和长丰县,妇女地位则表现出较大提升,分别反映了城镇化和专项治理带来的性别平等效果变化。在就业方面,农村女性多会到周边的城市从事服务、餐饮行业或是做一些临时性的工作。在多数情况下,她们仅是感觉到自己与男性的职业分工不同,因此收入也会低一些,有人很少谈及自己曾遭遇到性别歧视。在低端性的行业和工作中,其实性别歧视表现得并不是很明显。在埇桥和长丰,不论在家庭内部,还是在工作岗位上,绝大多数妇女都能享有充分的自主权利。即便职场上的性别歧视广泛存在,但言而总之,妇女的地位与从前相比已不可同日而语。在一些街道办事处,女性干部的比例近乎可以占到一半,而在社区居委会中,女性更是占绝对的优势地位。但乡村地区情况有所不同。在埇桥和长丰召开的村级座谈会上,发现访谈结果具有高度的一致性,女性掌握家中的存折是司空见惯的事情,但凡家里遇到重大事宜,夫妻会共同商量,但多数情况下,最后会由丈夫来拍板决定。据此,可以判断妇女社会地位有进一步提升,但依然处于相对弱势,应该探索更有效和更可持续的提高妇女地位的家庭干预方法和活动。

3.4 农村性别失衡的风险情境分析

3.4.1 性别失衡的风险属性

中国的出生人口性别比从2010年的121.21降为2015年的113.51,性别失衡源头基本得到控制(国家统计局,2010,2012)。但是出生人口性别比偏高年份出生的男性正在步入成年并进入社会和婚姻市场,成为性别失衡的直接后果(果臻 等,2016)。中国历史上的男多女少一般都会自然缓解(冯成杰,2016),但是当代中国的过剩男性数量庞大,性别失衡后果能否自然缓解尚不明确。性别失衡后果本质上是转型期人口结构变迁对宏观社会的影响(Attané,2006),也涉及微观社区和家庭(Li et al.,2011)。因此,性别失衡后果直接或间接影响普通公众,可能形成社会风险(刘慧君,李树茁,2010);而社会风险最终会扩散至社区和家庭,具体化为社区风险和家庭风险(Liu et al.,2013)。性别失衡研究已经关注到社会影响,包括老龄化以及城镇化等经济、福利和发展问题(靳小怡 等,2012;孙旦,2012),关于性别主要探讨性别权利和性别关系(Huang,2009),很少关注性别失衡后果的社会风险,也没有从社区和家庭视角探讨社会风险在微观层面的具体表现。因此,性别失衡后果的社会风险在微观层面并不明确,阻碍了政策部门对于性别失衡后果的认识。性别失衡后果主要集中在农村地区,本节将围绕农村居民调查数据,从社区层面和家庭层面明确性别失衡后果的社会风险形式,总结风险内容;分析性别失衡社区风险和家庭风险的影响因素,提炼性别失衡社会农村家庭可能面临的风险案例。

社会风险是自然环境和社会发展中的风险事件扩散到社会层面的现象,是风险的社会后果(Douglas,Wildavsky,1982)。当代中国的社会风险被界定为转型期社会结构变迁对社会发展的冲击,是风险事件的宏观后果(童星,2012)。社会发展相关的风险测量指标包括公共健康、可持续发展和社会秩序等(马晓红,2006;杨雪冬,2006)。社会风险理论的制度学派和风险放大学派关注现实风险测量,前者将转型期社会制度与社会的不适应视为社会风险并量化测量,例如制度周期、效果、评价(吉登斯,2000);后者则将社会风险看作是风险对社会的影响程度,例如风险后果的空间、时间和人群扩散。除了客观测量,文化学派认为社会风险来自公众对宏观社会的快速变化缺乏适应,形成微观心理上的失范倾向(Thompson,WIldavsky,1982);建构学派认为社会风险是公众在面对社会变革中形成的危机心理,即客观危机在微观人群心理和行为上的反应(范广垠,童星,2012)。上述观点将微观层面的风险现象感知、态度和行为倾向作为宏观社会风险的测量依据(靳小怡,刘利鸽,2009)。人口研究视角则关注弱势人群的生存挑战与发展风险(胡玉坤,2012),因而探讨社会风险具体内容和形式,需要在微观家庭和社区层面具体探讨。

社会风险对个人而言最终会在社区和家庭形成具体的风险形式和内容。社区和家庭由于资源禀赋、人员构成以及发展能力不能适应外部挑战而出现不确定性,本质上就是社会风险向社区和家庭扩散的结果(Hendricker,Reinke,2017)。在当代中国,社区关系网络正在逐步弱化(吴晓林,李咏梅,2016),而家庭小型化则意味着传统的家庭分担风险机制被削弱(王跃生,2016),因而社区和家庭在应对社会风险中出现了不确定性。因此如果要讨论社会风险具体现象,就要以社区和家庭为单位探讨风险内容。目前,社区风险测量主要从生态和科技视角关注环境、电力、工程风险,从制度政策视角关注经济债务、治安犯罪、疾病健康风险,从社会转型视角关注社区居民心理风险(张永理,徐浩,2014)。家庭风险测量主要是从经济学视角关注家庭财富、投资结构、社会保险、就业回报(尹秀芳,杨云彦,2014),从社会学视角关注家庭成员稳定、婚姻成本以及社会关系网(郭婷,秦雪征,2016),从健康视角关注家庭在 HIV/AIDS 等重大疾病传播中的抵抗力和恢复力(Price et al.,2007),体现了家庭成员的现实需求。

3.4.2 性别失衡的风险扩散路径

社会风险源头往往通过某类社会现象的累积而形成社会影响(童星,张海波,2009)。自2000年开始,出生人口性别比在120以下的省份从2000年的9个减少到2010年的4个,城镇地区的出生人口性别比从2000年的114.2上升到2010年的118.33,性别失衡地区更加广泛,男多女少越来越成为全国范围内的社会后果,从偏远地区向全国扩散,从农村向城市扩散,对普通公众的影响逐渐显现,社会风险概率逐渐形成。性别失衡的直接后果是人口结构中男多女少,所带来的社会风险是婚姻市场、社会治安以及性别关系的变化(李树茁 等,2009)。这些变化对于普通公众而言,更多是从自身所在社区和家庭面临的变化而感受到社会风险带来的影响,因而社区风险和家庭风险成为性别失衡后果社会风险的具体表现(Attané,2006)。

首先是婚姻市场中的男性婚姻挤压,其提高了女性作为婚配群体的稀缺性,婚姻成本和彩礼持续上涨,对各阶层男性形成压力(童星,2012),他们的家庭也会面临经济社会资源压力。虽然外籍新娘被认为是可能的应对策略,但是作为非移民国家,中国的外籍新娘规模、移民通道和权利保护还未明确,社区氛围和普通民众是否接受更不得而知(张金鹏,保跃平,2013)。当社会中的成婚困难增多,婚姻挤压可能出现社区集聚并影响普通家庭的婚姻,形成社区不稳定性和家庭不确定性。其次是社会治安变化中的女性人身安全。一方面是男多女少环境对女性人身安全的影响,这是人口学家基于宏观数据对男多女少环境中男性犯罪率增多的预测和忧虑(姜全保,李波,2011),是女性在自身所在社区中面临的潜在风险;另一方面是男性成婚困难催生的"买婚骗婚现象"(Jiang et al.,2013),本质上是妇女儿童的被拐卖风险。社区环境的风险因素也会加大女性所在家庭的风险应对压力,例如女孩户家庭会投入更多精力和资源来保障女孩安全(Liu et al.,2013)。

在社区风险和家庭风险的形成过程中,个人因素会对个人面临的社区风险和家庭风险产生差异影响。首先是婚姻,未婚男性及其家庭面对的首要风险就是婚姻挤压和成婚困难,已婚个人和家庭在风险中的处境和感受与前者可能存在显著差别。其次是年龄、收入、教育和流动,这些因素跟个人和家庭社会经济地位相关联,不同家庭和个人的风险应对能力会存在显著差别(吴晓林,李咏梅,2016)。由于单身男性及其家庭的养老、医疗、健康和社区交往都存在压力,面临的性别失衡后果更多(Li et al.,2011);而女性更倾向于担忧社区环境中的人身安全(姜全保,李波,2011),因此性别可能是显著的区分变量。基于以上分析,本书提出性别失衡社会后果的家庭风险扩散路径,如图3-7所示。

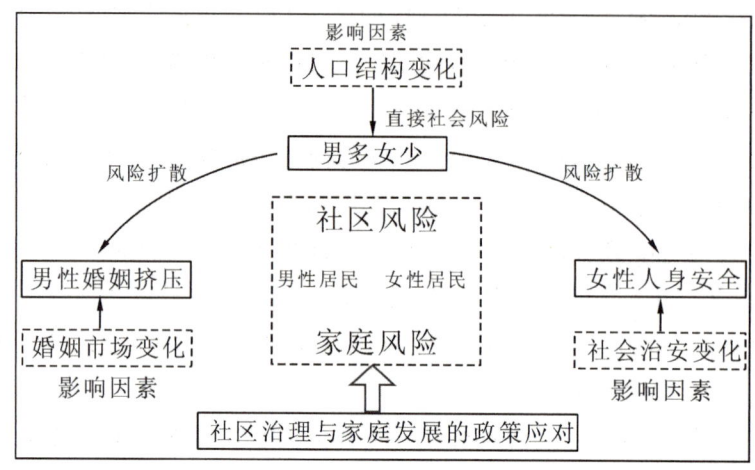

图3-7 性别失衡社会后果的家庭风险路径

图3-7中,男多女少成为性别失衡后果最直接的社会风险,对社区和家庭扩散为男性婚姻挤压、女性人身安全两种风险形式,在社区层面表现为社区居民在社区环境中感知到的现象,在家庭层面表现为居民所在家庭面临或者可能面临的问题,并且男性居民和女性居民面临的社区风险与家庭风险可能存在差异。构成社区风险和家庭风险形成的影响因素有三类:第一,人口结构的变化是最直接的影响因素,男多女少会对社区和家庭产生直接的影响;第二,婚姻市场的变化,婚姻成本过大和外来新娘现象可能对婚姻挤压风险的形成产生影响;第三,社会治安的变化,大龄未婚男性增多和"买婚骗婚"的增多很可能对女性人身安全产生影响。

3.4.3 风险案例

本节采用实地调查数据作为现实案例,进行理论框架检验。调查数据来自2015年11月—2016年1月进行的《2015年农村居民性别失衡后果及治理政策问卷调查》。鉴于核心议题是性别失衡后果,调查地的选择除了关注出生人口性别比偏高地区,还关注由贫困、流动等造成的女性外流和男性过剩地区。最终,本书选择了江西、陕西、贵州和广西等地,上述地区在一定程度上反映了出生人口性别比偏高、重男轻女、女性外流与男性贫困以及跨境婚姻等性别失衡相关的环境。调查采取多阶段 PPS 抽样,每个省选 2 个县(陕西选择了 1 个县),每个县选 2 个乡镇,每个乡镇选 3 个行政村并在每村随机选 30 位村民,最终获得 1338 样本。虽然男多女少目前尚未出现大范围风险,但是未来会产生累积性的潜在后果(果臻,李树茁,2016;刘慧君,李树茁,2010)。因此,性别失衡后果的社会风险在社区和家庭层面的测量中,很难参照自然灾害和社会突发事件的测量方法。但是社会风险文化学派、建构学派和人口视角研究认为,社区居民的观念和意识对社会风险的感知能够折射出社会风险的累积过程和后果(Thompson,WIldavsky,1982;范广垠,童星,2012),可以将无法直接测量的社会风险通过个人感知而预测出来,估计出社会风险的伤害程度。本书借鉴社会风险的文化学派和建构学派观点,将农村居民对性别失衡后果的风险感知作为社会风险社区化和家庭化的测量指标:社区风险测量体现公众在社区环境中感知到的男性婚姻挤压和女性人身安全,影响因素测量体现社区因素对居民社会风险感知的影响;家庭风险体现公众在家庭环境中感知到的男性婚姻挤压和女性人身安全,影响因素测量体现家庭环境对居民家庭风险感知的影响。影响因素按照人口结构、婚姻市场、治安环境进行操作化,具体为:对男多女少现象的感知,对婚姻成本上升和引进外国新娘的感知,对单身男性数量增多和"买婚骗婚现象增多"的感知等。变量的界定与测量如表 3 – 5 所示。

表 3 – 5 变量的界定与测量

变量界定	变量测量	变量代码(人数比例)	N^*
因变量:性别失衡后果的社区风险			
·男性婚姻挤压感知	性别失衡社会里,周围的男性结婚越来越难	1 = 非常不同意(2.65%) 2 = 不同意(18.79%) 3 = 无所谓(18.11%) 4 = 同意(51.21%) 5 = 非常同意(9.24%)	1 320
·女性人身安全感知	性别失衡社会里,周围的女性单独外出风险增大	1 = 非常不同意(4.66%) 2 = 不同意(18.70%) 3 = 无所谓(13.66%) 4 = 同意(53.82%) 5 = 非常同意(9.16%)	1 310

续表

变量界定	变量测量	变量代码(人数比例)	N^*
因变量:性别失衡后果的社区风险			
·男性婚姻挤压感知	性别失衡社会里,如果家里有儿子,会担心他找不到媳妇儿	1 = 非常不同意(4.44%) 2 = 不同意(32.76%) 3 = 无所谓(19.88%) 4 = 同意(37.58%) 5 = 非常同意(5.35%)	1 328
·女性人身安全感知	性别失衡社会里,如果家里有女儿,会担心她的人身安全	1 = 非常不同意(8.81%) 2 = 不同意(22.74%) 3 = 无所谓(18.99%) 4 = 同意(39.59%) 5 = 非常同意(9.88%)	1 306
自变量:人口结构			
·男多女少感知	周围的男孩子越来越多	0 = 不同意(27.69%) 1 = 无所谓(26.40%) 2 = 同意(45.90%)	1 318
自变量:婚姻市场			
·结婚成本感知	结婚的成本越来越高	0 = 不同意(21.84%) 1 = 无所谓(14.84%) 2 = 同意(63.32%)	1 314
·跨境婚姻感知	引进外国新娘可以解决"男性光棍"问题	0 = 不同意(35.44%) 1 = 无所谓(31.08%) 2 = 同意(33.48%)	1 329
自变量:社会治安			
·女性人身安全感知	周围30岁以上没有结婚的男性越来越多	0 = 不同意(19.91%) 1 = 无所谓(18.02%) 2 = 同意(62.07%)	1 321
	"买婚骗婚现象"越来越多	0 = 不同意(38.51%) 1 = 无所谓(16.06%) 2 = 同意(45.43%)	1 314

注:* 部分题目存在样本拒答的情况,因而出现样本数量的差异。

第3章 性别失衡社会农村情境分析与理论框架

本节界定的社区风险和家庭风险为五级量表,影响因素五级量表合并为三级量表,引入序次回归分析(ologit regression)。由于性别可能是显著的区分变量,本节将通过性别差异,对比分析性别失衡后果风险的社区化和家庭化及其影响因素。首先,进行描述分析,根据各类现象的风险感知总结风险内容和现状。其次,构建影响因素回归模型:(1)以男性婚姻挤压的社区风险为因变量,构建模型1(男性样本)和模型2(女性样本);以男性婚姻挤压的家庭风险为因变量,构建模型3(男性样本)和模型4(女性样本);自变量均带入性别失衡现象的感知、婚姻市场变化的感知以及个人信息。(2)以女性人身安全的社区风险为因变量,构建模型5(男性样本)和模型6(女性样本);以女性人身安全的家庭风险为因变量,构建模型7(男性样本)和模型8(女性样本);自变量均带入性别失衡现象的感知、社会环境现实的感知以及个人信息。样本信息如表3-6所示。

表3-6 样本信息

变量名称	变量代码	占比／Mean(Min/Max)
性别	0 = 男性	42.52%
	1 = 女性	57.48%
年龄	— —	37.41(14/77)
教育水平	0 = 小学及以下	19.33%
	1 = 初中	48.51%
	2 = 高中及以上	32.16%
婚姻状况	0 = 未婚	8.69%
	1 = 已婚(包含同居、初婚、离婚、丧偶等非婚姻挤压情况)	91.31%
年收入	1 = 2 000元以下	2.8(1/5)
	2 = 2 000—4 999元	
	3 = 5 000—10 000元	
	4 = 10 001—19 999元	
	5 = 20 000以上	
流动经历	0 = 没有	54.57%
	1 = 有过	45.43%
	$N = 1\ 338$	

从表3-7看出,婚姻挤压的社区风险高于家庭风险,农村居民关于所在社区周围的婚姻挤压感知高达60.45%(51.21%+9.24%)。说明性别失衡对男性的影响已经显现,社区风险趋势正在形成;但是婚姻挤压的家庭风险感知相对较低,只有42.93%(37.58%+5.35%),说明婚姻挤压对不同家庭的影响存在很大差异。

表3-7 影响因素分析:婚姻挤压的社区风险与家庭风险

影响因素	婚姻挤压的社区风险				男多女少现象越来越多			
	模型1		模型2		模型1		模型2	
	Coef.	SE	Coef.	SE	Coef.	SE	Coef.	SE
(参考项:不同意)								
·无所谓	0.828***	0.246	0.515*	0.219	0.726**	0.237	0.516*	0.212
·同意	1.496***	0.244	1.468***	0.204	0.982***	0.226	0.763***	0.189
婚姻成本越来越高								
(参考项:不同意)								
·无所谓	0.075	0.298	0.840**	0.260	-0.193	0.296	-0.194	0.252
·同意	1.461***	0.250	1.615***	0.206	0.500*	0.236	0.211	0.190
引进外国新娘可以解决"男性光棍"问题(参考项:不同意)								
·无所谓	-0.276	0.231	0.051	0.199	-0.142	0.213	-0.060	0.188
·同意	-0.739**	0.236	0.197	0.192	-0.674**	0.224	-0.158	0.181
·个人因素								
个人年龄	-0.019	0.010	0.010	0.010	0.027**	0.010	0.017	0.010
流动经历(参考项:没有)								
·有过	0.265	0.188	0.434**	0.163	0.055	0.178	0.040	0.154
教育水平(参考项:小学及以下)								
·初中	0.361	0.261	0.025	0.209	-0.088	0.246	-0.146	0.201
·高中及以上	0.364	0.272	-0.416	0.240	-0.628*	0.262	-0.804***	0.228

续表

影响因素	婚姻挤压的社区风险				男多女少现象越来越多			
	模型1		模型2		模型1		模型2	
	Coef.	SE	Coef.	SE	Coef.	SE	Coef.	SE
年收入	-0.138*	0.067	0.023	0.056	-0.089	0.064	-0.018	0.053
婚姻状况(参考项:未婚)								
·已婚	0.356	0.332	-0.365	0.389	-0.239	0.320	-0.394	0.336
LR chi2(16)	170.75***		159.25***		79.92***		52.47***	
Log likelihood	-544.190		-750.329		-612.290		-871.867	
Pseudo R2	0.136		0.096		0.061		0.029	
N	488		665		487		671	

注:$^*p<0.05$,$^{**}p<0.01$,$^{***}p<0.001$。

在表3-7中,首先,无论男性还是女性,对周围男多女少现象的感受越深,婚姻挤压的社区风险感知和家庭风险感知也越深,所以性别失衡的客观现象是婚姻挤压社区风险和家庭风险的共同来源。其次,婚姻成本上升对男性和女性的社区风险感知都起到了显著影响;但是只对男性的家庭风险感知构成显著影响,说明男性家庭成员面临的婚姻挤压家庭风险更大。再次,外国新娘的引入很可能缓解男性婚姻挤压。表3-7数据结果也表明,认可外国新娘作用的居民,婚姻挤压的社区和家庭风险感知都降低,但是这种影响仅仅对男性显著,女性则没有受到影响。在表3-7个人因素的结果中:其一,越是年长的男性,越担心自己儿子的婚姻问题,说明婚姻挤压的家庭风险主要在高年龄男性中形成。其二,流动经历只对女性的婚姻挤压社会风险感知有影响,说明女性在流动中更容易观察和感受到婚姻挤压带来的社区风险。其三,无论男性和女性,教育水平越高,感知到的婚姻挤压家庭风险越弱,说明较高教育水平带来的社会地位优势能够削弱婚姻挤压带给家庭的影响。其四,男性收入水平越高,婚姻挤压的社区风险感知越弱,男性收入的提高能够削弱婚姻挤压社区风险对他们的影响。表3-8表明女性人身安全的社区风险要高于家庭风险,农村居民关于女性人身安全的社区风险感知达到

62.98%,家庭风险感知则只有49.74%,但是两者都比男性婚姻挤压的社区风险感知和家庭风险感知要高。因此对于普通居民而言,女性人身安全比男性婚姻挤压更容易成为社区风险和家庭风险。

表3-8 影响因素分析:女性人身安全的社区风险与家庭风险

影响因素	婚姻挤压的社区风险				男多女少现象越来越多			
	模型1		模型2		模型1		模型2	
	Coef.	SE	Coef.	SE	Coef.	SE	Coef.	SE
男多女少现象越来越多								
(参考项:不同意)								
・无所谓	0.082	0.241	0.392	0.223	0.021	0.234	-0.123	0.214
・同意	0.362	0.233	0.545**	0.201	0.419*	0.214	0.054	0.191
30岁以上大龄未婚男性越来越多								
(参考项:不同意)								
・无所谓	0.630*	0.309	0.586*	0.258	0.518	0.299	0.090	0.246
・同意	1.238***	0.270	0.715***	0.206	0.853***	0.251	0.463*	0.198
"买婚骗婚"越来越多								
(参考项:不同意)								
・无所谓	0.555*	0.272	0.420	0.229	0.406	0.270	0.438*	0.220
・同意	1.539***	0.231	1.349***	0.190	1.167***	0.209	1.012***	0.175
个人年龄	0.008	0.011	0.011	0.010	-0.008	0.001	0.001	0.009
流动经历(参考项:没有)								
・有过	0.076	0.186	0.049	0.162	-0.051	0.176	-0.078	0.155
教育水平(参考项:小学及以下)								
・初中	0.562*	0.259	0.244	0.210	0.454	0.243	-0.113	0.197
・高中及以上	0.640*	0.273	0.455	0.242	0.690**	0.258	0.337	0.228

续表

影响因素	婚姻人身安全的社区风险				婚姻人身安全的家庭风险			
	模型 5		模型 6		模型 7		模型 8	
	Coef.	SE	Coef.	SE	Coef.	SE	Coef.	SE
年收入	0.060	0.067	-0.034	0.056	0.037	0.063	0.019	0.053
婚姻状况(参考项:未婚)								
·已婚	0.040	0.339	-0.323	0.381	-0.123	0.315	-0.282	0.358
LR chi2(12)	129.77***		119.40***		102.93***		71.82***	
最大似然比	-555.956		-775.014		-651.476		-904.170	
Pseudo R2	0.105		0.072		0.073		0.038	
N	490		663		488		651	

注：$^{*}p<0.05$，$^{**}p<0.01$，$^{***}p<0.001$。

由表 3-8 可见，首先，对男多女少的感知越强烈，女性居民对女性人身安全的社区风险感知越强，男性居民对女性人身安全的家庭风险感知越强。其次，无论男性和女性，对大龄未婚男性数量增多的感知越强，对"买婚骗婚"越来越多的感知越强，更容易形成女性人身安全的社区风险感知和家庭风险感知，说明大龄未婚男性增多和"买婚骗婚"增多是女性人身安全社区风险和家庭风险的影响因素。在表 3-8 的个人因素中，只有男性的教育水平对社区风险和家庭风险的形成有显著作用，较高教育水平的男性居民，有更高概率感知到女性人身安全的社区风险和家庭风险。

本书提出性别失衡后果的风险理论框架，通过分析农村居民风险感知的调查数据，探讨了性别失衡后果社会风险扩散到社区和家庭的风险形式及其影响因素。首先，性别失衡后果造成男多女少的社会风险，以男性婚姻挤压、女性人身安全的形式扩散至社区和家庭。男性婚姻挤压的社区风险强于家庭风险，女性人身安全的社区风险和家庭风险持平。对普通居民而言，男性婚姻挤压对所有居民都会形成风险环境，对弱势男性及其家庭更体现出男性无法成婚的困境。男多女少的人口结构不仅形成了女性的社区风险环境，更强化了家庭对其女性成员安全的担忧。其次，发现了男性婚姻挤压和女性人身安全的社区风险和家庭风险影响因素。男性婚姻挤压的社区风险主要源于人口结构的男多女少，由此带出的婚姻成本上升进一步增多了社区的婚姻挤压现象；引进外国新娘能够在一定程度上减轻社区男性婚姻挤压，但是作用非常有限。在男性婚姻挤压家庭风险的影响因素中，男性比女性更担心婚姻挤压对儿子的影响。个人因素与男性婚姻挤的社区风险形成没有显著联系，但是对于家庭风险的形成具有显著关联。女性人身安全的社区风险和家庭风险都形成于大龄未婚男性数量增多和"买婚骗婚"增多，说明性别失衡后果的风险已经波及普通社区特别是女性及其家庭。

针对性别失衡后果的风险现实，第一，以人口知识讲座和人口政策讲座的形式，在社区居委会、村委会以及学校等单位中开展性别失衡后果的科普，促进社区居民了解中国性别结构变化可能带来的潜在风险和不利影响。第二，建议性别失衡治理的目标和内容强化对后果的关注，为经济较差的农村社区未婚男性家庭提供更多的教育、就业和技能培训，改善家庭经济和社会生活处境；探索外国新娘向中国婚姻移民的合法通道和权益保障，改善婚姻市场的男多女少结构，减少"买婚骗婚"行为。第三，增加法律法规的震慑和惩罚力度，减少妇女儿童拐卖和"买婚骗婚"行为；在社区和学校开展女性人身安全教育和防卫培训，帮助女性应对潜在风险，在基层社区和工作单位的日常工作与生活中构建女性保护机制。第四，性别失衡治理政策内容的设计要明确区分集体社区风险的应对和个体家庭风险的应对。一方面，强化社区组织、企事业单位以及社区居民在性别失衡治理中的分工与合作，通过改善社区发展能力和协调能力来培育社区的风险应对能力；另一方面，要探索以家庭为单位进行治理内容设置和工作实施，通过改善家庭发展能力来培育家庭自身的风险应对能力。

3.5 理论框架

3.5.1 农村家庭风险预期

首先，风险预期的表现是农村地区性别比偏高及其性别失衡后果已经显现。农村历来是中国男孩偏好文化浓厚地区，加上生育数量限制策略下的生育挤压效应，即有限数量限制下的男孩偏好强化，农村在出生人口性别比问题中尤为突出,性别失衡风险环境也尤为明显。本质上来说,中国性别失衡问题的核心在农村地区,性别失衡的风险环境也主要在农村社区,虽然有城乡人口迁移带来的风险外溢,但主要风险现象和影响依然在农村。本书选择部分性别失衡明显的省份县区,有样本县区乡镇和农户访谈及问卷调查数据段初步分析发现了当前农村社会性别失衡宏观风险态势,发现了风险的苗头和农村家庭可能面临的不确定性。考虑到农村家庭在基本生计资本和农村公共福利政策的长期劣势,农村地区性别比偏高带来的风险后果特别是男多女少长期累积产生了农村家庭的生存发展不确定性几乎必然成为性别失衡社会环境中应出现的现象,值得进一步探索和分析。

其次,农村社区文化发展和治理干预有助于性别失衡家庭风险探索。基于三省六县区的前期摸底调研发现,虽然农村地区是性别失衡后果特别是社区和家庭风险后果的主要地区,但是国家和地方三十多年的政策干预和治理干预已经产生了初步效应,完全的重男轻女、非法终止妊娠现象已经显著减少,而剩余的性别失衡问题主要是农村传统文化深层次内部的顽固性。农村社区的文化发展得益于中国农村整体文化氛围的进步和提升,例如现代社会发展模式与现代社区治理模式下,农村家庭已经改变了传统的小农模式,家庭性别氛围也变得更加友好,女性权益持续提升。不仅如此,国家和地方政府长期实施的性别平等干预和出生人口性别比偏高治理引入了经济、就业、生计、养老、教育以及医疗、健康等全方位的干预策略框架,根本上改变了歧视女性和女婴的历史文化因素,对于性别失衡风险后果的前期诊断有正面效用,也有利于农村社区和地方政府应对各种突发的相关风险和矛盾。

再次,农村家庭因素是性别失衡风险向家庭扩散的通道。不可否认的是,农村家庭性别平等依然面临一系列挑战,这也是本书能够继续深入定义家庭风险并分析内在机制的根本原因。当前的性别平等挑战已经不再是看得见摸得着的重男轻女,例如上学、就业、养老、医疗健康、家庭角色等显而易见的性别不平等。上述性别不平等已经随着经济、社会和文化进步逐渐弱化。相反,深入骨髓的性别不平等,例如公平教育机会、公平就业机会、公平就医机会和公平养老机会,家庭重大决策甚至是关键决策,依然能够发现很多男性主导现象,这也隐含着男孩偏好以及女性不平等的权利地位依然存在。在性别失衡风险逐渐显现出后果影响的当下时代,男性面临愈发严重的婚姻挤压和失婚风险,与此同时男性成为劳动力市场更多的就业人员,女性将进一步被压缩生存空间,性别失衡风险在农村地区很可能导致恶性循环,成为影响社会发展和稳定的潜在消极因素。

3.5.2 农村家庭风险路径

性别失衡社会在农村家庭层面的风险诱发机制首先表现在农村家庭已经开始面临性别失衡后果。有关宏观社会风险是否一定会扩大、延伸到微观家庭层面,已有理论能够清晰界定风险的扩大和延续路径。关于性别失衡风险,本书的三省六县区前期调研发现,性别失衡的农村风险趋势已经在社区层面有表现,其已经传导到个体家庭层面,成为农村家庭在日常生存和发展中不可避免的风险态势。农村社区是农村家庭首要面临的生存单位,也提供了日常集体保障和公共服务的职责,当农村社区出现男多女少、婚姻挤压、女性安全、就业危机以及医疗健康等潜在挑战时,也意味着身处其中的农村家庭无法回避集体不确定性,因而产生个体家庭不确定性。当性别失衡成为农村社区日益常见的社区生态和社区常态时,农村家庭必然更直接和更频繁接触、经历甚至是承受性别失衡后果的风险效应。

其次,农村社区文化与治理现状对农村家庭具有引导作用。当下农村家庭面临农村性别失衡社区环境,并不是短期发生而是长期积累的社会情境趋势,因此农村家庭在社区内经历的社区文化和社区治理也同时对农村家庭有引导作用。这也是农村家庭在性别失衡宏观风险情境下依然存在积极地域效应的原因,及农村家庭会在农村社区文化进步和社区智力提升过程中产生性别失衡风险的适应性,也会基于自身家庭条件和运行产生风险应激性从而产生风险抵御能力。虽然性别失衡风险趋势由于男多女少长期积累已经在婚姻挤压等方面显现,但是农村家庭自身也在经历着性别平等、女性地位提升以及家庭现代生活模式等农村新文化的影响,特别是现代治理体系在社区层面不断完善集体公共资源供给和公共服务供给,改善了农村家庭历史上由于生产功能的男性依赖而产生的歧视女性现象,因而可能对农村家庭在性别失衡风险环境中生存与发展产生引导。

再次,农村家庭功能与发展方向决定了农村家庭抵御性别失衡风险的能力。当代农村正在经历乡村振兴和现代文化发展,城镇化、人口迁移、农村工业化等给农村家庭功能和发展提供了新的发展方向,即越来越城镇化和现代化的家庭模式与生存方式,更加对应日益增多的家庭成员就业、更加完善的外部公共服务以及更加独立的个体家庭模式。上述家庭发展功能和家庭发展方向也决定了传统意义上的农村管理模式无法应对家庭风险治理需求,需要对应上述农村家庭发展方向提出针对性和更契合的社区干预策略和社区公共服务模式。不能忽视的是,农村家庭功能和发展方向在现代化和城镇化过程中并不是毫无瑕疵的,也存在着基础公共服务不足与个体家庭资源有限的矛盾现象,还存在直接承受婚姻挤压的大龄未婚男性家庭生存和风险问题。提示农村家庭单位在适应和抵御性别失衡风险时更加注重家庭个体特性,明确个体家庭面临的特殊风险事件,才能针对性地解决性别失衡宏观风险环境中个体家庭的发展需求。

3.5.3 农村家庭风险理论框架

基于性别失衡社会农村家庭风险预期的估计以及性别失衡社会层面风险在农村家庭层面可能的风险扩散路径,本章节进一步归纳和总结农村家庭风险研究的具体概念、内容和分析路径,试图提出性别失衡社会情境下农村家庭风险研究框架,作为系统研究和分析农村家庭风险的具体内容、类型特征、形成机制以及风险后果的框架参考。家庭风险理论综述为性别失衡社会环境下界定农村家庭风险提供了理论基础。因此,由于性别失衡社会情境的复杂性和综合性,农村家庭风险不局限于婚姻生育领域,也会由于中国转型社会叠加结构,包括农村城镇化、老龄化和城乡人口迁移,导致农村家庭的风险界定需要综合考虑农村家庭在宏观性别失衡社会环境和中观社区环境中的脆弱性、暴露度和敏感性,由此界定农村家庭风险的范围、内容和内涵(Pandey et al., 2017)。

从脆弱性上来看,农村家庭本来就在婚姻成本、家庭基础资源和社会关系上处于劣势,任何社会转型风险都会最先对农村家庭构成负面冲击(Baffoe, Matsuda, 2018)。因此,农村家庭风险在性别失衡社会中的定义需要考虑当前主要社会转型特征与人口性别失衡相叠加的复杂社会情境。从暴露度上来看,性别失衡社会形态主要集中出现在农村社区,农村男性婚姻挤压和女性婚姻向外迁移明显多于城市社区,农村社区构成农村家庭风险的社区因素(张永理,徐浩,2014)。在敏感度上来看,农村家庭由于资源劣势,无论是在自然灾害风险还是社会转型危机中都总容易受到不利影响,家庭结构、规模和功能以及运行模式最容易因为外界环境变化而出现动态变迁,具有高度敏感性(王增文,邓大松,2015)。因此,农村家庭风险研究在源头上应该基于家庭风险识别的基础原则即脆弱性、暴露度和敏感度进行风险情境分析,为家庭风险指标设计提供理论路径参考。

基于性别失衡社会宏观理论综述、中观社区理论综述以及微观家庭发展理论综述,对于农村家庭风险的定义和指标也应该从社会、社区和家庭现实进行切入。对于家庭研究而言,首先需要对环境因素进行整体剖析,可以在宏观社会因素下基于真实社会情景充分地进行对应分析(Vesely et al.,2017)。考虑到农村家庭风险环境的直接体现是农村社区,因而农村社区面临的不确定性局面以及社区结构和管理体系缺陷将是农村家庭面临的直接环境风险。在此基础上,家庭风险研究路径应该结合农村家庭风险研究的一般范式进行家庭风险类别研究。根据家庭风险的脆弱性理论路径,家庭本身已经具备资源基础,面临各种风险时将会在已有风险基础上形成在具体情境因素和环境因素基础上的家庭整体风险应急能力,而这种能力在转型社会结构中往往存在缺陷或者不足,构成家庭整体型风险(Windl et al.,2011)。在更细节的风险识别上,社会宏观环境、社区中观环境以及家庭微观结构和特质会形成风险分层分类的外部框架结构,家庭会由于家庭资源差异从而表现出在具体家庭生活和事件以及危机中的不同应激性,具体表现出家庭的现实型风险和预期型风险(Kaya,Arici et al.,2012)。家庭也会在风险情境中产生相应的短期生存能力而暂时规避风险和适应环境,也可能存在长期资源不足导致长期前景预期的不佳,家庭风险也会生成适应型风险、干预适应型风险以及自我适应型风险(Isaacs et al.,2018)。

家庭风险研究理论路径并不仅是风险的识别和类型定义,还会进一步在风险识别基础上进行深层次的风险形成机制探讨(Black,Lobo,2008)。就农村家庭而言,家庭基础性资源是缺乏外部公共服务家庭应对风险的最核心来源,特别是无论自然和社会如何变化始终稳定的可持续长期资源一直都是农村家庭可靠基础,因此从家庭资源视角探讨家庭风险形成机制具有可参考的理论依据(Baffoe,Matsuda,2018)。在此基础上,家庭风险后果是风险类型探讨基础上最终的落脚点,意味着家庭风险所导致的可见或者可预期结果如何影响家庭生存,意味着家庭福祉在各类不确定事件中受伤害的程度,也是风险研究的最终归宿(Cao et al.,2016)。考虑到社会风险研究中组织资源不仅是组织风险应对能力的有力保障,而且家庭作为组织所具有的资源也是家庭在风险后果发生后如何适应、响应甚至反弹恢复和进一步提升的有力基础,社会风险后果也会在社会资源差异基础上形成社会风险后果的短期现实化和长期预期化（Patterson，2002）。因此家庭风险研究对于后果的分析可以借鉴一般社会风险研究范式，即在风险识别基础上继续引入家庭风险后果研究，具体从短期现实后果和长期预期后果进行深入探索（Ungar，2011）。因此，本书提出了性别失衡社会情境下农村家庭风险的研究框架，对具体展开风险定义、指标、识别、形成机制和后果研究提供框架指引和路径方向，如图3-8所示。

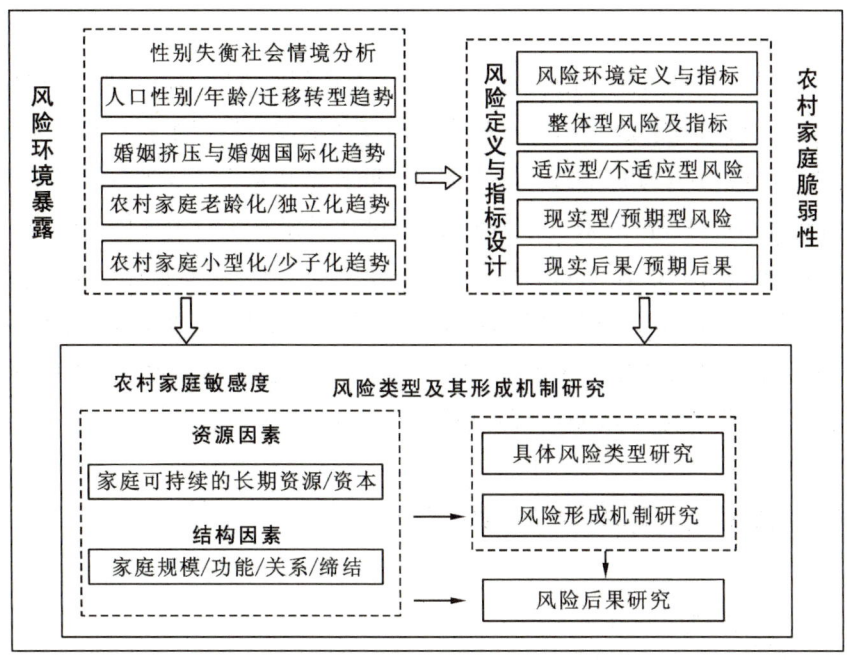

图3-8 性别失衡社会农村家庭风险研究框架

第4章 农村家庭风险定义与指标体系

本章基于家庭风险理论框架,结合性别失衡问题内在本质和含义,提出了性别失衡社会农村家庭风险的定义,在风险基本属性上界定了家庭环境风险和家庭直接风险,其中家庭直接风险又按照时间长度和是否持续细分了风险类型定义,并进一步对风险后果进行界定,最终设计了家庭风险指标体系的设计思路和具体测量内容。本章提出性别失衡社会的农村家庭风险指标体系,为后续进行家庭风险内容识别和程度识别提供了科学测量工具,明确了农村家庭在性别失衡社会中的风险类别现状,勾勒了性别失衡社会农村家庭风险的宏观图景,也为下一步细化分析具体风险及其形成机制提供基础。

4.1 农村家庭风险及其定义

4.1.1 农村家庭风险来源

根据第 2 章农村家庭风险理论,结合中国农村性别失衡社会情境,充分考虑农村社会老龄化、农村城镇化、城乡人口迁移等社会转型特征,对农村家庭风险进行概念界定。作为社会宏观不确定情境,性别失衡不仅对农村劣势男性家庭构成婚姻挤压风险,还会引发一系列性别相关的家庭生活、生计和发展问题(李树茁 等,2014)。农村社区是农村家庭接触到的首要单元,承接着社区风险的最直接冲击,因而农村家庭风险概念的界定需要有环境风险概念及其测量(Hawley, DeHaan, 1996)。不仅如此,性别失衡并不是农村社会独有的社会转型因素,人口转型、家庭转型以及农村农业产业化和农村城镇化进程加快还带来了农村家庭生活模式的城市化和现代化,例如农村少子化下家庭规模缩小以及子女独立化趋势,对家庭应对性别失衡和其他社会转型因素挑战提出了不确定性。农村家庭风险的界定需要有整体、综合和反映家庭客观弹性的综合风险衡量指标,以及反映性别失衡宏观情境下个体农村家庭在日常生活和可持续发展中的具体风险类别指标(Walsh,2003)。

按照家庭风险来源,无论是在性别失衡、老龄化还是城镇化等农村不确定场景下,农村家庭本身的脆弱性是其应对复杂局面时出现风险因素的直接原因,而外在环境暴露度和农村家庭资源劣势导致的农村家庭敏感性是其风险因素累积并最终成为具体形式家庭风险的助推因素(Vesely et al.,2017)。就性别失衡而言,农村家庭的脆弱性表现在其家庭结构、功能和长远发展会受到宏观性别结构变化甚至偏倚带来的影响,特别是在传统社会性别文化根深蒂固的农村,个体家庭很容易在婚姻彩礼、重男轻女、家庭性别角色分工以及代际关系等家庭议题上面临男多女少带来的挑战和影响(李树茁 等,2009)。而暴露度是农村家庭相比城市家庭更容易面临性别失衡影响的最直接原因,因为农村性别失衡程度、现象、后果远比城镇要明显,中国性别失衡根本上是农村社会性别失衡,性别失衡的直接受众也是广泛的农村居民而非城镇居民(靳小怡 等,2012)。在性别失衡情境下,农村出生人口性别比偏高趋势一直是整个农村性别失衡长期积累的来源,农村家庭也因此而比城市家庭更容易暴露在性别失衡情境下并出现家庭生产、生活和发展上的失序、失范和风险现象(韦艳 等,2012)。就敏感度而言,农村家庭一直是中国社会发展和社会转型期的广泛弱势家庭群体,农村家庭的经济物质资源显著弱势,在自然风险和社会结构变革中经常处于被动和长期承受不利局面的处境,而农村教育水平的劣势也导致农村家庭人力资源在现代城镇化社会不再具有数量优势而更突出了质量劣势(石智雷,杨云彦,2012)。在性别失衡场景下,更多经历男多女少现象的农村家庭也因而更加敏感,家庭结构、功能和运行模式更容易受到性别失衡复杂局面的影响(孙旦,2012)。

在农村个体家庭层面,性别失衡环境下家庭风险也跟个体家庭结构、规模和运行模式的变化有显著关联,农村家庭本身在性别失衡环境中由于外界婚姻市场变化、家庭成员外出流动频繁以及大龄未婚男性等问题也出现了家庭因素风险化趋势(靳小怡,刘利鸽,2009)。在家庭结构上,性别失衡来源于农村家庭长期男孩偏好的存在,在以往严格计划生育政策限制下,男孩偏好在生育数量限制下被大大强化,家庭成员结构和数量变化导致了家庭规模和生活方式的快速变迁(杨雪燕 等,2010)。在家庭功能上,农村子女频繁向城市流动也加速了农村传统家庭功能上的空心化,留守老年人聚集的家庭老年化成为农村家庭不确定因素的重要来源(郑妍妍,李磊,2013)。表面上看,农村当前面临的一系列问题都是与城镇化、老龄化和和人口迁移密切相关,但是考虑到农村婚姻市场男性挤压、婚姻年龄女性外流以及男性婚配资源稀缺导致的成婚成本快速升高等现象与家庭分工、决策、资源分配以及家庭生活模式密切相关,农村家庭结构、规模和功能变化也是性别失衡社会情境下农村家庭风险现象的重要诱因(Liu et al., 2013)。因此,关注性别失衡情境下农村家庭风险,首先就要明确家庭本身具有的脆弱性、暴露度和敏感度是农村家庭面临一系列直接或间接性别失衡问题的主要来源,而上述农村家庭劣势所涉及的生计、资源、婚姻、养老和健康等更容易成为性别失衡情境下农村家庭具体风险的表现途径和内容(李树茁 等,2009)。此外,农村家庭在包括性别失衡、城镇化、老龄化和城乡人口迁移等转型社会情境下,面临一系列家庭结构、规模和功能的快速变化,也可能直接导致家庭面临一系列具体风险事件(李树茁,孟阳,2018)。

4.1.2 农村家庭风险定义

基于上述对性别失衡社会农村家庭风险的来源分析,本节继续基于风险理论与风险研究范式,结合性别失衡农村家庭特质和农村社会情境因素,对农村家庭风险进行具体定义。首先,家庭风险理论对家庭风险的定义为家庭规模、结构和功能在社会和社区环境变化进程中所出现的快速变化以及生产、生活和发展的不确定性(Walsh,2007)。在家庭发展理论下,家庭风险的定义是家庭在资源有限性条件下因自身所具有的脆弱性、暴露度以及敏感程度,以及外界环境因素变化和内部家庭机构因素变化不适应所造成的家庭生产、生活以及发展的不确定和不可持续(Beavers et al., 2000)。无论是家庭风险理论还是家庭发展理论,家庭风险都反映出家庭所在的环境因素是家庭风险的重要形式,也是家庭具体风险的重要关联因素。因此基于性别失衡社会情境对性别歧视和男孩偏好以及传统农业生产模式较为浓厚的农村家庭风险进行定义,环境风险可以设定为农村家庭风险的第一个定义类别。作为农村家庭接触的最近环境因素,农村社区成为农村家庭面临各类风险议题最直接的环境,也是农村家庭风险构成具体伤害程度并激发个体家庭风险应激能力的直接环境(Berkes,

Ross，2013）。因此，来自农村社区的综合风险要素或者风险机制，包括社区资源、结构和治理要素成为农村家庭在性别失衡社会环境下的环境风险构成。在覆盖面上，社会风险议题会首先探讨一般意义上的突发危机应对能力，这就涉及社会组织层面的规模、结构和功能是否存在一个综合型的风险指征指标，在家庭风险议题中就表现为家庭的规模、结构和功能如何体现出覆盖面较广的综合家庭风险指标（Chaskin，2008）。

其次，家庭风险是家庭面临社会整体环境变化和社区环境变化时所出现的不确定性事件，因此风险是否实际发生和是否有预期发生可能成为家庭具体风险类型的主要区分（Vesely et al.，2017）。考虑到中国农村传统社会所具有的韧性和资源积累，风险事件很少直接一次性出现重大伤害导致家庭消亡，大量现象表现为农村家庭日常生产和生活现实中的不确定或者伤害后果，也表现在家庭在未来发展和生存进程中可预估的不确定或者伤害后果（Patterson，2002）。因此，家庭风险往往在现实层面和预期层面表现出来。在现实型风险层面，自然环境和社会转型事件一般都会最先对家庭结构、模式和功能产生直接和短期影响，带来家庭整体生存能力的变化，也会带来家庭可持续的生产与生活资源变化及其相关的家庭福祉变化（Walsh，2015）。现实型风险更多体现为农村家庭日常生存已经开始或者正在加速面临的风险因素和风险事件，是农村家庭已经受到影响并出现显著变化的风险形式（Ungar，2011）。从时间线上来看，现实型风险意味着农村家庭在当下社会形态下已经在生产、生活和长远发展规划中表现出了可能的伤害后果，更能直观反映家庭风险的急迫性（Windl et al.，2011）。在预期型风险层面，考虑到家庭生命周期和家庭可持续发展是一个长期的阶段性进程，预期型风险更能体现出农村家庭在变化环境下未来家庭生存模式和发展需求的估计与预判（Black，Lobo，2008）。从家庭长期可持续生存视角来看，家庭风险的预期特征体现出社会风险环境和社区风险环境对微观个体家庭的不利影响会有明显的时间延续性的特质，导致家庭风险不仅仅是当下的不确定或者伤害后果，更是未来可持续和长期视角下家庭发展的风险判断和要素估计（Walsh，2016b）。

再次，家庭作为人类社会最小的天然的集体生活单元，本身具有的资源集聚特征和资源分配特征意味着家庭在风险事件中也存在适应性问题，并且适应性的层次差异会导致家庭在不同适应能力基础上具有的差异风险现象（Saltzman et al.，2006）。根据自然灾害和生态学研究，家庭风险的出现、适应和克服直至恢复原有稳定状态，会由于家庭本身的适应性以及外在环境干预出现风险的类别化，家庭会在资源与能力变化基础上出现自我适应型风险、不适应型风险以及外界干预型风险。从风险伤害程度和持续时间上来看，自我适应型的家庭风险往往存在于资源维度，表现为农村家庭在风险环境下快速适应，例如资源的可持续运行和有序更新，家庭资源分配的稳定，以及资源效率的稳定发挥等（Rus et al.，2018）。与之相对应的是不适应型风险。不适应型风险是无法短期内进行应对和风险遏制的，表现为农村家庭在重大自然灾害或者重大社会变故中无法利用有限资源及时适应并融入新环境（Chew，Haase，2016）。就普遍性而言，不适应型风险往往出现在风险环境下的特殊家庭，因为资源特殊性或者家庭结构特殊性很容易在风险事件中遭受重大打击，资源稀缺或者家庭结构缺陷会使家庭整体能力出现短暂丧失（Rocchi，2017）。还有干预适应型风险，主要表现在小群体和小范围家庭样本在特殊历史时期和社会情境中偶尔发生的家庭潜在危机，其能够通过外部公共政策或者社会治理手段提供必要的资源协助和管理资源投入，帮助农村家庭更快和更好地适应环境（Wen，Hanley，2015）。

最后，风险后果是一系列社会风险事件在农村家庭层面产生的潜在伤害后果或者预计会发生损失的现象（Ungar，2011）。作为性别失衡社会视角下的农村家庭风险探讨，对于家庭风险后果的探讨是考虑性别失衡长远影响的必要内容，因为性别失衡不仅影响当下，已经发生的婚姻挤压和家庭影响更会对未来世代人口和未来家庭关系、规模以及成员角色产生长期影响（Jiang et al.，2013）。与家庭风险相对应，农村家庭在具体风险环境下的脆弱性、暴露度和敏感性也是在时间线上产生了现实后果和预期后果。现实风险后果表现为农村家庭已经出现、经历和承受的风险事件影响，能够通过家庭现有的生产生活和生育活动等体现出来，特别是家庭所在环境的文化氛围和家庭现实需求直接表现了农村家庭现实风险后果的即时特征，比如家庭延续和家庭稳定（Walsh，2016b）。与之相对应，预期型风险后果则是涉及部分家庭功能、部分家庭成员以及部分家庭类型的风险事件伤害，例如自然或者社会危机事件下农村家庭个别家庭成员面临的更高的风险伤害，或者农村特殊家庭结构体系下部分家庭面临的独特的风险伤害（Skinner，Steinhauer，2000）。在评测农村家庭风险的后果时,核心原则是抓住家庭风险是否对家庭作为一个整体单元产生复杂而全面的不利效应,需要围绕家庭整体需求和集体可能受到的伤害进行后果观察和界定(Sixbey,2005)。基于上述理论与研究论述,本节提出如表 4-1 所示的性别失衡社会农村家庭风险的定义体系。

表 4-1 性别失衡社会农村家庭风险定义

风险范围	风险类别	定义	涉及家庭要素
环境维度	家庭风险环境	家庭所在的基层社区/村落所构成的集体环境氛围	家庭成员,家庭资源,家庭社区内关系网络
覆盖面维度	家庭综合风险	家庭结构、规模和功能不确定性	家庭信念、成员关系、沟通模式、管理和运行模式
时间线维度	现实型风险	家庭当下面临的资源短缺、需求与空间	家庭日常生活,家庭功能常态运行
	预期型风险	家庭生命周期/生命历程必然发生的可预见现象	家庭成员关系变动,家庭功能显著变化,家庭结构显著变化
适应性维度	自我适应型风险	家庭基于已有资源和可预期资源自行适应的现象与挑战	家庭结构关系,家庭运行模式,家庭成长模式
	不适应型风险	家庭从未面临过的现象与挑战	特殊家庭结构,特殊家庭关系,特殊家庭需求
	干预适应型风险	家庭基于已有资源无法独自应对的现象,需要外接干预实现家庭稳定	家庭成员,家庭关系,社会集体资源与公共服务
后果维度	现实型后果	家庭已经承受或正在承受的现象与危机	家庭生命历常规过程,家庭成员常态需求
	预期型后果	家庭在短期未来必然承受的可预见现象	家庭新结构与新模式

4.2 农村家庭风险指标体系

4.2.1 风险环境指标

在中国，农村社区是最基层的居民管理单位和社会治理单位，特别是来自农耕社会和乡绅政治的农村社会，农村家庭最直接经历的环境因素来自农村社区（张永理，徐浩，2014）。因此，社区在自然灾害和社会风险事件中的自然地理和社会因素以及内在的资源储备水平，是农村家庭是否面临集体风险冲击的环境因素（靳小怡 等，2012）。在农村自然灾害和社会风险事件研究领域，社区的社会生态系统由于包含有地理环境等自然系统和社会经济文化等社会系统，构成了社区生存、发展和集体应对危机的社会生态系统，决定了农村家庭外在的风险环境水平（Emery，Flora，2006）。社会生态系统首先是社区所在的自然地理条件，因为其决定了自然环境是否存在常态化的灾害诱发因素并决定了社区环境安全质量（Guo et al.，2018）。在社会问题中，农村社区所在的地理因素是否牵扯到城镇化和工业化等社会转型因素，也体现了农村自然地理条件在风险环境中的层次和水平（Kelly et al.，2015）。经济环境是社会生态系统的第二个核心维度，其表现出农村社区作为基层治理单位和农村家庭集体共有的生存单元，所拥有的集体财政和财务支持能力，是农村家庭在风险环境中是否具有外部保护因素的重要指标（Norris et al.，2008）。社会环境是社会生态系统最直接的社会生存因素，表现为农村社区是否在本社区之外具有可用的外部联系和外部资源，特别是相对封闭的中国农村社区，其所拥有的外部企事业单位资源和联系紧密程度直接决定了社区层面是否有集体性的资源拓展能力（Pandey et al.，2017）。在文化因素上，社区文化环境是农村社区教育资本的重要体现，包括社区范围内的学校数量和质量决定了社区是否在文化软环境中具有集体性的智慧；同时，社区宗教信仰和传统文化也是社区是否有集体约束力和集体应对风险能力的重要指标（Pfefferbaum et al.，2013）。最后，在中国农村社会，社区政治环境体现了村民政治参与、集体决策和动员调动，是社区领导力是否有社区治理能力的重要指标，能够反映农村家庭在突发危机时是否在社区层面有保护因素和集体参与机制（Rapaport et al.，2018）。特别是性别失衡社会情境下，社区的社会生态系统因素几乎全都在男多女少的人口结构变迁中出现显著变化，社会生态系统能够体现性别失衡环境下农村家庭面临的风险环境局面（Sharifi，2016）。

社区风险环境还包括了社区层面是否有应对风险的对冲机制，集中体现为社区抗逆力。相比社区的社会生态系统，社区抗逆力更直接体现为社区保护机制和风险应对机制，也体现出了社区应对突发危机时的集体资源状况，还包括社区管理层面的治理能力和治理效率（Leykin et al.，2013）。社区抗逆力相比社会生态系统更频繁地出现在社区社会风险研究领域。相比自然灾害的突发性和短暂伤害性，国外学者基于恐怖主义威胁和社会重大变动环境，针对社会风险的长期性和社会影响的全面性设计出了社区抗逆力指标体系，并在实际应用中不断完善和改进（Leykin et al.，2013；Rapaport et al.，2018）。社区抗逆力首先表现为社区归属感，及农村居民在多变社会环境中对原有社区的忠诚程度（Leykin et al.，2013）。考虑到农村居民外出婚嫁和外出务工频繁，他们的社区归属感显著影响着社区的集体向心力和凝聚力（Rapaport et al.，2018）。其次是社区的日常准备能力和紧急准备能力。日常准备能力是社区日常生活中的硬件条件和软件条件，用于应对一般性的社区集体诉求或者服务需求（Sharifi，2016）。相比而言，紧急准备能力是整合资源储备和应急启动、紧急动员及协调等资源与运行机制的综合能力，是社区构成农村集体保护机制的重要来源（Pfefferbaum et al.，2013）。在社区运行上，社区抗逆力中的集体效率是衡量社区中居民家庭集体动员能力和协作能力的指标，表现了社区的治理环境和合作氛围，以便个体家庭能够在风险环境下利用社区合作和社区内其他家庭资源共同应对风险（Wilson et al.，2018）。在领导力指标上，社区领导力是衡量社区在治理和协调层面的社区领导者能力指标，社区领导力水平的高低体现出农村家庭在突发危机和风险事件中是否能够获得快速、有效和可依靠的领导团队来共同规避风险（Berkes，Ross，2013）。最后，社区信任是社区集体效率和领导力的对应指标，体现了农村家庭在社区环境中的相互依靠和相互帮助程度，是社区环境因素中人际关系和协调合作水平的最直接指标（朱华桂，2012）。基于上述社区社会生态系统指标体系和社区抗逆力指标体系，结合本书关注性别失衡农村社会环境和农村社区家庭，本节提出了如表4-2所示的农村家庭风险环境指标。

表4-2 农村家庭风险环境指标

指标维度	指标定义	指标测量
社会生态系统	自然环境	农村社区所在的自然地理环境,涉及自然地理特征、自然地理所导致的经济社会发展阶段特征和资源禀赋特征
	经济环境	农村社区作为集体生活单元和基层治理单位,所具有的社区集体收入、资产水平与支出状况
	社会环境	农村社区所在区域的社会关系网络,企事业单位与社区联络强度以及社区社会资源水平
	文化环境	农村社区的教育环境、教育资源、宗教信仰与传统文化资源、现代信息时代文化平台与信息资源
	政治环境	农村社区作为基层治理单位,社区内群众的政治参与和集体决策水平以及群众利益保障水平
社区抗逆力	集体信念	农村社区居民对社区的信任、归属感以及联络感情
	日常准备	农村社区应对常态化事件和集体需求时提供的资源储备
	紧急准备	农村社区应对突发自然灾害和公共危机时提供的资源储备
	集体效率	农村社区居民在自然灾害和集体危机时的合作水平与效果
	领导力	农村社区领导者的威信水平和权威水平及居民服从能力
	社区信任	社区居民对社区领导者信任水平以及居民之间的信任水平

4.2.2 风险指标

在农村家庭风险指标设计上,首先需要按照风险定义进行农村家庭综合风险指标的确定和设计。虽然尚未有研究提出明确而专门的家庭综合风险指标体系,但是家庭风险理论和家庭发展理论从家庭在危机和风险中的弹性及恢复力视角提出了家庭抗逆力理论,并结合自然灾害和社会风险环境下家庭规模、结构和功能的不确定性与变化趋势提出了家庭抗逆力指标体系(Walsh,2016a)。针对性别失衡环境下婚姻市场、家庭生计、家庭养老以及大龄未婚男性家庭危机等多方面的家庭风险议题,本节引入家庭抗逆力作为农村综合风险指标,用于衡量性别失衡环境下农村家庭整体性的风险处境和风险弹性水平(李树茁等,2009)。在家庭抗逆力指标体系中,首先是家庭信念系统最直接体现出家庭在危机中的抗压和舒缓能力,也是家庭作为一个集体单元在突发危机中是否能够有理性思维和动态商议功能的体现(Walsh,2007)。其次是家庭沟通指标,包含有家庭成员的沟通方式、质量和效率,家庭成员协作能力和效果,以及家庭成员间的联系和亲密程度(Vesely et al.,2017)。相比家庭信念,家庭沟通更能衡量危机中家庭自发启动的风险相应机制,也更能表现出家庭成员集体应对风险的家庭能力而非个人能力(Sixbey,2005)。再次是家庭组织与运行模式,其通过家庭是否具有灵活性用于长期适应风险环境,以及家庭是否能够有效利用家庭外部资源来衡量家庭组织结构和运行方式是否有效应对突发危机和长期风险环境(Patterson,2002)。此外,家庭成员的个人义务和集体义务履行水平也是家庭抗逆机制和弹性水平的重要体现。由于性别失衡不仅牵扯到农村男性家庭成员婚姻、养老和健康,还牵扯到父母、子女、兄弟姐妹等直系家庭亲属的责任义务,家庭抗逆力或许是性别失衡情境下农村家庭综合风险的可用指标(Walsh,2015)。

从家庭实际资源视角剖析,家庭综合风险要素也是家庭风险研究的重要切入点。在家庭资源视角下,家庭综合风险可以通过家庭已有的综合资源框架去衡量,其中可持续生计资本框架是最常用的自然灾害环境与贫困、移民和城镇化等社会风险环境下家庭风险研究的可用指标(Rus et al.,2018)。家庭可持续生计框架包括以下指标,一是基于农业种植和畜牧业等依靠自然环境因素的自然资本,决定了农村家庭在历史传承、社会转型和突发危机三者同时发生时如何借助自然资源获得风险抵御能力和适应能力(Bonanno et al.,2015)。二是物质资本,相比城市家庭更常见的工资收入和资本收益,农村家庭的固定资产收益和生产生活设备会帮助农村家庭在重大风险环境中获得额外的资源支持,缺乏物质资本也是缺乏额外风险抵御能力的体现(Baffoe,Matsuda,2018)。三是社会资本,它体现出农村家庭在本家族体系、本地社区体系和社会范围内是否有可用的资源,用于借助外部力量来帮助家庭应对危机(Pandey et al.,2017)。四是金融资本,它也是家庭利用经济资源产生风险应对能力的直接体现,是家庭综合资源体系中最先使用的资源类型(Li et al.,2012)。五是人力资本,特别针对农村家庭,因为农村人力资本是区分简单劳动力资源的重要指标,体现出了农村家庭可持续的人员优势,其通过教育、更多报酬的外出劳务以及家庭劳动力质量对家庭度过危机提供人力资源(Cao et al.,2016)。基于性别失衡情境分析和本书主要理论路径和指标设计思路,本节提出如表4-3所示的农村家庭综合风险指标。

表4-3 农村家庭综合风险指标

指标维度	指标定义	指标测量
可持续生计资本	自然资本	农村家庭的农业生产、林业种植和畜牧业养殖资源
	物质资本	农村家庭房屋住宅、固定资产、生活设备及其收益
	社会资本	农村家庭的家族血缘、社区邻居、社会关系网络资源
	金融资本	农村家庭的储蓄存款、资本投资、货币化收益及负债
	人力资本	农村家庭的劳动力质量、劳动力数量和家庭教育水平
家庭抗逆力	家庭信念	家庭成员在应对风险和危机时的乐观态度与理性情绪
	家庭沟通	家庭成员在应对风险和危机时的合作关系与联系程度
	家庭组织与运行形式	家庭结构和成员在应对风险和危机时的灵活程度、外部资源利用水平以及成员义务履行水平

考虑到性别失衡环境不同于自然灾害短时性和即刻性风险因素,性别失衡风险体现出社会转型不确定性对农村社区和家庭所造成的长期影响,加上农村家庭存在个体资源储备基础上的适应力和灵活性,农村家庭风险的具体指标可以从适应能力区别层面进行具体风险指标界定(Ungar,2011)。农村家庭作为集体生活单元,存在一定的适应性规律,适应型风险指标首先纳入家庭抗逆力。家庭抗逆力是家庭规模、结构和功能模式长期积累下已有的一整套运行机制和规律,是帮助家庭自发产生适应性的最直接来源(Walsh,2015)。另一个适应型家庭风险指标是跨国跨境婚姻风险,农村家庭选择外来国籍女性实现婚姻家庭也是家庭自发解决矛盾的重要尝试(Huang,2017)。考虑到中国国际婚姻市场中越南女性是最主要的外籍新娘群体,以及越南新娘是典型的弱势群体家庭获得外籍新娘的核心人群,本节选择中越跨境婚姻作为农村家庭适应型风险的指标(Grillot,2012)。同时,性别失衡情境下中越国际婚姻已经从边境跨境婚姻现象发展为内陆跨国婚姻现象,本节的中越国际婚姻指标包含了边境中国农村的跨境婚姻和内陆中国的跨国婚姻(Belanger,Linh,2011)。

干预适应型风险指标要更多涉及农村家庭在风险应对能力不足时外部力量介入农村家庭和农村社区治理过程中帮助农村家庭度过危机(Angeles and Sunanta,2009)。在本书中,家庭可持续生计资本是干预适应型风险指标的代表,因为家庭可持续生计资本是一个变动的资源体系,当外部环境有利于个体家庭发展时,家庭可持续生计资本会显著提升,相反则快速低迷(Pandey et al., 2017)。第二个干预适应型指标是家庭养老及其相关的代际支持。考虑到中国农村社会老龄化的加速和公共服务匹配程度的不足,家庭养老特别是子女代际支持始终是农村家庭养老风险的重要应对策略(Liu et al., 2013)。但是当性别失衡、城镇化和城乡人口迁移常态环境加速形成,单纯依靠家庭的养老模式面临挑战,只要通过外部政策和公共服务的干预或许能够显著改善目前农村家庭普遍面临的养老风险(Cong, Silverstein, 2008)。第三个干预适应型是家庭男性健康风险和家庭老年人医疗健康风险,因为性别失衡情境下未婚男性出现HIV/AIDS风险性行为及其导致的家庭HIV/AIDS累积风险已经被证明是重要的家庭健康风险来源(Hong et al., 2006)。在老年群体方面,农村老年人一直是农村家庭健康的薄弱环节,家庭健康风险也会在农村老龄化情境下可能出现风险聚集(Johansson, Cheng, 2016)。关于不适应型风险,在性别失衡情境下,其主要表现为特殊结构家庭无法通过已有资源和家庭功能度过危机和难关,考虑到公共政策和公共服务无法解决婚姻女性数量短缺的难题,大龄未婚家庭的生存、发展和福祉是性别失衡议题中家庭自身无法适应的风险形态(韦艳,张力,2011)。因此,本节按照弹性适应视角提出了如表4-4所示的农村家庭风险指标体系。

表4-4 农村家庭风险指标(弹性适应视角)

指标维度	指标定义	指标测量
适应型	家庭抗逆力	家庭成员集体信念、家庭沟通和家庭组织运行
	跨国跨境婚姻风险	中国内陆农村与边境农村的中越国际婚姻家庭生存与发展水平、婚姻稳定及可持续前景
干预适应型	家庭可持续生计资本	家庭在性别失衡、城镇化、老龄化和城乡人口迁移中的家庭资源变动、不足与公共政策需求
	家庭养老与代际支持风险	农村家庭养老资源、农村家庭子女向父母提供财务支持、工具支持和情感支持的不确定性
	家庭男性与老年健康风险	农村男性的HIV/AIDS累积风险及其家庭扩散、农村老年人医疗健康及其资源不确定性

续表

指标维度	指标定义	指标测量
不适应型	大龄未婚男性家庭风险	大龄未婚男性家庭的社会融合、社会排斥、婚姻缔结、家庭养老和家庭健康需求

在现实风险层面,家庭可持续生计资本成为直接的现实型风险指标,原因在于无论何种家庭形式,家庭资源不足或者紧缺始终是家庭在当下风险和危机事件中处境艰难的最直接原因(尹秀芳,杨云彦,2014)。可持续生计资本的另一个特征是可持续性,在绝大多数家庭面临的自然危机和社会风险环境下,家庭长期持有的并且能够在可预见未来同样长期持有并发挥作用的就是家庭资源,因此可持续生计资本,包含了家庭的自然资本、物质资本、社会资本、金融资本和人力资本在内的可持续指标就成为农村家庭现实风险的重要体现(杜本峰,李碧清,2014)。第二个现实型风险指标是家庭抗逆力。与家庭可持续资源类似,家庭抗逆力也是每个家庭始终具有的能力,因为家庭成员的信念系统、家庭成员沟通途径和模式以及家庭组织运行情况无论在何种风险环境下都能够发挥作用,只是效果有层次差异(Hawley,DeHaan,1996)。第三个现实型风险是家庭男性健康风险和家庭老年健康风险,原因在于在性别失衡情境已经形成的当下时代,农村未婚男性群体普遍外出务工并已经存在风险性行为现象,也诱发了 HIV/AIDS 风险案例,因此成为当下农村家庭不得不面对的潜在现实风险事件(Stevan et al.,2012)。关于老年健康,考虑到农村老龄化加速形成以及农村医疗卫生公共服务不足的现实,老年健康已经成为存在老年人口的农村家庭不得不面临的现实议题(郭静 等,2017)。

在预期型风险层面,性别失衡最直接的预期型不确定事件即为农村弱势男性婚姻挤压导致的无法成婚问题,跨国婚姻风险成为性别失衡情境下农村家庭重要的预期型风险形式(Liang,Chen,2014)。跨国婚姻风险的预期属性主要有两个原因,其一是中国出生人口性别比长期偏高导致的男性过剩人口逐渐进入婚龄年龄并进入女性短缺的婚姻市场,在女性婚配对象不足的前提下,未婚男性家庭自发寻找国际婚姻市场女性婚配对象将会越来越多出现(Huang and Ho,2016)。其二是整体经济和社会条件不断提升,中国正在成为国际婚姻市场和外籍婚姻移民的重要目的地。当性别失衡成为中国长期态势后,国际婚姻市场女性婚配人口的供给和需求都会在未来快速催生外籍新娘入住中国家庭现象(Belanger et al.,2010)。相比跨国婚姻,农村家庭养老和代际支持风险可能会成为更快出现的预期型家庭风险。因为中国老龄化的速度更快,农村家庭养老问题相比性别失衡婚姻挤压要更普遍和更广泛,特别是当代农村子女提供代际支持的程度和内容都大幅下降,尤其是大龄未婚男性家庭可能很难期盼男性后代成婚并提供代际支持(Cong,Silverstein,2014)。最后,大龄未婚男性家庭作为性别失衡社会情境下的独有现象,其家庭生存与发展的不确定性成为预期型家庭风险,大龄未婚男性家庭生命周期的全过程都有可能出现家庭生存、发展和福祉的不确定性甚至是危机(李树茁 等,2009)。基于上述分析,本节提出了如表4-5所示的生命历程视角下农村家庭风险指标。

表4-5 农村家庭风险指标(生命历程视角)

指标维度	指标定义	指标测量
现实型	家庭可持续生计资本	农村家庭已经发生的家庭资源变化和资源需求
	家庭抗逆力	家庭成员集体信念、家庭沟通和家庭组织运行现状
	家庭男性与老年健康风险	农村男性的HIV/AIDS累积风险及其家庭扩散、农村老年人医疗健康及其资源不确定性
预期型	跨国婚姻风险	中国中越国际婚姻家庭的数量与地理扩散趋势及其家庭生存、发展与婚姻稳定
	家庭养老与代际支持风险	老龄化预期下农村家庭子女向父母提供财务支持、工具支持和情感支持的不确定性
	大龄未婚男性家庭风险	大龄未婚男性家庭的群体化出现及其家庭生存、发展与稳定的生命周期需求

4.2.3 风险后果指标

性别失衡社会农村家庭风险的后果首先是现实后果。在现实层面,由于农村家庭性别失衡本质上来自出生人口性别比长期偏高,而后者直接来自农村社会长期存在的重男轻女和男孩偏好,当男多少女社会结构逐渐成型后,农村家庭生育行为可能会最先受到性别失衡社会农村家庭一系列风险事件的影响而成为风险后果指标(李树茁 等,2006)。因此本节选择农村家庭生育男孩偏好,作为性别失衡情境下农村家庭风险的首要指标。农村家庭生育男孩偏好不仅包括了生育行为中的男孩偏好,也包括生育意愿中男孩偏好的发展变化趋势,因为男孩偏好在现实生活中还受到社会经济整体发展的影响,例如婚嫁成本提升、性别平等观念推广以及女儿养老模式逐渐增多等多种因素(杨雪燕 等,2010)。第二个现实风险后果是家庭老年人医疗健康问题。因为老龄化趋势是与性别失衡社会形态同步进行的,甚至比性别失衡更快和更广泛地影响到了普遍意义上的农村家庭(郑妍妍 等,2013)。由于农村医疗服务水平局限,农村老年人经济和健康资本短缺,农村老年人的医疗健康问题几乎是所有农村家庭在性别失衡环境下面临的叠加风险后果,需要针对老年人医疗健康议题进行农村家庭风险后果探索(李建新,李毅,2009)。

在预期后果层面,首先是中越跨国婚姻日益增多趋势中的越南新娘婚姻和家庭稳定风险,因为大量语言和文化不通的越南新娘在中国短期内快速出现是历史上从未有过的现象,因此也成为性别失衡后果在婚姻市场领域形成的风险后果(Choi, Cheung, 2017)。关于越南新娘的婚姻和家庭稳定,考虑到她们在语言和文化上的异域特征,该群体在中国社区和家庭内的生存、生活、婚姻稳定、婚姻质量以及发展议题都是可预期的跨国婚姻风险后果(Hu, 2017)。另一个预期后果是农村大龄未婚男性家庭发展议题,因为大龄未婚男性在中国性别失衡社会结构日渐形成中只会越来越多,并且随着这部分男性婚龄年龄的增长而成为更加棘手的家庭风险议题(姜全保 等,2010)。由于婚姻市场无法通过公共政策进行调节和干预,大龄未婚男性家庭在现实条件下是无法获得外界关于而扭转婚姻挤压问题的。但是,农村大龄未婚男性家庭同样存在贯穿家庭生命历程全周期的发展需求和福祉需求,当外界无法通过政策合法干预改变风险状况时,家庭发展和福祉不确定性将成为可预期的家庭风险后果(吴帆,李建明,2012)。基于以上分析,本节提出如表4-6所示的农村家庭风险后果指标。

表4-6 农村家庭风险后果指标

指标维度	指标定义	指标测量
现实后果	家庭生育男孩偏好	农村家庭生育偏好最新变化趋势及其形成机制
	家庭老年人医疗健康	农村家庭老年人医疗健康知识、健康水平及家庭医疗健康资源对老年人的影响
预期后果	跨国婚姻家庭稳定性	中国边境和内陆农村越南新娘生存、生活与发展预期
	大龄未婚男性家庭发展	农村大龄未婚男性家庭生命历程中的不确定性

第5章 农村社区抗逆力及其形成机制

本章目标在于通过分析性别失衡社会中农村家庭所在社区面临的风险状况和水平以及社区风险内在的形成机制,发现性别失衡社会体系下农村家庭在城镇化、农村工业化、人口迁移趋势下的社区生存水平和风险抵御水平。当性别失衡与老龄化一样成为社会发展常态时,一方面基于男多女少现状可以深入探讨婚姻挤压这样的专业话题,但是也不可避免需要围绕社会常态结构和发展模式去探讨一般意义上的发展问题,而这些发展问题或多或少带有特殊社会情境因素因而具备了分析价值。就本章而言,农村社区在性别失衡社会同样面临集体风险抵御和集体公共服务供给,因此农村社区抵御风险能力的不足已经构成农村家庭的社区风险,并且农村社区所处环境的特殊性,及社会生态系统因素,导致社区风险的形成带有社会生态系统效应。本章选择社区抗逆力作为农村家庭在性别失衡社会中的社区风险指标,并引入社区社会生态系统指标,识别了社区风险的具体类别并分析了社区风险的形成机制,为明确性别失衡社会中农村家庭所处的社区风险现状和特征以及内在机理提供了实证检验基础。具体而言,本章立足中国性别失衡背景,应用社区抗逆力来衡量农村社区治理及其特征,使用社区与个人问卷数据,首先通过潜在剖面分析探讨农村居民社区抗逆力感知的构成,由此判断社区治理模式;以此为基础,通过多层混合回归探讨城镇化的社会生态系统如何对农村居民的社区抗逆力感知产生影响,由此判断中国性别失衡、城镇化、人口迁移等宏观环境对农村社区治理模式的影响机制。

5.1 农村社区抗逆力概况

5.1.1 性别失衡与农村社区

我国常住人口城镇化率在 2018 年达到 59.58%，人口迁移、土地环境、家庭生计都体现出城镇化对农村的影响：一方面是距离城镇较近的农村被纳入城镇社区行政管辖；另一方面是以自然地理和宗族血缘为纽带的自然村合并行政村趋势加快，后者更体现出现代社区公共资源、公共福利和公共管理特征（王景新，2015），农村社区治理能力成为其应对风险和挑战的重要基础。党的十七大开始关注城镇化中的农村社区建设，提出"将城乡社区建设为有序管理、服务完善的生活共同体"；十八大突出社区管理者与社区居民共同参与社区治理，以党中央、国务院名义颁布《关于完善和加强城乡社区治理的意见》作为城镇化转型期指导农村社区治理的纲领文件；十九大进一步提出构建现代治理体系，要求"加强城乡社区治理建设，实现政府治理、社会调解和居民自治良性互动"。构建社区治理能力，增进社区资源储备，加强管理者、社会组织以及居民合作，是农村稳定、繁荣与增进居民福祉的重要途径（田毅鹏，2018）。

社会转型形态，包括性别失衡以及农村城镇化、工业化和人口城乡迁移趋势，使城镇人口和地域面积迅速增加，但也打破了农村原有结构和管理体系，而新的治理体系尚待完善，农村社区的生计、福利与城市相比依然处于劣势，应对风险的资源和能力面临挑战（闫文秀，李善峰，2017）。从社区治理导向来看，如果具备足够资源和有效的管理体系，形成社区抗逆力，将是农村社区在劣势中实现有效治理和长期发展的关键，也是应对性别失衡、城镇化和老龄化等转型社会风险的有力举措。通过社区抗逆力衡量社区治理的特征和不足，有助于掌握城镇化中农村社区面临不确定性时的适应能力，判断社区在社会变革中应对风险的能力（Guo et al., 2018）。社区治理是社区作为最基层居民管理单位，在上级党政机关指导下，社区管理者作为管理主体协调社区内部事务以及社区与外部利益冲突与合作，社会组织作为社会力量、社区居民作为社区主体参与社区事务，是多主体合作导向的社区管理模式（陈伟东，许宝君，2016）。传统村落由于自然地理和宗族血缘而呈现相对封闭的状态，宗族家长与乡绅权威扮演乡村管理者角色；新中国成立后人民公社打破了这一格局，村党委成为乡村的核心权威(周庆智,2016)。城镇化以来,随着人口外迁、农村工业化与乡镇企业发展,农村管理格局开始变化,传统权威的影响力逐渐减弱(杨亮承,鲁可荣,2015)。在城镇化中,农村社会经济资源劣势、社区管理者权威弱化以及外部冲突增加成为影响农村稳定的多重风险,农村社区抵御风险、维系稳定以及保障村民权益和福祉的能力不断下滑,农村社区成为社会治理中的薄弱环节(王义保,李宁,2016)。随着转型期社会矛盾和利益协调增多,在国家行政指导下,通过增进农村社区治理能力是短期内改善农村社区劣势的有效途径(李玲玲,李长健,2016)。

5.1.2 社区抗逆力及其测量

社区抗逆力表现出自然环境如何对人类集群的社区产生影响,也表现出社区居民对社区适应能力的感受,是衡量社区在风险环境中治理能力的直接指标,也是衡量社区治理过程的综合指标(Sharifi,2016)。社区抗逆力研究面向自然灾害地区的社区,关注社区资源、结构以及适应力如何影响社区在风险和灾后恢复中的治理水平(Norris et al., 2008)。在自然灾害情境下,社区抗逆力被看作是社区资源储备、结构以及风险应对能力的表现,其高低反映了社区在经历自然灾害后是否具备足够资源和组织体系来减少伤害并恢复原貌(Chung et al., 2018)。Emery 和 Flora (2006) 提出社区抗逆力的社会生态系统框架,并指出社区自然地理、经济、社会、文化和政治被看成是社区在面临风险时获取资源的客观环境。上述环境本质上是社区抗逆力的来源,反映当下环境中社区治理的外在影响(Wilson et al., 2018)。当面临社会生态系统风险与危机时,社区所在的自然地理、经济、社会、文化和政治因素成为社区治理中抗逆力的来源,社区抗逆力研究就从关注自然灾害社区治理扩展到面临社会风险和挑战的普通社区治理(Emery, Flora, 2006)。

无论是个人、社区还是社会,其抗逆力都是基于资源储备和适应力表现出的风险抵御能力,可以通过个人感知体现(Ungar, 2011)。个人和家庭依靠的最近主体就是社区,居民感知揭示了社区在现实环境下的资源储备和反应机制,也揭示了社区治理现状和特征(Chaskin et al., 2008)。社区居民感知到的社区抗逆力不仅包含社区应对风险的准备、动员能力和社区领导力,还包含居民的归属感,是社区治理能力和治理过程的直接体现(Leykin, 2013)。关于社区抗逆力的主观测量始于社区抗逆力测量工具箱(the communities advancing resilience toolkit, CART),从社区的资源储备、成员关怀、应急能力等测量居民对社区应对自然灾害能力的感知(Pfefferbaum et al., 2013)。但是 CART 关注自然灾害中的社区,对社会风险环境中社区面临的挑战考虑不足。针对处于非自然灾害的社区,以色列学者基于以色列城市社会动荡情景,在 CART 基础上设计了面向社会风险的综合社区抗逆力测量(conjoint community resiliency assessment measure, CCRAM),从成员归属感、准备能力、集体效率、领导力以及社区信任五个方面测量社区抗逆力(Leykin, 2013)。应用 CCRAM 的城乡社区比较研究发现,农村社区抗逆力在成员归属和社区信任方面明显更高,而紧急准备不足,城市社区的常规准备、集体效率以及领导力更强,表明 CCRAM 能够判断农村社区治理现状及缺陷(Rapaport et al., 2018)。

5.1.3 社区抗逆力与家庭风险

中国城镇化改变了农村赖以维系的自然、经济、社会、文化以及政治结构,对社区短期生存产生影响,也对长期发展带来不确定性:城镇化中不仅农村社区土地环境、经济资源、人力资源、社会福利出现变动,居民对社区的信任和凝聚力也会出现波动(王晓征,2016),可能造成社区抗逆力的弱化进而导致治理失效。城镇化中农村社会生态变迁首先是自然地理变化,就地城镇化和农村工业化显著改变了农村地貌格局,城乡地理隔离被打破,社区治理不再是相对独立处理乡村事务,而是夹杂了城市扩张、市民文化以及生活方式的多重影响,社区抗逆力面临前所未有的复杂格局(李岩,张小劲,2018)。农村的公共经济不再局限于土地依赖,开始依赖集体经济和乡镇企业,社区治理中的利益协调和冲突显著增多,社区抗逆力的内涵、程度和张力面临更多挑战(郭苏建,王鹏展,2018)。农村的社会网络不再局限于本地宗族和血缘,而是在人口外流和乡镇企业发展中得到扩张,社区治理涉及的主体和需求开始多元化,社区抗逆力的来源也日趋多元,矛盾冲突也逐渐显现(王义保,李宁,2015)。农村文化被人民公社运动高度同质化后,城镇化使得重视公共资源和个人权益的市民思潮向农村扩张,农村社区治理的传统权威不断下滑,社区抗逆力的传统核心在削弱(李玲玲,李长健,2016)。城镇化中的农村和外界利益冲突增加,社区政治体系作为最核心的管理主体,其有效运行成为社区适应危机和恢复稳定的关键力量(宋道雷,2017)。基于社会生态系统框架的小范围质性访谈发现,城镇化中的农村社区的抗逆力受所在环境因素影响,社区治理水平和特征受制于地理方位和经济水平,也受制于社会资源以及乡土文化,尤其是依赖于社区行政体系的运转状况(Wilson et al.,2018)。

相比自然灾害,社会结构转型带来潜在社会风险,身处其中的社区更需要具备抗逆力来调动社区资源进行有效治理(朱华桂,2012)。城镇化对农村的显著影响已经构成了农村社区的社会结构转型环境,从城镇化的社会生态系统入手分析农村社区的抗逆力更有利于判断社区治理现状和特征(Berkes, Ross, 2013)。虽然CCRAM尚未应用于中国农村研究,但是农村居民对社区适应能力的评价已经折射出社区治理水平,本书应用CCRAM分析社区抗逆力感知具备实践基础。首先,城镇化中的农村流动人口依然视户籍所在农村社区为家庭社区,但是夹杂了城镇化带来的市民经济、市民文化和市民意识,加之农村公共设施落后,居民归属感下降,社区治理缺乏群众参与(李琳,郭占锋,2018)。其次,城镇化中的乡镇企业发展加速了农村工业化,但是相对滞后的农村公共管理无法保证社区有足够资源和能力应对工业社会及市场经济风险,农村居民对社区治理信心不足(李玲玲,李长健,2016)。再次,城镇化使农村领导力和集体效率出现变化,与传统乡土社会人多力量大氛围不同,城镇化使个人为中心的市民文化扩散到农村,农村社区号召力、居民参与积极性以及村委会权威也在减弱(宋道雷,2017)。最后,农村社区居民彼此信任的下降是城镇化中城市信任危机的扩散结果(李勇华,陈祥英,2017),表明农村社区在城镇化中可能也存在抗逆力的弱化,社区治理的合作基础在减弱。

由于农村社区在城镇化中面临环境变化,社区人口、资源、结构和治理必然受到自然环境变迁、经济发展、社会进步、文化变革以及行政管理变革的影响(田毅鹏,2018),城镇化构成了农村社区治理的社会生态系统。城镇化中几乎所有的中国农村都存在城乡人口迁移,城镇化已经使农村居民思维、认知和需求产生明显变化(郭占锋,付少平,2014),社区居民对于社区抗逆力的评价有利于判断农村社区治理的结构特征。因此在城镇化中基于社区抗逆力探讨农村社区治理,需要结合社会环境因素和居民个人感知因素,居民感知是社区治理状况的直接反映,会受到所在社区的社会生态系统的显著影响,反映出社区抗逆力在环境变迁中的形成机制(Emery, Flora, 2006; Kelly et al., 2015)。本章首先基于居民感知探讨社区抗逆力的构成和特征,明确农村社区治理模式的类型,进而基于社会生态系统因素探讨城镇化因素对社区治理模式的影响机制。

5.2 社区抗逆力类型识别及其形成机制

本节使用数据来源于2018年湖北省"性别失衡农村家庭发展及社会治理调查"。湖北省2018年城镇化率59.3%,位于全国平均水平。抽样方法采用初级抽样单元规模不等的多阶段分层随机抽样。第一阶段以全省县区为抽样框,县区为初级抽样单元,在100万以上人口县区随机抽取出黄梅县,总人口100.73万,100万以下人口县区随机抽取出嘉鱼县,总人口45万。第二阶段以每个县下辖乡镇为抽样框,黄梅县地域广且人口分散,在16个乡镇里随机抽取12个农业经济乡镇,每个乡镇随机抽取1个村;嘉鱼县地域狭小且人口集中,在8个乡镇里随机抽取1个农业经济乡镇和2个非农业经济乡镇,在农业经济乡镇随机抽取2个村,在2个非农业经济乡镇各抽取3个纳入城镇行政管辖的原农村社区。2个县共抽取20个村/社区。第三阶段以抽到的村/社区为抽样框,每个村/社区由管理者回答一份社区问卷;每个村/社区随机抽取25户家庭,每个家庭由2位居民回答个人问卷。居民样本性别对半,年龄区间14—80岁。最终获得社区样本20个,居民样本1 032人。其中,农村村委会14个,纳入城镇管辖的原农村社区6个;女性53.9%,男性46.1%;年龄区间15—80岁,平均年龄39.4岁;平均受教育年限为9年;人均年收入高于同期全国农村平均水平(12 725元,2018)的样本占56.78%;93%已婚。

本节探讨的社会生态系统是农村社区所处的城镇化情境。根据社会生态系统框架,社区问卷确定自然地理、经济、社会、文化和政治五个指标,再根据城镇化对农村的影响选择符合现实情形的测量。第一,自然地理因素X_1选择社区距离最近城市的距离(公里),因为距离城镇越近的农村受城镇化影响越大,城镇化进程也更快(李岩,张小劲,2018)。第二,经济因素X_2选择中,因为社区财力会随地域和经济结构变化而不同,年收入高的农村社区也可能面临更多经济利益协调和社会冲突(郭占锋,付少平,2014),因此不能以集体收入数额做参考,最终选择社区支出收入比(%)反映社区在现有条件下应对风险的财力基础。第三,城镇化会带来农村社会网络和社会资源扩大(徐珣,2018),因此社会因素X_3选择了与社区保持合作关系的社会组织数量(个),衡量农村社区在城镇化中的社会资源。第四,传统文化是测量农村社区受城镇化影响程度的指标之一,考虑到城市市民文化中家族和宗教信仰相比乡土文化明显减少(王景新,2015),传统文化因素 X_4 指标得分来自三项指标得分之和,包括社区是否有宗族祠堂(0 = 没有,1 = 有)、本土庙宇/道观(0 = 没有,1 = 有)、教堂/清真寺(0 = 没有,1 = 有),衡量农村乡土文化被城镇化影响的程度。第五,政治因素 X_5,考虑到村民代表大会是农村居民集体政治参与的直接体现(田毅鹏,2018),因此选择村民代表大会到会比例(%)体现社区政治因素。由于指标测量单位不同,需要按照 $X'_i = (X_i - X_{imin}) / (X_{imax} - X_{imin})$ 进行无量纲化(Pandey et al.,2017)。社会生态系统指标得分如表 5-1 所示。

表 5-1 社区的社会生态系统标准化得分 ($N = 20$)

社会生态系统因素	Mean	SD	Min/Max
社区距城市地理距离 (X'_1)	0.346	0.355	0/1
社区经济支出收入比 (X'_2)	0.817	0.207	0/1
社区社会资本 (X'_3)	0.147	0.217	0/1
社区传统文化水平 (X'_4)	0.375	0.358	0/1
社区政治参与水平 (X'_5)	0.707	0.277	0/1

本节使用的测量指标以原版 CCRAM 为参考设计了中文版 CCRAM。原版 CCRAM 面向社会不确定情境下的社区居民,从成员归属感、准备能力、集体效率、领导力以及社区信任五个维度来测量(Leykin,2013)。在原版 CCRAM 设计过程中,笔者首先基于多个社区访谈总结了社区抗逆力的主要维度,进而通过因子分析确认最终的维度划分。原版 CCRAM 已经应用于研究农村社区,量表中成员归属感、准备能力、集体效率、领导力以及社区信任的信度分别为 0.76、0.81、0.87、0.90 和 0.83(Rapaport et al.,2018)。本节参考原版 CCRAM 但略做调整,在"准备能力"中只保留 3 道题项,作为"常规准备能力";同时参考 CART 中关于自然灾害准备能力的 5 道题项(Pfefferbaum et al.,2013),作为"紧急准备能力"纳入量表。最终结果如表 5-2 所示。

表5-2 社区抗逆力感知量表测量（$N=1\,032$）

社区抗逆力量表（非常不同意=1 非常同意=5）		Mean	SD	α	Mean	SD
社区归属感（CB）	您对本社区有强烈的归属感	3.525	0.842			
	您会为本社区谋利益	3.546	0.805	0.742	3.644	0.664
	您对本社区的未来充满希望	3.861	0.806			
常规准备（NP）	您的社区对未来有明确规划	3.838	0.840			
	您的社区会通过电视、广播、网络和电话告知跟您利益相关的信息	3.939	0.820	0.758	3.880	0.666
	您能从社区获得对您生活和工作有帮助的信息	3.864	0.803			
紧急准备（EP）	您的社区会努力防范灾害和风险的发生	3.933	0.819			
	您的社区对可能发生的灾害积极做准备	3.972	0.784			
	您的社区在灾害中可以提供紧急服务	3.974	0.834	0.877	3.965	0.655
	灾害过后,您的社区有各种服务帮助村民	4.003	0.802			
	您的社区会为村民提供信息告知如何应对灾害	3.942	0.762			
集体效率（CE）	您的社区能够总结经验和教训	3.788	0.829			
	您的社区能与外部组织合作解决社区问题	3.727	0.841			
	您的社区能够积极寻找资源解决面临的问题	3.771	0.816			
	在您的社区里,村民有共同解决社区问题的意识	3.824	0.792	0.863	3.803	0.626
	在您的社区里,村民能够共同协商解决社区的问题	3.803	0.801			
	在您的社区里,村民能够为改善社区而共同努力	3.907	0.793			

续表

社区抗逆力量表（非常不同意=1 非常同意=5）		Mean	SD	α	Mean	SD
领导力（LP）	您的社区有强有力的领导者	3.923	0.870	0.835	3.815	0.619
	您的社区领导者有解决社区问题的资源	3.813	0.807			
	当您有麻烦时,您应该去找社区领导者寻求帮助	3.608	0.879			
	您信任您的社区领导者	3.940	0.850			
	您能够与您社区的领导者保持良好沟通	3.854	0.770			
	您能够从您的社区领导者那里获得需要的资源	3.751	0.840			
社区信任（ST）	您的社区成员值得信任	3.810	0.822	0.839	3.832	0.582
	社区其他成员会考虑您的利益	3.543	0.894			
	当您有麻烦时,您会跟社区其他成员商量解决办法	3.730	0.852			
	社区成员会平等地跟您沟通联系	4.016	0.731			
	社区其他成员认为您值得信任	4.042	0.705			
	您会考虑社区其他成员的利益	3.847	0.730			
量表总体信度 α（29项）				0.941		

本节首要识别出农村居民感知到的社区抗逆力类别,由此判断农村社区治理模式。社区抗逆力被归为成员归属感、准备能力、集体效率、领导力以及社区信任五个维度,不同维度的高低组合可能体现出不同的抗逆力感知类型。本书使用潜在剖面分析判断社区抗逆力感知的潜在类别（Muthén，Muthén，2017）。潜在剖面分析是一系列假设检验和参数估计的组合,首先假设所有样本为一种类型,记录检验参数;再假设有两种类型并记录检验参数变化,以此类推直到最佳分类数量,同时估计每个类别的类别概率和每个类别内每个指标的得分（Clark et al. , 2015）。判断依据是 AIC,BIC 和 ABIC:如果二分类模型相比一分类模型,三大指标显著降低,则前者优于后者;如果三分类模型相比二分类模型,三大指标降低程度不显著,则选择二分类模型（Nylund et al. , 2007）。另一个判断指标为 Entropy,介于 0 到 1 之间,值越接近 1,分类可信度越高（Muthén，Muthén，2017）。判断依据还包括 LMRALT ,如果数值在统计学意义上显著,则

分类结果可接受(Muthén,Muthén,2017)。根据识别出的社区抗逆力感知类别,按照指标差异命名社区治理模式,判断农村社区治理特征。为了判断城镇化社会环境是否会对社区治理模式产生影响,本节将把识别出的社区治理模式类型作为因变量,将个人因素和社区层的社会生态系统因素作为自变量,引入多层回归混合模型(multilevel regression mixture modeling,MRMM),探讨城镇化社会生态系统对社区治理模式类型的影响机制。分析工具为Mplus 8.3。

5.2.1 社区抗逆力类型识别结果

表 5-3 是 LPA 分析结果,分析过程仅纳入社区抗逆力感知量表,不包含任何协变量,可以看到 AIC、BIC、ABIC 三大指标下降过程。结果表明,相比二分类到三分类的指数变化,三分类到四分类的指数下降幅度明显减少,并且 LMRL-RT 统计量显著性也下降。虽然四分类熵值最高,但是三分类熵值符合甄别要求(Clark et al., 2015),因此农村居民的社区抗逆力感知确定为三类型。LPA 结果还包含各个类型内 6 项抗逆力指标的估计值,通过计算组内抗逆力指标平均值,发现高分组的均分为 4.473,该组的类别概率为 0.187,即属于该组的居民样本占总样本的 18.7%(Henry,Muthén,2010);中分组的均分为 3.840,该组居民样本占总样本 65%;低分组的均分为 3.008,该组居民样本占总样本 16.3%;但是高中低得分差异无法判断社区抗逆力具体指标上的类别差异。因此,本节在各个类型内使用均值差异法,用社区抗逆力 6 项指标的估计值与组内指标均值求差,输入 Excel 后结果如图 5-1 所示。

表 5-3 社区抗逆力感知的潜在剖面分析结果

	社区抗逆力感知的分类			
	一分类	二分类	三分类	四分类
AIC	11959.555	10071.542	9138.528	8745.241
BIC	12018.826	10165.388	9266.948	8908.236
ABIC	11980.712	10105.042	9184.369	8803.425
熵值	— —	0.898	0.901	0.922
LMRLRT	— —	1863.646($P=0.000$)	927.912 ($P=0.000$)	399.071 ($P=0.020$)
df	12	19	26	33

图 5-1 显示,低分组特征为社区信任指标得分最高,其余指标得分均显著低于社区信任,考虑到社区信任反映居民基于紧密联系而具有一定的自治性(丁宁宁 等,2015),因此该组命名为自治型社区治理模式;中分组特征为常规准备和紧急准备指标得分较高,鉴于社区公共资源供给和效用发挥取决于管理者和居民的协作(闫文秀,李善峰,2017),因此该组命名为合作型社区治理模式;高分组除了准备能力指标得分较高,社区集体效率和社区领导力指标得分也较高,考虑到社区号召力和资源调动取决于社区政治领导力(刘红 等,2018),因此该组命名为权威型社区治理模式。三种社区治理模式的共性是社区居民归属感的显著下降,这与中国城镇化中农村普遍存在的归属感下降现象一致,即城镇化使农村公共资源劣势更加突出,农村居民对社区的依赖下降,对于社区的归属感和认同感逐渐减弱(李勇华,陈祥英,2017)。

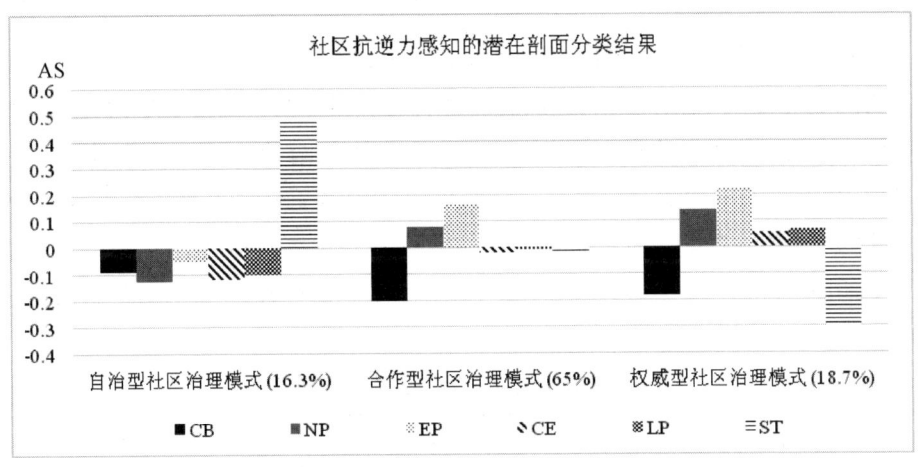

图 5-1 农村社区治理模式的类型识别

注:AS = 组内 6 项指标的平均分。

图 5-1 中农村社区抗逆力的类别体现出城镇化中农村治理面临文化变迁和机构变革。第一,中国农村在农耕经济时代呈现为宗族家长和乡绅主导的管理结构,是一种文化权威型社区;人民公社运动打破了这一传统,构建了村党委为中心的政治权威型社区(田毅鹏,2018)。图 5-1 中合作型社区治理模式比例最高(65%),该组居民对集体效率和社区领导力认同下降,表明农村社区治理中居民依赖宗族家长或村党委的现象在减少,农村自上而下的单向治理运行

机制开始松动。第二,自治型社区治理模式比例最低(16.3%),表明社区自治在农村推进缓慢;该组抗逆力的综合得分也最低,表明自治型社区在应对当前转型期社会挑战时的资源调动能力和集体效率不足。但是自治型社区的社区信任得分突出,体现出社区自治中居民互动的增加,乡村治理开始有多方参与。第三,权威型社区治理模式的抗逆力指标综合得分最高。由于权威型社区的治理结构、角色分工以及治理过程更容易凝聚和调动公共资源,对于经历城镇化的农村居民而言,权威型社区治理模式可能更符合农村社区面临的社会转型现实。但是权威型组织强调服从和强制,导致组织内普通人员和管理者矛盾增加(王义保,李宁,2016)。图5-1中权威型社区治理模式的社区信任指标得分最低,居民之间、居民和管理者之间的信任度低,增加了社区治理中多方合作的难度。

5.2.2 社区抗逆力形成机制

本节进一步引入多层回归混合模型(Henry, Muthén, 2010),以社区治理类型为因变量,以个人层因素和社区层的社会生态系统因素为自变量,判断其对社区治理模式类型的多层次影响。多层回归模型以自治型社区治理模式为参考项,结果如表5-4所示。需要注意的是,农村居民政治参与情况对社区治理模式的类型没有影响。本书研究发现,中国农村在城镇化转型期的治理模式主要受地理、经济、社会资本以及文化的影响,是城镇化对农村社区形成整体冲击的表现。

表5-4 社区抗逆力感知类型的多层回归分析

影响因素	模型1 合作型社区治理模式			模型2 权威型社区治理模式		
	β	SE.	P	β	SE.	P
个人层因素						
· 年龄	0.009	0.008	0.285	-0.034	0.004	0.000***
· 性别(参考项:女性)	-0.622	0.129	0.000***	0.222	0.002	0.000***
· 教育年限	0.026	0.007	0.000***	-0.013	0.006	0.049*
· 收入(参考项:低于全国农村人均可支配收入)	-0.348	0.054	0.000***	-0.833	0.011	0.000***
· 城市社区居住经历(参考项:无)	0.428	0.041	0.000***	1.518	0.087	0.000***

续表

影响因素	模型1 合作型社区治理模式			模型2 权威型社区治理模式		
	β	SE.	P	β	SE.	P
社区层因素						
·社区距城市地理距离	-0.505	0.004	0.000***	0.196	0.027	0.000***
·社区经济支出收入比	1.074	0.144	0.000***	0.408	0.092	0.000***
·社区社会资本	0.536	0.013	0.000***	1.221	0.094	0.000***
·社区文化建设水平	0.097	0.006	0.000***	1.261	0.110	0.000***
·社区政治参与水平	0.005	0.006	0.423	-0.017	0.009	0.054
·截距项	1.054	0.125	0.000***	0.524	0.229	0.022*
AIC			4496.885			
BIC			4692.206			
ABIC			4546.193			
df			46			
熵值			0.906			
N			1032			

注：*$p<0.05$，**$p<0.01$，***$p<0.001$。

首先，模型1是自治型社区治理模式和合作型社区治理模式对比结果。除年龄外，性别、教育、收入和城市社区居住史均对社区治理模式类型有显著影响。男性比女性更倾向农村社区自治而非合作，这可能源于男性更容易参与社区决策。高收入居民更倾向自治型社区而非合作型社区。高收入村民比其他村民具有更多话语权和影响力（李岩，张小劲，2018），这可能是他们在社区事务中倾向自治而非合作的原因。相反，教育程度高和有过城市社区居住经历的村民更倾向社区合作而非社区自治。教育程度高的居民更容易进入村委会或担当村民代表，他们对社区治理中的合作期望更高（李勇华，陈祥英，2017）。目前尚未有研究证明城市社区经历与农村居民社区治理感受之间的关联。本书研究发现，有过城市社区居住经历的村民作为城市外来者，可能因为很少与本地市民合作而独自面对各种危机，因此返回农村后更倾向社区合作。

在模型1的社区因素中，距离城镇越远的农村，治理模式更倾向自治型而非合作型，原因可能是其面临较少经济和社会挑战（李岩，张小劲，2018），社区居民合作较少。社区支出收入比越高的社区,治理模式更倾向于合作型而非自治型,因为较高的支出收入比意味着社区公共事务和福利支出较多,反映了城镇化促使农村行政管理向多元参与的社会治理转变(丁宁宁 等,2015)。与农村保持合作的社会组织越多,社区居民更倾向合作型治理模式。社会组织数量优势反映了社会资本优势,意味着社区公共事务中可利用资源更多(程秀英,孙柏瑛,2017),社区更能够与外界合作获得利益。社区传统文化指标得分越高,社区治理模式越倾向合作而非自治。中国农村的宗族祠堂和宗教庙宇始终是维系农村运行的核心之一,社区本土文化有助于社区在社会变革冲击中维系自身凝聚力,有助于社区居民实现合作(王景新,2015)。

其次,模型2是自治型社区治理模式和权威型社区治理模式对比结果。年长、教育程度高以及收入高的村民,更容易感知到自治型社区治理模式而非权威型社区治理模式。在乡村传统中,年长村民更容易遵从官方权威,而本书研究结果恰恰相反,说明城镇化在逐渐改变农村组织运行机制,居民互动和参与社区治理趋势明显。教育程度高和收入高的村民更容易感知到社区自治,这与他们在农村的话语权更大并且更倾向主导社区事务有关(王义保,李宁,2016;李勇华,陈祥英,2017)。男性村民和有城市社区居住经历的村民更容易感知到权威型社区治理模式而非自治型社区治理模式,可能源于男性更认同通过集体效率和领导力应对社区挑战,也可能源于部分村民在城市社区经历了相对孤立,更认同通过社区权威影响力来保障个人权益。

再次,在模型2的社区因素中,地理、经济、社会资本以及文化均存在显著效应。第一,距离城镇越近的农村,社区治理模式更倾向于权威型。距离城镇越近意味着农村在城镇化中风险和挑战增多(李岩,张小劲,2018),居民可能更依赖强有力领导和集体效率。第二,支出收入比越高的农村,社区治理模式更倾向于权威型。说明随着城镇化中农村公共服务和公共支出的增加,农村个人和家庭更需要依赖农村领导和集体效率分担风险(丁宁宁 等,2015)。第三,社会资本强的农村,社区治理模式更倾向权威型。城镇化给农村社区带来了企业和社会组织增多,体现出权威型社区的优势(徐珣,2018)。第四,社区文化建设越好,社区治理模式更倾向于权威型。原因在于农村宗族祠堂和宗教信仰等传统文化的加强会增强农村的向心力,对农村权威的认可也相应提升(闫文秀,李善峰,2017)。

第6章
农村家庭抗逆力及其形成机制

本章通过引入家庭抗逆力,探讨农村家庭的综合风险水平,针对性别失衡、城镇化、农村工业化、人口迁移以及老龄化等综合社会转型情境,在具体研究路径上同时引入了农村家庭可持续生计资本理论及分析框架,由此探讨农村家庭抗逆力及其形成机制。上述分析路径的目的首先是通过家庭抗逆力,探讨性别失衡社会情境下农村家庭现有的家庭模式、家庭结构和家庭组织形式,判断家庭抗逆力的具体特征和运行方式,明确家庭抗逆力如何帮助家庭抵御不确定性,从而整体了解农村家庭在性别失衡社会情境下的适应能力和风险抗击能力。其次,考虑到农村家庭在性别失衡社会情境下面临经济生存、就业发展、社会交往以及医疗健康等一系列资源需求,本章还引入农村家庭可持续生计资本,基于农村家庭自然资本、物质资本、社会资本、金融资本以及人力资本等可持续发展资源,探讨农村家庭可持续生计资本如何影响农村家庭形成不同类型和不同层次的家庭抗逆力。本章的研究发现是性别失衡社会情境下农村家庭整体风险水平的精确描述,能够发现农村家庭风险抵御水平和风险抵御特征,也明确了农村家庭在性别失衡社会情境下风险要素的特征以及家庭资源能够发挥的角色。

6.1 农村家庭抗逆力概况

6.1.1 性别失衡与家庭抗逆力

家庭抗逆力是家庭凭借成员关系和家庭功能在复杂环境中的生存能力,也是家庭克服困境并维持发展的能力(Walsh,2003)。通过调整和适应两个步骤,家庭凭借抗逆力最大程度摆脱危机后果,因此家庭抗逆力是衡量变化环境中家庭发展水平和可持续性的指标(Vesely et al.,2017)。关注多变环境中的家庭,探讨其抗逆力能够判断家庭的稳定性和可持续性。中国家庭正在面临社会环境和家庭内部环境的快速转型。2017年3人户及以下规模家庭占全国家庭数量的67.6%(Beijing,2018),传统大家族式的家庭功能正在消解。相比城市家庭,农村家庭更容易面临居住环境变化、家庭成员流动频繁以及家庭资源变动,生计资本变动较大,家庭脆弱性更明显(Li et al.,2012)。脆弱性的长期存在会弱化家庭抵御风险的资源和能力,家庭抗逆力不容乐观(Zhang,2016)。

特别是中国男多女少的性别失衡环境正在成为广大农村地区家庭面临的重要社会形态,判断农村家庭抗逆力,能够明确中国家庭单位在转型和社会中的生存、发展以及应对风险能力。相比城市家庭通过政府体制、企业机构以及商业营收获取家庭资源,农村家庭更多需要从自然环境、物质储备、社会关系中获取资源,上述要素构成家庭生计资本用于应对家庭危机(Cao et al.,2016)。在人口流动和城镇化中,农村家庭的金融风险和人力资源流失进一步加大了不稳定性,凸显了家庭抵御危机能力不足(Li et al.,2012)。因此,自然、物质、社会关系、金融以及人力等农村家庭可持续生计资本,决定了农村家庭是否具备足够能力应对不确定性,是农村家庭在自然、经济、社区环境中的可持续能力(Li et al.,2012)。可持续生计资本可能是家庭抗逆力形成、变化和发挥作用的重要因素。本章关注中国农村家庭抗逆力现状和类型,探讨可持续生计资本是否对抗逆力类型构成影响。家庭抗逆力已经有可靠的量表体系,但是单独去判断各个维度分值无法解读家庭抗逆力的内在属性,基于分值的人为分类也增加了主观臆断的估计误差,无法为改善家庭处境提供准确参考。如果能够应用潜变量分析方法识别出农村家庭的抗逆力类型并估计类别概率,进而判断可持续生计如何影响家庭抗逆力的类别属性,有助于更准确掌握农村家庭抗逆力现状和改善空间。

6.1.2 抗逆力定义及测量

抗逆力是生态系统在自然环境变迁中,物种、植被、自然地貌等恢复到原有状态的自然恢复能力(Rus et al.,2018)。社会科学则将抗逆力定义为社会组织通过结构和资源克服困境、适应变化并恢复到原有状态的弹性(Walsh,2015)。家庭研究在关注家庭不确定性时开始关注家庭结构和功能中的弹性,提出家庭抗逆力（Hawley et al.，1996）。家庭系统理论认为家庭不确定性是来自环境系统因素,家庭本身存在应对不确定性的能力,也会从环境中寻找资源应对风险(Patterson，2002)。家庭适应回应理论则把家庭的风险应对能力具体化为家庭在面临困境时的动态适应能力,比如是否具备有效的成员分工和心理适应机制(Vesely et al.，2017)。因此,家庭抗逆力表现出家庭在危机中的抗压和适应能力,这种能力还会形成保护因素从而让家庭最大化避免伤害(Ungar，2011)。

目前常用测量维度包括家庭信念系统、家庭沟通以及家庭组织形式（Walsh，2003)。根据上述框架,Sixbey设计了家庭抗逆力量表(family resilience assessment scales，FRAS)（Sixbey,2005)。目前FRAS已经包含六大维度,包括家庭沟通与问题解决、社会与经济资源获取、保持良好氛围、家庭成员联系程度、家庭信念以及积极看待危机等（Windle et al.，2011)。运用FRAS量表,学者们研究了不同地区弱势群体的家庭抗逆力,信度和效度均达到科学要求（Kaya et al.，2012；Isaacs etal.，2018)。此外,有学者加入了家庭灵活度指标,测量家庭组织结构弹性如何抵御危机(Chew et al.，2016)；在组织结构层面,加入测量家庭成员义务和角色的指标,能够测量抗逆力中的家庭组织能力（Black et al.，2008)；或添加"家庭合作完成目标"来体现家庭是否能通过合作产生抗逆力(Walsh，2016a)。在多语言版本中,Rocchi设计了意大利版FRAS并获得较高信效度(Rocchi，2017)；Chew针对多元族群环境设计了新加坡版FRAS,能够判断多元族群家庭的抗逆力差异（Chew et al.，2016)；Isaacs设计了南非版FRAS并获得可靠的检验结果(Isaacs et al.，2018)。中文版家庭抗逆力量表共计32道题目,已经应用于中国大学生研究,总信度指标达到0.95（Li et al.，2016)。上述研究表明家庭抗逆力框架和FRAS具备可靠性,也证明FRAS的适度改良能够有效测量当地家庭抗逆力。

家庭抗逆力研究关注由于家庭变故或者处于危机中的弱势家庭。在关于家庭冲突的研究中,家庭沟通和成员协作会显著影响孩童心理和行为,帮助孩童形成积极的适应能力（Chen et al.，2018)。在病人家庭研究中,家庭的积极氛围以及良好的内部关系有助于缓解病情对家庭的冲击（Greeff et al.，2006)。此外,面临特殊风险的家庭例如军队家庭,其风险预期更高,因而在面临危机时维持家庭运转甚至恢复到原有状态的能力也更强（Saltzman et al.，2006)。近年来研究也关注社会长期弱势家庭,发现社区因素包括包容、合作和评价等对同性恋家庭的孩子构成显著影响,同性恋父母更倾向从心理、经济和社区服务方面主动构建家庭凝聚力、家庭乐观心态和良好的家庭社会关系(Prendergast,Macphee D,2017)。

上述研究表明家庭抗逆力量表能够揭示弱势家庭的凝聚力、态度以及行为模式。相比城市家庭,中国农村家庭无论在功能、运行还是发展上都处于劣势。在农村社区,户籍改革、人口迁移以及农村公共资源短缺显著改变了农村家庭结构和模式,家庭沟通方式、成员关系以及家庭观念开始变化(彭希哲 等,2015)。农村家庭氛围趋向小家庭模式,家庭成员交流频次显著下降,舍弃传统家庭理念和模式的农村家庭在危机中更容易受到伤害(王增文 等,2015)。同时,在城镇化和人口外流趋势下,农村家庭外部关系网的可靠性逐步下降(刘军奎,2019)。因此,农村家庭在当前转型时代中的劣势已经体现出应对危机能力的不足,农村家庭的构成、运行和发展正在体现出家庭抗逆力的变化趋势。因此,有必要修正和应用家庭抗逆力量表来探讨中国农村家庭的抗逆力及其特征。

6.1.3 农村家庭可持续生计

可持续生计包含自然、物质、社会、金融和人力五大资本,反映了农业家庭在自然环境和社会环境中的生存能力,是其应对自然危机和社会风险的资源存量。上述元素从自然条件、社会环境、经济基础以及家庭资源上反映出农村家庭多元化的资本构成。在中国人口流动与土地城镇化、家庭经济与生产变革以及人力资源迁移过程中,农村家庭更容易面临家庭生计变化而出现脆弱性:第一,农业土地和农业人力资源减少,持续下降的自然资本对家庭经济稳定形成威胁,甚至会加大家庭生计劣势(丁士军 等,2016);第二,物质资本是农村家庭生计的有形指标,缺乏房屋和设备等有形资产的家庭对危机缺乏抵御能力(杜本峰 等,2014);第三,社会资本中,缺乏强大社会网络的农村家庭往往处于社区底层,在应对风险时很难获得救助(刘军奎 等,2017);第五,金融资本和人力资本,两者分别是农村家庭经济和人力资源的体现,是农村家庭是否具备足够能力应对风险的直接指标(张灿强 等,2017)。

在中国经济和社会进步中,土地资源变动、人口流动以及家庭财产和分工,让农村家庭面临很大的不确定性。大部分农村家庭并没有完全放弃农业经济和土地资源,自然资本始终是农村家庭生存的重要来源(江克忠 等,2017)。物资资本对家庭在危机中的生存能力有积极影响,例如低水平医疗保障的农村家庭往往通过家庭资产变现来支持家庭的医疗健康需求(马志雄 等,2018)。关于社会资本,农村社区的传统人情文化很强,社会网络被证明是个体家庭应对突发危机的重要资源(Li et al.,2012)。家庭金融资本和家庭人力资本可以帮助农村家庭形成稳定的家庭财政和家庭分工,例如家庭投资能力和负债率影响家庭在危机中的决策,而家庭成员的雇佣和工作投入能够显著影响家庭的适应能力,两者都是家庭具备恢复能力的直接来源(文洪星 等,2018)。在中国农村,人口增长放缓、家庭规模小型化以及城镇化等社会转型对农村家庭赖以维系的可持续生计资本造成显著影响,农村家庭传统的恢复能力逐步丧失(Li et al.,2012)。关注农村家庭抗逆力,不能忽视转型期环境对农村家庭带来的影响,需要在可持续生计视角下来探讨家庭抗逆力。

本章将基于可持续生计资本视角判断农村家庭的抗逆力是否存在类别差异,并讨论可持续生计资本如何影响抗逆力的类别属性。首先引入家庭抗逆力量表测量农村居民家庭的抗逆力感知,采用潜在剖面分析方法(Latent profile analysis,LPA)判断抗逆力的类别属性。潜在剖面分析是一系列模型检验过程,旨在将所有样本按照量表回答情况划分为若干类别,属于潜在类别(Muthén,Muthén,2017)。在此基础上,本章进一步引入多层回归混合模型,纳入家庭跨层次效应,可持续生计资本将作为家庭层变量与个人层的家庭抗逆力感知变量构成嵌套模型,探讨农村家庭可持续生计资本如何影响农村家庭抗逆力的类别属性。

6.2 农村家庭抗逆力类型识别及其形成机制

本节数据来自 2018 年湖北省"性别失衡社会城乡家庭发展与社会治理调查",调查对象为县区城乡居民。抽样原则是,100 万以上人口县区随机抽取出黄梅县(总人口 100.73 万,2017),100 万以下人口县区随机抽取出嘉鱼县(总人口 45 万,2017)。黄梅县农业人口较多,在 16 个乡镇里随机抽取 12 个农业经济乡镇,每个乡镇随机抽取 1 个村;嘉鱼县农业人口较少,在 8 个乡镇里随机抽取1个农业乡镇和2个城镇化乡镇,在农业乡镇随机抽取2个村,在2个城镇化乡镇各抽取3个社区。在黄梅县和嘉鱼县,每个村/社区随机抽样15户家庭样本(2人/家);每个家庭户2人中1人回答家庭卷和个人卷,另1人仅回答个人卷。最终完成家庭户样本702户,居民个人样本1032人。根据本节研究目标,在总样本中剔除无非农业家庭户,获得农村家庭户样本370户,农村居民样本550人。其中,男性48%,女性52%;最大年龄73岁,最小年龄16岁,平均年龄39.8岁;94.4%为已婚人群。

本节基于家庭抗逆力理论和量表设计了农村家庭抗逆力量表。首先,一级指标设定为家庭信念系统、家庭沟通交流和家庭组织运行三大指标。其次,参考Walsh最新研究设计了二级指标(Walsh,2016a)。其中,家庭信念操作化为家庭乐观态度(MPO)和家庭逆境适应(MMA),家庭沟通交流操作化为家庭合作(CRG)和家庭内部联系(FIC),家庭组织运行操作化为家庭结构灵活性(FF)、家庭外部资源利用(FUSR)、家庭结构与义务(SO)。根据二级指标,参考FRAS亚太版和中文版(Chaw et al., 2016;Li et al., 2016),设计了三级指标共计34道题目,采用5级李克特量表。在分析中,本节将7个二级指标作为最终测量指标,每个二级指标的得分为对应三级指标总分的平均值,结果如表6-1所示。

表6-1 家庭抗逆力量表信效度(个人层,$N = 550$)

家庭抗逆力量表(非常不同意=1 非常同意=5)		Mean	SD	α	Mean	SD
家庭信念						
·保持乐观态度(MPO)	如果有问题,我们家会积极看待问题并解决问题	4.137	0.697	0.814	3.811	0.599
	我们家可以处理好我们的问题	3.942	0.747			
	我们家可以解决重大问题	3.609	0.926			
	如果有问题,我们家可以克服	3.844	0.788			
	我们家在面临重大问题时很强大	3.524	0.976			
	我们家有能力解决我们家的问题	3.811	0.830			
·理性看待困境(MMA)	我们家相信,即使在困难时期,事情也会解决的	3.902	0.723	0.728	3.922	0.598
	我们家认为,困难和问题是在所难免的	3.938	0.737			
	我们家认为,困难和问题就是家庭生活的一部分	3.925	0.768			

续表

家庭抗逆力量表(非常不同意=1 非常同意=5)	Mean	SD	α	Mean	SD
家庭沟通					
·合作达成家庭目标（CRG） 我们家能够解决通过并彼此达成谅解	3.789	0.842	0.711	3.868	0.502
出现问题时我们家可以彼此妥协	3.831	0.786			
我们家在处理家庭分歧的时候可以接受必要的损失	3.519	0.528			
我们家可以作为一个整体，共同克服困难	4.149	0.696			
我们家解决问题时，大部分成员都对解决方案感到满意	4.018	0.714			
我们家在讨论事情时，会一直讨论直到做出决定	3.900	0.721			
·家庭成员联系（FIC） 我们家的人能够被家里其他成员理解	3.835	0.785	0.646	3.779	0.507
在我们家里，如果彼此不理解，我们可以沟通交流	4.035	0.697			
在家里，我们可以彼此坦诚相待	4.113	0.738			
我们可以在家里发脾气，而不会惹恼家人	3.040	1.148			
我们家会理解家庭成员，保持交流	4.029	0.674			
我们家可以跟外人说我们家里的沟通方式	3.622	0.893			
家庭组织形式					
·家庭灵活度（FF） 我们家的结构可以灵活应对突发事件	3.537	0.922	0.674	3.799	0.558
我们家能适应家庭的变化	3.776	0.791			
我们家的人愿意接受全家做事的新方式	3.896	0.733			
我们家会尝试解决问题的新方法	3.985	0.672			
·家庭外部资源利用（FUSR） 我们家会向邻居寻求帮助	3.616	0.854	0.629	3.738	0.617
社区的人愿意在紧急情况下对我们家提供帮助	3.789	0.814			
我们家对朋友很重要	3.807	0.772			

续表

家庭抗逆力量表(非常不同意=1 非常同意=5)		Mean	SD	α	Mean	SD
·家庭结构与成员义务(SO)	在我们家里,大家可以自由表达意见	4.035	0.717	0.750	3.991	0.500
	我们家在做决定时互相商量	4.144	0.696			
	我们家会从彼此的错误中吸取教训	3.969	0.722			
	在我们家里,每个人的时间和精力是充足的	3.638	0.930			
	我们家的人会在家庭中分担责任	4.078	0.663			
	我们家会努力确保家人不会受到情感上和身体上的伤害	4.084	0.737			
量表总体信度 α				0.930		

根据可持续生计资本框架,自然资本是农村家庭与自然环境相关的资本,是不依赖任何市场和商业环境所具备的生存资源,可以通过农业收入、可耕地或可养殖面积来测量;土地或林地租金作为自然资本货币化,也可以反映自然资本收益。物质资本是农村家庭房产、生产与生活设备,是家庭有形资产,可以通过自有房屋面积、家庭生产与生活设备以及房屋租金来测量。社会资本是家庭的社会关系强度,可以通过家庭的可靠关系数量总和、社区可靠关系数量以及家族可靠关系数量来测量。金融资本是农村家庭的资产增值能力,可以通过家庭当年存款在总收入中所占比例、存款总额、家庭可投资金额来测量;影响投资能力的负面要素也会影响家庭投资能力,因此纳入家庭负债金额(负向指标)。农村人力资本包括人力资源数量,可以通过农业种植和在外打工人数来测量;也包括人力资源质量,可以通过法定年龄段的劳动力数量来衡量。

由于生计资本单位不同,首先要对其标准化处理,进而对标准化得分赋予权重后加总,得到每个资本的最终得分。指标标准化参考无量纲化公式:$X'_{ij} = (X_{ij} - X_{ijmin}) / (X_{ijmax} - X_{ijmin})$(Pandey et al., 2017),其中$X_{ij}$为指标原始值,$X'_{ij}$为标准化后的指标得分。$X_i(i=1,2,3,4,5)$分别代表自然、物质、社会、金融和物质五大资本最终得分;$X_{1j}(j=1,2,3)$、$X_{2j}(j=1,2,3)$、$X_{3j}(j=1,2,3)$、$X_{4j}(j=1,2,3,4)$、$X_{5j}(j=1,2,3)$分别为自然、物质、社会、金融和物质五大资本原始得分;经过标准化计算后得到$X'_{1j}(j=1,2,3)$,$X'_{2j}(j=1,2,3)$,$X'_{3j}(j=1,2,3)$,$X'_{4j}(j=1,2,3,4)$,$X'_{5j}(j=1,2,3)$等标准化得分。指标权重策略采用平均权重法。标准化结果及权重加总得分如表6-2所示。

表 6-2 可持续生计资本的测量与标准化结果（家庭层，$N=370$）

可持续生计资本（家庭层变量）	Mean	SD	Min/Max	权重策略
自然资本（X_1）	0.032	0.043	0/0.317	
·家庭农业种植总收入（元）/年（X_{11}）	14 616.69	19 532.62	0/200 000	$X_1 = X'_{11} * 0.3 +$
·家庭自然资源面积（亩）（农地+林地+水田）（X_{12}）	14.615	50.382	0.1/900	$X'_{12} * 0.3 +$ $X'_{13} * 0.3$
·家庭自然资源出租租金（元）（农地租金+林地租金+水田租金）（X_{13}）	141.164	637.59	0/8 000	
物质资本（X_2）	0.179	0.080	0.006/0.638	
·家庭居住面积（m²）（X_{21}）	145.472	69.318	20/500	$X_2 = X'_{21} * 0.3 +$
·家庭是否有收割机、拖拉机、汽车、摩托车、牲口（0=无，1=有，得分加总）（X_{22}）	1.349	0.733	0/4	$X'_{22} * 0.3 +$ $X'_{23} * 0.3$
·家庭房屋出租租金（元）（X_{23}）	773.826	9 393.812	0/150 000	
社会资本（X_3）	0.080	0.077	0/0.615	$X_3 = X'_{31} * 0.3 +$ $X'_{32} * 0.3 +$ $X'_{33} * 0.3 +$ $X'_{43} * 0.2 +$ $X'_{44} * (-1) * 0.2$
·家庭靠得住的亲戚朋友总数量（X_{31}）	7.380	9.539	0/95	
·家庭在社区/村里靠得住的朋友数量（X_{32}）	8.217	12.860	0/108	
·家庭春节走访亲戚的户数（X_{33}）	17.805 45	17.039	0/150	
金融资本（X_4）	0.036	0.062	-0.156/0.328	
·家庭每年年收入中的存款比例（%）（X_{41}）	14.284	20.325	0/99	
·家庭存款总额（元）（X_{42}）	34 569.27	232 849.20	0/3 110 000	$X_4 = X'_{41} * 0.2 +$ $X'_{42} * 0.2$
·家庭可用于投资的金额（元）（X_{43}）	34 021.27	56 080.95	0/500 000	
·家庭负债（元）（X_{44}）	35 848.42	91 403.33	0/800 000	
人力资本（X_5）	0.277	0.121	0/0.750	
·家庭里从事农业种植的人数（X_{51}）	2.007	0.938	1/7	$X_5 = X'_{51} * 0.3 +$
·家庭里 16—65 岁的人数（X_{52}）	2.976	1.192	0/6	$X'_{52} * 0.3 +$ $X'_{53} * 0.3$
·家庭里在外打工的人数（X_{53}）	1.322	1.116	0/5	

对于家庭抗逆力的类型识别，可以通过因子分析判断家庭在抗逆力某个维度的偏重程度并出此主观定义抗逆力类型（Isaacs et al., 2018）。因子分析理

论假设要求因子为连续变量且呈正态分布(Muthén，Muthén，2017)，但是现实中的样本分类并不完全是高低和多少的数量区分，而是存在样本人群的分类而不是程度的高低。本节将使用潜在剖面分析，通过一系列模型系数的概率估计，判断人群分类的最佳方案(Muthén，Muthén，2017)。潜在剖面分析来源于潜在类别分析(latent class analysis，LCA)，是根据所有的二元观测指标(是/否)结果，按照条件概率和潜类别概率将样本人群划分为不同类别。其中，类别概率是某一类别占所有样本的估计概率，条件概率则是被划分到某一类别后的样本在回答所有问题时选择答案的概率。所有的类别概率加总为1；在每个类别下的每个指标中，选择"是"的条件概率和选择"否"的条件概率加总为1 (Muthén，Muthén，2017)。如果二元变量换为连续性变量，则称为潜在剖面分析(Lee et al.，2014)。本书使用了5级李克特量表，因此采用潜在剖面分析。

由于现有理论没有界定家庭抗逆力类型，本节使用探索性潜在剖面分析来甄别。在识别出家庭抗逆力类型后，本节将把识别出的抗逆力类型作为因变量，将个人因素和家庭生计资本作为自变量，引入多层回归混合模型，探讨个人因素和家庭因素如何影响家庭抗逆力类型。本节使用Mplus8.4进行潜在剖面分析和多层回归混合模型分析。

6.2.1 家庭抗逆力类型识别结果

表6-3中依次可以看到三分类模型最符合检验标准，其AIC、BIC以及ABIC三项指标均比二分类有显著降低，模型指标熵值也达到0.903。四分类模型的AIC、BIC以及ABIC三项指标下降幅度明显减少，未达到模型认定标准(Muthén，Muthén，2017)。在三分类模型中，根据各个类别的各自7项指标得分的估计结果，首先在每个家庭类型内计算抗逆力7项指标估计值的平均分，然后在每个家庭类型内用每个指标减去该平均分，由此获得每个家庭类型内的得分特征，如图6-1所示。图6-1表明农村居民家庭抗逆力感知的三类型中，家庭结构与义务指标(SO)和家庭逆境适应指标(MMA)均为正向而显著的抗逆力，表明农村家庭规范和家庭义务变化不明显。较高的家庭逆境适应指标得分证明中国农村家庭具备稳定的自我调节能力。除此之外的其他抗逆力指标，三类型家庭有明显差异。第一种类型中家庭信念的正向得分最高，体现出了家庭积

极乐观的特征,可以归类为乐观型家庭,类别概率为0.167,即该类家庭占所有样本16.7%,其他两类则无家庭信念优势。与第三类相比,第二类家庭抗逆力中,家庭合作指标的正向得分较高,可以归类为合作型家庭,占所有样本67.8%;而第三类中,家庭信念得分最低,可以归类为悲观型家庭,占所有样本15.5%。

表6-3 家庭抗逆力量表 LPA 分析结果

指标	分组检验结果			
	一分类模型	二分类模型	三分类模型	四分类模型
AIC	6 374.223	5 335.599	4 700.535	4 505.557
BIC	6 434.562	5 430.418	4 829.832	4 669.334
ABIC	6 390.120	5 360.580	4 734.599	4 548.706
熵值	--	0.886	0.903	0.881

数据来源:2018 湖北省城镇化社会城乡家庭发展与社会治理调查。

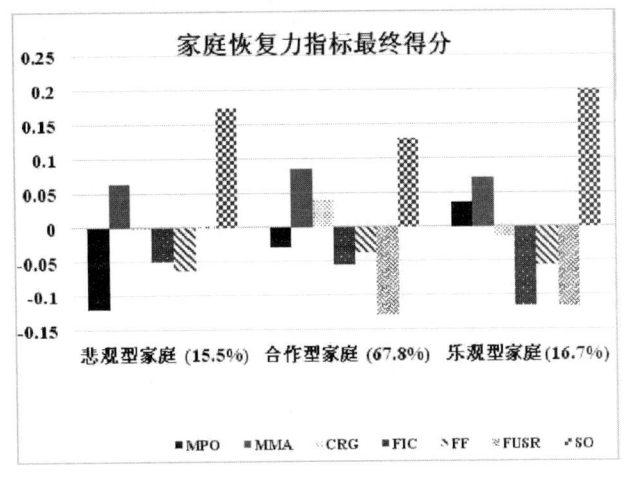

图6-1 家庭抗逆力的类别特征

家庭乐观态度是家庭在困境中主动的适应能力,首先从情感上减小逆境对家庭的伤害(Griffith et al.,2005)。但是图6-1显示,乐观型家庭的内部联系和外部资源利用较差,说明他们忽视了良好的家庭沟通对家庭摆脱困境的作用(Chen et al.,2018)。乐观型家庭也忽视了外部资源利用,缺乏社会资本的家庭适应困境的难度显著增加,不利于其抗逆力的形成(Bonanno et al.,2015)。合作型家庭和悲观型家庭的家庭信念得分很低。合作型家庭表明家庭内部沟通和合作能够显著提升家庭应对风险的能力,但是他们也很少利用外部资源,在危机中缺乏外部支持。悲观型家庭内部联系和家庭灵活度较差,也证明悲观型家庭更缺乏家庭沟通,处于不良氛围下的成员很难灵活合作和应对危机(Wen et al.,2015)。

本节进一步引入可持续生计因素,探讨家庭生计资本是否对农村家庭抗逆力存在影响。根据家庭抗逆力三类型,表6-4描述了不同类型家庭的可持续生计资本差异。在自然资本中,悲观型家庭的自然资本得分为0.029,低于合作型家庭和乐观型家庭,表明减少自然资本会降低家庭内部联系和灵活度进而拉低家庭抗逆力,也证明自然资本对农村家庭的保障作用始终存在(Li et al.,2012;Baffoe et al.,2018)。在物质资本和社会资本中,悲观型家庭得分最低,合作型家庭得分低于乐观型家庭,即物质条件和社会资源越好,家庭的乐观氛围、凝聚力和适应力更强,抗逆力更强(Pandey et al.,2017)。在金融资本中,得分由高至低分别为悲观型家庭、合作型家庭和乐观型家庭,即家庭乐观程度低、内部联系弱和家庭灵活度低的农村家庭,金融资本持有量反倒更高,可能的解释是当家庭内部交流较少和灵活度不高时,家庭资产利用程度低,存款等金融资本会比有金融投资活动的家庭多(Li et al.,2012)。在人力资本中,悲观型家庭的人力资本得分最低,考虑到中国农村家庭对劳动力数量和质量的依赖(汪为等,2017),悲观型家庭的抗逆力相比其他两者要低。

表6-4 家庭抗逆力类型的可持续生计资本差异

可持续生计资本	类别1 悲观型家庭 Mean(S.E.)	类别2 合作型家庭 Mean(S.E.)	类别3 乐观型家庭 Mean(S.E.)
自然资本	0.029(0.004)	0.033(0.002)	0.033(0.003)
物质资本	0.179(0.010)	0.180(0.004)	0.188(0.008)
社会资本	0.065(0.006)	0.082(0.004)	0.097(0.010)
金融资本	0.038(0.007)	0.036(0.003)	0.031(0.006)
人力资本	0.270(0.014)	0.280(0.006)	0.278(0.014)

数据来源:2018性别失衡农村家庭发展及社会治理调查。

6.2.2 家庭抗逆力的形成机制

基于个人层的潜在剖面分析结果，本节将家庭抗逆力类别作为因变量。以个人层的性别、婚姻和年龄为自变量，以家庭层的可持续生计资本为家庭层的自变量，构建多层回归混合模型，验证可持续生计资本是否会对家庭抗逆力的类别有显著作用。回归模型结果如表6-5所示。

表6-5 家庭抗逆力类型的多层回归混合模型结果

影响因素	模型1 悲观型家庭			模型2 乐观型家庭		
	O.R	SE	P	O.R	SE	P
个人层因素						
·性别（参考项:男性）	0.809	0.193	0.322	0.731	0.177	0.129
·婚姻（参考项:未婚）	0.960	0.017	0.019*	0.998	0.018	0.897
·年龄	0.891	0.046	0.018*	0.955	0.058	0.442
家庭层因素						
·自然资本	0.053	0.219	0.000***	0.601	1.741	0.819
·物质资本	3.002	7.087	0.778	4.537	8.213	0.667
·社会资本	0.021	0.054	0.000***	12.152	24.580	0.650
·金融资本	2.412	5.760	0.806	0.076	0.200	0.000***
·人力资本	0.233	0.316	0.015*	0.740	1.085	0.811
AIC			4 709.491			
BIC			4 907.747			
ABIC			4 761.724			
熵值			0.902			

注：* $p<0.05$，** $p<0.01$，*** $p<0.001$。

多层混合回归模型一般将人数最多的类别将作为参照组（Muthén, Asparouhor, 2009），因而表6-5中的参照组为合作型家庭。模型1是悲观型家庭与合作型家庭的比较结果，在个人层面，性别无影响，但是已婚人群比未婚人群更倾向合作型家庭感知（O.R = 0.960），高年龄人群比低年龄人群更倾向合作型家庭感知（O.R =0.891）。考虑到合作型家庭具备更好的风险应对能力，因此未婚者和低年龄者所在家庭可能存在抗逆力不足。在家庭层面，家庭自然资本较好的农村居民，更倾向于合作型家庭感知，证明自然资本对于农村家庭抗逆力的正向促进作用（Baffoe et al.，2018）；同时，社会关系网络越广，越容易获得合作型家庭感知，即社会资本能够显著提升家庭在危机中的适应能力（Mancini et al.，2018）。人力资本有显著影响，来自人力资本较好家庭的农村居民更倾向于合作型家庭感知，家庭人力资源的优势能够显著提升家庭抗逆力（Li et al.，2012）。模型2是乐观型家庭和合作型家庭的比较结果。结果显示居民个人差异并没有显著影响，差异来源于家庭资源。其中，家庭金融资本对家庭抗逆力有显著影响。家庭金融资本储备越多，农村居民更倾向具有合作型家庭感知，这可能源于金融资产较高的家庭一般会有投资活动，家庭沟通和合作概率增大。就金融资本对家庭应对危机的作用而言，合作型家庭可能比乐观型家庭更容易凭借金融资源应对家庭危机。

第 7 章
农村家庭中越跨境婚姻及其形成机制

不同于前面章节在性别失衡宏观情境下关注普通农村家庭的风险议题,本章围绕婚姻风险,选取了涉入中越跨境婚姻的农村家庭,由此反映能够代表性别失衡因素的家庭婚姻风险形式。基于婚姻获得和婚姻寻找理论以及中国性别失衡环境中家庭婚姻问题的特殊性,关注性别失衡相关的婚姻风险,在家庭层面也应该关注中越跨境婚姻这样的非典型婚姻形式,其能够表现出婚姻挤压环境对农村男性家庭的影响,也能够体现出农村家庭婚姻风险的具体形式和内涵。由于在边境地区天然具有的便利性,以及在内陆地区具有的性别失衡与婚姻挤压和婚姻市场属性,中越跨境婚姻正在成为性别失衡社会中农村社区观察、分析和探讨家庭婚姻风险的重要载体。本章关注中越跨境婚姻,特别是结合媒体资讯的数据分析,进一步厘清了农村中越跨境婚姻的本质、形式、类型及其背后的风险属性,也引入社会情景分析和新闻文本分析讨论了风险背后的形成机制。考虑到婚姻本身对于家庭存在、延续和发展的含义,本章的内容实质上是通过跨境婚姻作为切入点,运用案例分析去讨论性别失衡社会农村家庭存在的婚姻风险趋势和风险后果,反映了性别失衡情境下中国农村家庭婚姻风险的典型性。

7.1 中国农村中越跨境婚姻概况

7.1.1 性别失衡与中越跨境婚姻

随着全球化进程的不断推进,人口跨国流动变得更加普遍,女性婚姻移民(marriage immigration)作为一个特殊群体引起各方关注。亚洲是跨国婚姻持续增长的一个区域(金斗燮,2013),早期主要发生在新加坡、韩国、日本等经济相对发达的国家。跨国婚姻在一定程度上缓解了这些国家由于人口性别结构性和区域性失衡而引发的"新娘荒"（bride famine）问题。以韩国为例，20世纪90年代后韩国逐渐形成了以中国、越南和菲律宾为主的跨国婚姻移民群体结构（Kim et al.，2014），其国际婚姻占比一度超过10%（李海鹰，2009），甚至部分农村地区有40%男性迎娶外籍妻子（李树茁 等，2010）。伴随综合实力提升，中国也开始从女性婚姻输出国转变为输入国。中国出生人口性别比长期偏高，性别失衡后果凸显。数据显示，2019年中国总人口性别比为104.5，始终高于正常的性别比水平，且男性比女性多约3049万人。据预测，中国平均每年约有120万男性无法在国内婚姻市场上找到初婚对象（李树茁 等，2006），到2050年国内50岁以上的未婚男性数量将超过3000万（Gullmoto，2012），男性婚姻挤压形势严峻。基于此，跨国婚姻成为一种缓解中国大龄未婚男性成婚问题的可能途径进入公众视野，并引发政策制定者和研究人员的广泛关注。中越边境地区跨国婚姻由来已久。

近年来，随着性别失衡和婚姻挤压后果凸显，中越跨国婚姻开始呈现一些亟待关注的新特点。首先，中越跨国婚姻数量呈增加趋势。据不同学者估算，在华越南新娘数量已逾10万（保跃平，2013；刘计峰，2011）。由于存在大量没有履行结婚手续的"无证人员"，因此有理由推测中越实际通婚人数已经远远超出了基层部门提供的数据（周建新，2008）。其次，中越跨国婚姻的地域空间由边境乡镇向内地扩展。遭受婚姻挤压的中国内陆大龄未婚男性开始选择迎娶越南新娘以摆脱成婚困境，通婚圈的扩大冲击了传统的基于民族和地缘关系的跨境婚姻并导致一系列社会问题。再次，经济因素开始成为影响跨国通婚缔结的重要因素。中越跨国婚姻内含巨大利益，容易出现女性人口被拐卖或逃婚、骗婚等异化现象，给婚姻双方的家庭生计和发展造成巨大打击。中国出生性别失衡态势已持续近三十年，并经历了从少数地区到大多数地区，从农村至城市的扩展趋势。从数量上，它导致中国目前农村25岁以下适婚年龄段男多女少，婚姻市场出现了女性短缺的事实。过去与未来一段时期，出生人口性别比长期持续偏高，将凸显婚姻市场的性别失衡现象。除此之外，农村人口的乡城流动，传统"男高女低"梯度婚姻关系、国内婚姻市场花费持续上升使中国农村男性倍受婚姻挤压。从全国看，随着年龄的增加，在农村婚姻市场上未婚男性比女性的数量差值递增趋势明显，婚姻挤压对于农村男性居民将长期存在。以边境广西和河北蠡县为例,图 7-1 是引入全国、广西和河北婚姻市场人口统计数据后的对比结果。

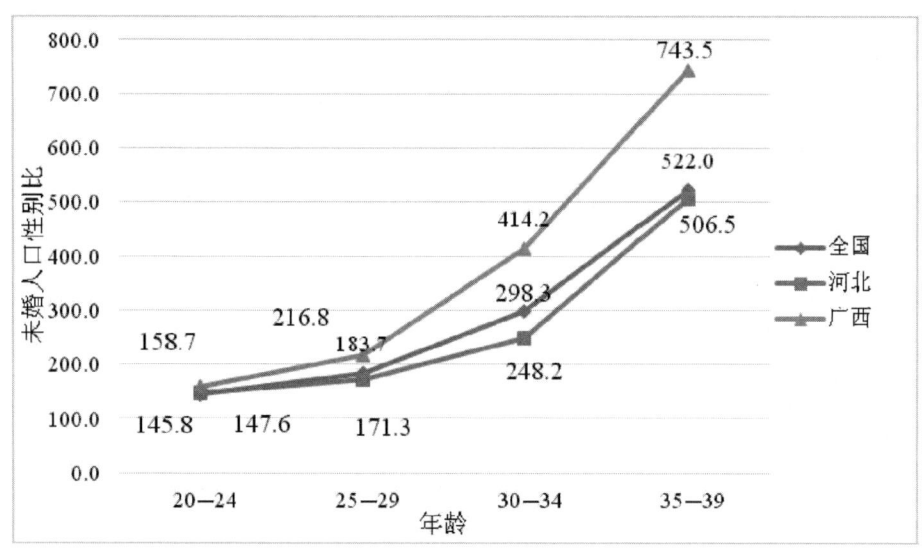

图 7-1　全国、河北和广西 20—39 岁农村未婚人口性别比(男=100)

数据来源:2015 全国 1% 人口抽样调查数据,2015 年河北省 1% 人口抽样调查数据,2015 年广西壮族自治区 1% 人口抽样调查数据。

在目前农村未婚人口中,河北的农村未婚人口性别比相对低于全国水平,其中,在 20—24 岁的适婚年龄段,河北的性别比已高达 147.6,并随年龄段上升而上升,25—29 岁达 171.25,30—34 岁达 248.16。而广西处于相对偏僻的西南边境山区,经济相对落后,相较于内陆河北省属于典型的遭受婚姻加压的弱势地区,其农村地区未婚群体性别比显著高于全国平均水平,从 20—24 岁年龄段的 158.73 飙升至 30—34 岁年龄段的 414.15。除了中国当前人口性别结构因素外,农村人口乡城流动也给农村地区的适婚年龄段的男性成婚带来风险。根据 2016 年国家流动人口监测调查数据,在乡城流动人口中,河北省 2016 年流出(包括跨省流出与省内流出)391 万,其中女性占 31.67%;广西流出人口 373 万,其中女性占 46.1%。河北省 2016 年有 20 万未婚 18—19 岁女性流出,广西有 49 万。由此可以看出,相较于河北,广西的流出人口中女性占比相对较高,处于婚育年龄的女性相对较多。女性一直是婚姻移民的主体。受"从夫居"与"向上婚"习俗的影响,农村年轻女性外出务工就学,更有可能在外成婚,嫁给条件相对更好的男性。传统的性别分工要求男性承担更多传家与养老的功能,农村男性则更倾向于固守本土,即使外出务工也是暂时的,特别是自身能力一般的男性。因此,相较于农村男性,农村女性居民更容易通过乡城流动而留在城市地区,这就使得农村地区的婚姻市场的女性数量减少,也就降低了农村弱势男性的成婚率。

从家庭层面,婚姻挤压会带来家庭福利受损,被挤压的男性无法享有婚姻保障,波及其父母及兄弟姐妹的家庭福利以及养老问题,甚至社会中低层已婚男性的婚姻稳定性变差。在性别失衡背景下的家庭分工、家庭角色都将出现潜在冲突,家庭资源分配也会发生深刻变化,对女性家庭成员生存发展和单身男性家庭养老构成不利影响。从区域发展层面,婚姻挤压将导致区域不平衡加大,出现区域性、集中性贫困和不稳定,导致更加严重的社会经济问题。在这样的背景下,中国农村未婚男性都降低了对结婚对象的要求,对婚姻的包容度上升,甚至可以接受招赘婚姻、离异带孩子的女性、跨境婚姻等多种婚姻形式。在中国农村,逐步增多的外国婚入女性起到了示范作用,减少了人们对跨境婚姻的成见。正如在河北蠡县人们所说,找个越南新娘与娶个四川、贵州女性也没什么差别。此外,中越两国均存在性别失衡现象,中国的性别失衡后果已经显现,婚姻市场已经失衡;而越南正在形成较高的出生性别趋势,婚姻市场失衡的态势不明显。这种局面凸显了越南女性对中国婚姻市场的效用。客观来看,越南女性的到来缓解了中国大龄未婚男性面临的婚姻挤压局面,部分地区大面积存在的越南新娘家庭实际上是中国通过跨境婚姻途径缓解性别失衡风险的标志。但是从人口结构均衡的长期战略来看,越南新娘如果大数量流入中国,将会对未来的越南婚姻市场形成越南男性的婚姻挤压。因此,越南女性的跨境婚姻行为可能将加剧越南本国的人口性别失衡后果,并对越南的区域稳定和长期发展形成一定的影响。

鉴于中越跨国婚姻宏观统计数据难以获取,本节尝试运用网络二手数据,梳理婚姻基本要素,描述并解读性别失衡背景下的中越跨国婚姻。在此基础上分析和回答当前中越跨国婚姻研究中的三个关键问题:中越跨国婚姻何以形成?中越跨国家庭是如何缔结的?在性别失衡情境下上述家庭存在哪些后续风险和挑战?基于二手数据的研究并非对现有主流观点和学者研究的否定或简单重复,而是基于性别失衡这一人口结构背景对已有视角和结论的整合与补充,特别是突出了对涉入中越跨境婚姻的农村家庭风险的识别与内在机理分析。同时,本节还引入部分边境县区实地田野调查数据进行补充分析。

7.1.2 中越跨境婚姻扩散趋势

移民是社会发展到一定阶段的必然趋势。早期人口迁移的主要动因是寻求更好的工作机会,这一时期的移民主体以男性为主,女性多以家属身份伴随男性迁移(Thapan,2005)。直到20世纪60年代,女性移民的身份开始由随行者转变为自主性移民,在从夫居制度(patrilocal system)的安排下,女性因婚姻迁移到他国的比例远高于男性(Yamanaka,Piper,2002)。早期关于跨国婚姻的研究主要关注跨国婚姻对族群同质性的影响(王登科,2011)、商品化婚姻(金红,2013)、迁移动因等相关问题(祖群英,2009)。国内对中越婚姻的关注始于边境地区通婚,学者们认为这是一种基于地缘、亲缘及族缘等关系的跨境民族通婚(龙耀,李娟,2007)。中越跨国婚姻古已有之,仅在20世纪70年代末至80年代初受两国关系影响而停滞数年(周建新,2002)。到了80年代后期,随着中国改革开放初见成效和两国关系回暖,尤其是21世纪中国–东盟自由贸易区成立,中越跨国婚姻恢复正常,且呈现流动方向和性别的单一性(杨国才,施玉桥,2015),即多为越南女性嫁入中国。中越跨国婚姻数量的持续增加引发学界关注,现有研究多是从社会学、人类学或民族学视角出发的微观个案研究,涉及中越跨国婚姻产生的原因、现状、存在的问题等内容,或是法学视角下对现有政策和法规的分析。学者们在一些基本问题上达成了共识:中越边境地区的跨国婚姻作为一种客观事实是该场域下社会生态结构的重要组成部分,深受地理位置、族群认同、经济发展及人口变动(特别是性别比)的影响,是经济社会发展和边民行为选择的结果(戴波,赵德光,2015;陶自祥,2017)。随着中国男女比例失调后果的凸显,中越跨国婚姻会越来越多。

这里以本书实地调研的中国边境县区靖西市和内陆河北县区蠡县为例。从数量上来看,总量呈现增加趋势。在中国经济快速增长和全球化的背景下,中国也正在从女性婚姻输出国向女性婚姻输入与输出并存国转变。近年来,随着中国经济社会的快速发展和边境地区开放程度的不断提升,中越跨境婚姻迅速增多而且形式更加多样化。由于跨境婚姻统计难度大,目前尚无比较准确的数据。有些学者对中越跨境婚姻进行了统计及估算,云南边境地区入境通婚的人员数量约为3.5万—4.5万(保跃平,2013),广西地区的越南婚入女性至少在4万人以上(刘计峰,2011)。据不完全统计,目前在云南、广西、黑龙江等边境地区,广东、福建、浙江等沿海地区以及河南、湖南、江西等内陆地区聚集着至少11.2万越南女性婚姻移民,且呈现持续增长态势。

从地理空间来看,地域空间呈现从边境向内地扩散的趋势。当前无论是越南女性的来源地还是婚后定居地,都呈现从边境向内地扩散的趋势,通婚圈日益扩大。随着通信交通手段的发展,婚入中国的女性从越南边境地区逐步向越南内陆地区扩展,而中国丈夫的居住地从边境接壤地区向内陆省份的农村地区蔓延。通过"婚入越南女性"有关的新闻报道的梳理和统计发现,排在前三位的分别是福建、江西和浙江,这说明,婚入越南女性已大量出现在东南沿海地区。以边境地区靖西市为例(图7-2),跨境婚姻在1990—2000年最多,之后呈现递减趋势;而内陆的中越跨境婚姻数量则在2010年后出现,河北蠡县的婚入越南女性集中在2013—2014年。近些年来,不仅有越南女性婚入,还有少数来自老挝和柬埔寨的女性。从边境靖西市的越南女性分布也可看出,跨境婚姻从边境乡镇扩大到了全市的所有乡镇。婚入越南女性主要集中在0—3公里的6个乡镇,近年来逐步扩大到全市19个乡镇。虽然目前6个边境乡镇的中越通婚家庭仍占全市的70%以上,但扩展趋势持续。中国目前越南婚入女性在边境地区为集中分布,在内陆地区呈点状分布的特点,规模上还无法同日而语。边境靖

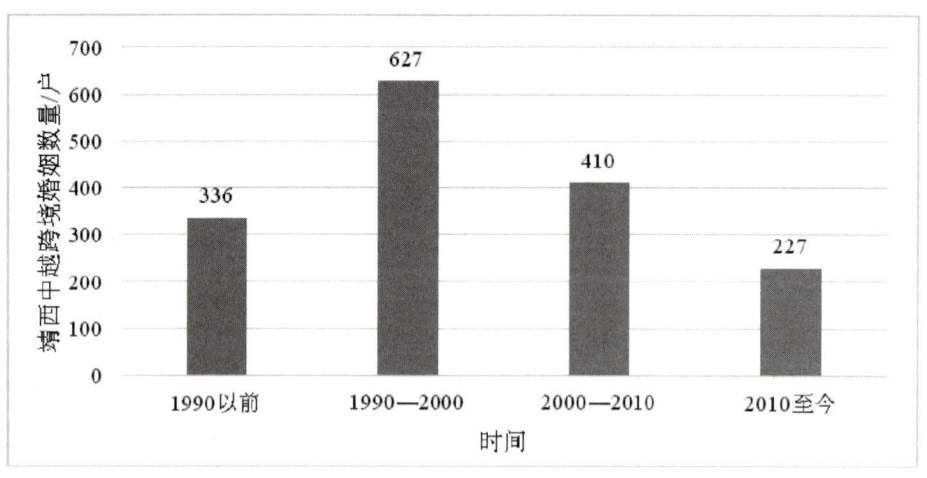

图7-2 靖西市中越跨境婚姻数量

数据来源:靖西市各乡镇卫生和计划生育办公室报表。

西市目前有1648对(图7-3),而内陆的蠡县仅74对。虽然后者仅包括合法登记的婚姻数量,但总量上仍然大相径庭。从女性的来源地来看,受婚姻缔结方式影响,靖西市的婚入越南女性主要来源于与靖西市接壤的越南的农村地区,通婚圈在10公里以内,双方家庭有的步行距离在30分钟。河北蠡县的婚入越南女性主要来自越南河内与胡志明市周边,这两个城市都是越南经济相对发达的地区,通婚圈已扩大到了数千公里。

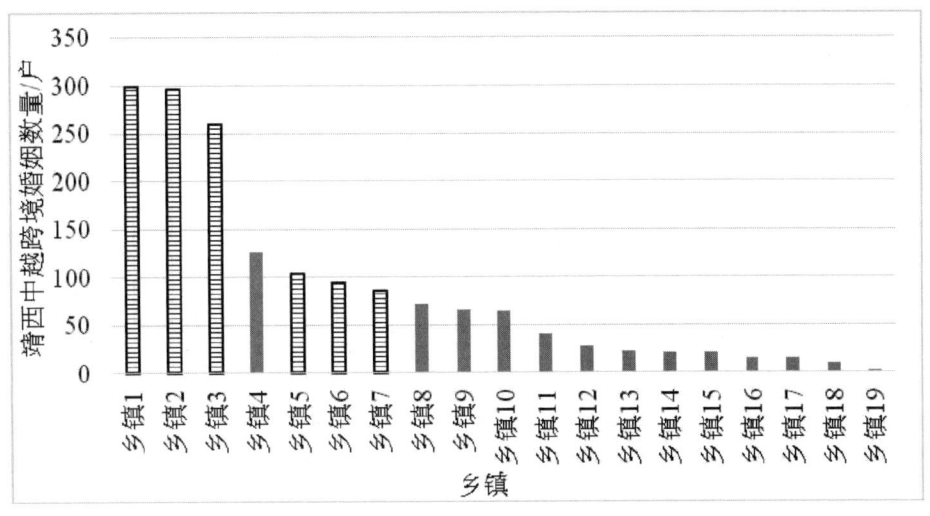

图7-3 靖西市各乡镇中越跨境婚姻数量

数据来源:靖西市各乡镇卫生和计划生育办公室报表。

7.1.3 中越跨境婚姻家庭风险

随着中国人口结构转型,社会发展呈现复杂多样的特点,社会利益趋于多元,中越跨国婚姻研究及其政策实践势必面临大量新的挑战和需求,这要求学界对中越跨国婚姻现象及其治理进行更加深入的研究。从数量上看,学界关于中越跨国婚姻的研究不多,这与该问题的社会影响和重要性不相匹配。从研究地域看,现有研究仍然以边境地区为主,有些村庄甚至被重复调查,而对内陆地区(尤其是贫困山区)的研究还相对较少。从研究内容和切入视角看,现有研究多集中在现状和存在问题上,且多为微观个案剖析,研究结论的适用性和范围都较为狭窄,提出的政策建议也大同小异。然而对中越跨国婚姻的研究需要结合人口转型背景,开展更为系统的梳理性研究。近年来,"越南新娘"频繁出现在各大媒体的新闻报道中,成为社会各界关注的热点。相较微观个案,新闻报道具有案例来源广、涵盖类型多、表现形式丰富等优点。本章试图从三方面进行突破:第一,获取并梳理网络二手数据,厘清性别失衡背景下中越跨国婚姻的整体态势,并探索婚姻缔结的动因;第二,构建一种基于现实情境的整体性分析框架,综合考察中越跨国婚姻关键主体的自身能力、缔结途径与婚姻结果之间的内在关系;第三,分析中越跨国婚姻面临的挑战与风险,在此基础上搭建现实与政策设计之间的桥梁,更好地加强当前宏观政策设计与微观路径选择之间的联结程度,使治理活动更加清晰、系统和有效。

一般认为跨国婚姻的快速增长与资源流动全球化、国家间经济发展差异化以及人口性别结构变动密切相关(纪洪江,任新民,2016)。作为一种特殊的婚姻匹配模式,跨国婚姻的本质仍是男女双方在婚姻缔结中的互利与互动关系,只是婚姻双方由同一国家的公民变为了分属不同国家。因此,理解中越跨国婚姻可以沿用婚姻研究的一般路径,即以婚姻基本要素为切入点展开研究。根据学界对婚姻问题的研究和讨论,本书将中越跨国婚姻定义为"中国男性和越南女性出于对一定因素(包括外部环境和自身资本)的考虑,通过特定途径或手段,实现婚姻匹配的过程",但由于现阶段相关程序不完善,中越跨国婚姻可能存在一系列后续风险。与此相对应,将下面讨论的"越南新娘"界定为借助婚姻形式迁移至中国的越南女性。根据此定义,本章节将中越跨国婚姻划分为三个连续阶段,并基于性别失衡和婚姻挤压背景展开研究。(1)婚姻发起阶段:考察中越跨国婚姻的动因,即婚姻双方为何放弃国内婚姻市场转而投向跨国婚姻市场?对该问题的解读将结合宏观环境和中越跨国婚姻主体的个体家庭特征;(2)婚姻缔结阶段:这是中越跨国婚姻的核心阶段,包括具体的发生过程和机制,即相关主体通过何种途径和手段完成婚配过程,判断跨境婚姻家庭的婚姻风险类型;(3)婚后生活阶段:关注婚姻达成后中越跨国婚姻个人和家庭可能面临的风险和后果,关注具体婚姻风险类型的形成机制。以上三个阶段存在一定的内在关联,即婚姻的发起与缔结是由多种因素推动的,其中的不利因素经过持续累积和放大,最终可能给婚后的家庭生活带来风险与挑战。

7.2 中越跨境婚姻风险识别及其形成机制

不同于前面章节的微观问卷调查数据,本节利用百度新闻搜索引擎,以"越南新娘""中越婚姻"为关键词进行初步检索,并将时间段限定为 2010—2019 年。选择 2010 年后新闻报道进行分析主要基于以下两点原因。一方面,20 世纪 80 年代开始,中国出生性别比持续偏高,到了 2010 年前后,性别失衡后果开始逐渐显现在宏观、中观和微观三个层面,其中微观层面集中表现为农村大龄未婚男性的婚姻挤压问题的快速、大范围出现(于潇 等,2019;贾志科 等,2020)。因此,搜集 2010 年后中越跨国婚姻相关新闻报道能够较好体现性别失衡背景,研究具有合理性。另一方面,通过百度新闻搜索引擎,统计含"越南新娘""中越婚姻"的全部新闻的发布时间,发现国内可检索到的最早关于越南新娘的报道发布于 2008 年,该数值在 2013 年快速增长,并于 2015 年达到最高值(223 条)。检索 2010 年后的新闻能够获得较好的代表性。按照内容相关性排序新闻报道并隐藏重复结果,得到 843 条样本,人工逐条阅读并对其筛选和分类。筛选和处理主要遵循以下标准:(1)剔除篇幅不足 200 字的短消息(210 条)、内容完全不相关(156 条)、纯评论性(81 条)以及链接失效(61 条)的报道;(2)合并从不同角度报道同一事件的新闻,将其作为一个案例进行分析(118 条);(3)拆分含有多个样本的新闻报道(20 条),拆分的原则是每一个样本能够单独提供研究所需信息。最终,共计获取可用于分析的样本 237 条。

在分析方法上,本节采用内容分析法,对网络新闻报道进行梳理和分析。首先,将可用于分析的新闻报道按照设定的编码类目进行梳理;接着在分析框架的指导下,描述中越跨国婚姻家庭的风险现状并归纳其特征,基于性别失衡背景尝试探索背后原因,判断具体风险的形成机制;最后,得出综合性的研究结论。根据分析框架,确定需要从新闻中提取的量化内容信息:(1)迎娶越南新娘群体的特征(年龄、职业、受教育程度、婚姻情况、地域等);(2)越南新娘的特征(年龄、婚姻情况、地域等);(3)婚姻缔结的途径;(4)婚后生活情况(维系时间、婚姻满意度、结果等)。需要说明的是,从新闻报道中提取的案例相较实地调研和微观个案研究,具有更广的地区覆盖面(韦艳,张力,2011),为在全国范围内了解中越跨国婚姻现状提供了有价值的信息。但新闻报道的案例也存在内容详细程度不一、表述规范性不足、缺乏深度分析等缺点,实际分析中很难从一篇新闻中获取前文设定的全部类目,因此部分类目存在一定缺失值。本节还使用到了 2017 年"中国性别失衡视野下中越跨国婚姻研究",其关注中国经济发展和性别失衡背景下两国中越跨国婚姻家庭,在 2017 年进行田野调查,通过深度访谈获取来自越南新娘、家庭以及社区的一手信息。边境选择广西靖西市,内陆选择河北蠡县。

7.2.1 中越跨境婚姻风险特征

中越跨国婚姻涉及中越国家政府、基层组织、婚姻男女双方及其家庭等多元主体,是一个复杂的研究命题。中越跨国婚姻现状及发展深受宏观人口性别结构失衡和微观个体能力的影响与制约。通过对二手数据的梳理,本节对中越跨国婚姻现状展开多层次、多内容、多阶段的分析和解读。婚姻匹配的核心是谁与谁结婚,对新闻报道逐条阅读,提取研究所需信息。统计夫妻双方的结婚年龄,发现性别失衡背景下中越跨国婚姻匹配呈现明显的老夫少妻组合。统计结果(表 7-1)表明迎娶越南新娘的中国男性年龄普遍偏大,约八成男性的年龄在 30 岁以上,其中 40 岁以上的男性接近两成。相反,嫁入中国的越南女性则相对年轻,绝大部分在 30 岁以下。而且部分新闻中即使没有明确指出越南女性的年龄,一般也会用"年轻"一词代替。需要注意的是,越南女性中存在一定数量不满或刚满二十周岁的样本,这与中国《婚姻法》中对女性结婚法定年龄的规定相悖。但有新闻提及中介组织会给不足法定结婚年龄的越南女性修改年龄以帮其顺利嫁入。对同时报道男女双方年龄的新闻进行匹配分析,发现几乎所有案例都是男比女大。表 7-2 显示仅有 14.1% 的婚配双方年龄差在 5 岁以内,近六成案例的年龄差超过 10 岁,其中差距最大的一例男方比女方年长 31 岁。对比国内一般婚姻的缔结,不难发现,性别失衡和婚姻挤压下的中越跨国婚姻中,夫妻年龄差距明显偏大。有研究表明,当夫妻初婚年龄差超过 5 岁时,其婚姻解体风险将是婚龄差在 1 岁以内群体的 3—4 倍(彭大松,陈友华,2016),这暗示了中越跨国婚姻的婚姻质量和满意度较普通婚姻处于一种偏低的状态。

表7-1 中越跨国婚姻年龄结构比较($N_1=130$ $N_2=126$)

年龄	娶越南新娘的中国男性 N_1	越南新娘 N_2
20岁以下	0	14(11.1%)
20岁	0	15(11.9%)
21—25岁	6(4.6%)	60(47.6%)
26—30岁	27(20.8%)	31(24.6%)
31—35岁	37(28.5%)	5(4.0%)
36—40岁	41(31.5%)	0
41—45岁	6(4.6%)	0
46岁及以上	13(10.0%)	1(0.8%)

表7-2 中越跨国婚姻主体婚龄差($N=99$)

婚龄差	频数	平均婚龄差
5岁以内	14(14.1%)	
5—10岁	27(27.3%)	12.1岁
超过10岁	58(58.6%)	

中越跨国婚姻的发生意味着女性从越南家乡迁移至中国男方所在地。梳理新闻中男女双方来源地以获取以下两个信息:(1)婚姻双方分别来自何方?(2)地域分布是否呈现一定规律?研究发现,早期越南新娘主要来源于越南南部的胡志明市和湄公河流域。由于生活贫困,这些地区的女性大多受教育程度低、就业机会少,她们渴望嫁给外国人以改变生活现状。中越两国相邻,中国经济和社会发展日新月异,嫁入中国成为大量越南贫困地区女性的首选。据报道,越南新娘会定期寄钱给留在越南的家人,36.3%家庭的生活水平也因此超过了越南国内平均值。在"先嫁者"的示范带动下,"嫁入中国"迅速蔓延至越南中部山区、沿海地区和北部地区。婚姻缔结是男女双方的事情,与此对应,选择迎娶越南新娘的中国男性也开始由边境地区延伸至福建、浙江等经济发达的沿海地区;江西、河北、山东等内陆高性别比或高彩礼地区。

对中越跨国婚姻动因的分析需要同时从中国农村大龄未婚男性和越南适龄女性入手。一方面,性别失衡背景下中国未婚男性的数量越来越多,且显著多于相应年龄段女性。另一方面,农村未婚男性普遍面临年龄挤压、地区挤压、城乡挤压、经济水平挤压、个人素质挤压等,再加上农村女性人口外流和婚姻成本高昂的现实,他们不得不降低对结婚对象的要求。例如选择来自经济背景更低或偏远地区的外来女性成婚。否则,对农村男性而言,30岁后他们结婚的概率仅为55%(果臻 等,2016)。从新闻报道也不难看出,选择迎娶越南新娘的男性一般年龄偏大(几乎都超过了30岁),家庭经济条件相对较差(难以支付国内成婚的天价彩礼),家中兄弟数量多,少数可能有身体疾病。这些男性在国内婚姻市场上遭受到来自文化、社会、经济和政治四个维度的排斥,成功婚配的可能性非常低(孟阳,李树茁,2017)。为了摆脱失婚困境,他们只能扩大通婚圈,在国际婚姻市场上寻觅对象。对他们而言,在国内微乎其微、不值一提的微薄身家在越南尚能折算成一定资本(张墨宁,2013)。反观越南,由于早年战争的原因,其女性人口处于相对过剩状态,尽管近年来越南男性人口占比开始逐渐上升,但总体上适婚女性依旧多于男性,这与中国的人口性别结构相反(图7-4)。因此,在越南国内受到婚姻挤压的女性倾向于选择到经济条件更好的中国成婚。中越边境跨国劳动力市场与边境贸易发展迅速,往来频繁的越南季节性女工为中国大龄未婚男性创造成婚机会,并逐渐蔓延至内陆和沿海地区。除了经济条件的吸引,大量越南女性嫁入中国或许还与中越同属儒家文化圈,两国在生活习惯、礼仪风俗上接近有关。

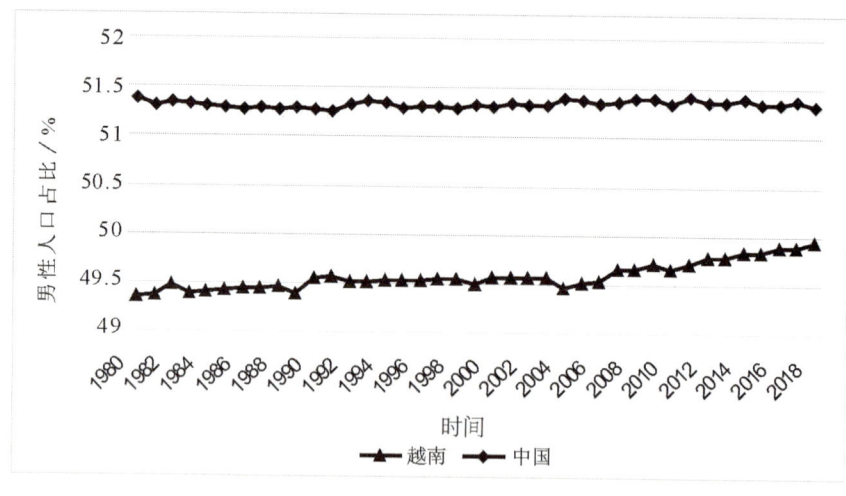

图7-4 1980—2018年中、越男性占本国总人口比例

数据来源:快易理财网,https://www.kylc.com/stats。

第7章 农村家庭中越跨境婚姻及其形成机制

总而言之，无论是中国农村大龄未婚男性还是越南婚迁女性，其婚姻决策的做出都受到宏观环境和微观个人偏好的影响，而这种选择往往是从可能的诸多方案中筛选出的最符合当下自身及家庭诉求的方案。在家庭具体微观层面的研究资料分析中，本节还总结出中越跨国婚姻家庭日常生活和发展面临的不确定性及其特征。第一，在家庭关系上，"男主外、女主内"是这类家庭的分工模式。在受访的几户人家里收拾得非常干净，越南婚入女性和她们的孩子穿着也很得体。据越南女性称，她们与丈夫的关系很和睦，承担了照料等主要家务。一些娶了越南新娘的中国男性表示，自己结束了单身状态，因此十分珍惜并维护这段婚姻。不少婆婆直言，越南媳妇勤快、顾家，甚至比中国媳妇还好。一位长辈评价说："家里经济由越南佧媳妇管着，越南媳妇照顾老公特别好，当地的媳妇做不到像她这样。"这位老者的话表明，越南女性符合中国家庭对妻子的传统期待，例如女性要对孩子负责，应该承担家庭主要的劳务活动。在丈夫与妻子、婆婆与儿媳的日常互动中，这种性别规范得到了加强。调研显示，中越跨境婚姻家庭都具有不错的稳定性，家庭关系和睦而稳定。虽然从夫居，但当地也出现了从妻居的案例，一对夫妇婚后在中国生活了一段时间后全家迁去越南居住了，呈现出跨境婚姻的多元化特征，也显示出家庭关系的平等。

第二，家庭生计有所改善。家庭生计是个人和家庭为改善长远生产和生活状况所获得的谋生能力、拥有的资产和可借助的外部支撑条件，其终极目标是实现可持续发展。研究表明，家庭生计与家庭发展能力建设具有较强的相关性，即具有较强发展能力的家庭通常也会拥有较高的生计资本。总的来看，跨境组建家庭改善了原有的家庭生计，也促进了家庭与个人福利。一些家庭两人相互扶持，共同劳动致富。孩子的诞生也增加了家庭的乐趣，孩子可以落户，并且享受到义务教育等，促进了家庭稳定性。在调研中，不少丈夫对现在的家庭生活表示满意。一位丈夫说，结婚后，家里可以靠老婆，自己就可以去外面打工，家里经济条件有改善。一位越南女性明确表示，她愿意在这边生活，很重要的原因就是老公人好。在越南有的男人喜欢喝酒，还打老婆。来中国后，感觉中国女人的地位会高一些。河北蠡县的越南婚入女性在做家务和照顾孩子之余，基本上都会出去打些零工，与周围人接触。她们认为："待在家里太闷、太无聊""还是出来干点什么比较好""跟人接触多了，可以学习语言"。她们就业在提高家庭生计的同时一定程度上实现了个人的社会融入。

第三，越南新娘家庭的社区融入度高，本节所指的社区融入度主要包括两个维度：一是嫁入中国的越南女性对当地生活的适应程度，二是当地原著居民对这部分外来人口的接受程度。在广西靖西市，由于历史上中越边境地区的通婚一直存在，人们对这一婚姻匹配模式更多持有的是一种"不支持不反对"的态度，尤其是对于大龄未婚男性，相较于受困于无法成婚的窘境，他们更愿意接受一个来自越南的妻子，身边亲戚、朋友对此也表示能够接受，毕竟结婚才是当务之急。访谈中，一位大龄未婚男性就告诉我们，愿意入赘，愿意娶离异或带子女的配偶，家里人不会有看法。自己想娶越南籍配偶但是听说很难找，他表示无论女方什么条件都愿意娶，甚至残疾也是可以的。对边境越南婚入女性而言，由于文化习俗、语言接近，嫁入中国对她们来说或许只是离家三五公里，去了一个经济条件更好的地方生活。语言上的无障碍交流与沟通更是为这一婚姻模式奠定了基础，她们很快适应当地生活。一位嫁入当地的越南女性直言："很适应这边的生活，没有觉得自己被欺负，村子里也没有对越南人的'专称'。感觉自己现在就是靖西市人，孩子们也认为自己是中国人。"

河北蠡县的情况与边境地区有所不同。对越南婚入女性而言，来到异国他乡，语言关是开始新生活的重要前提。在访谈中，我们发现，她们已经能够熟练地使用汉语进行基本交流，只是对于略微复杂的语句理解起来尚有困难。有越南婚入女性对我们说："汉语都是自学的。我喜欢看电视，从里面也学会了很多话，现在基本都能看得懂。村里有个小集市，大家会来这里买东西，我有时会去那里逛逛，如果遇到认识的人，会停下来跟他们说一会儿话。我还会到网上买东西，简单的几句话，我会打的，这都是老公和嫂子教的。"大体上，学习语言的途径主要有两个：一是跟丈夫、亲戚和周围的人学习，并在交流的过程中实现口语能力的提升；二是通过电视和互联网等大众媒介等学习。这些越南女性都对当地形成了很强的认同感，并且积极适应当地生活。受访越南婚入女性表示刚到河北时不适应北方的寒冷气候，但时间久了也就适应了。在饮食方面，她们中的多数人都能适应本地的饮食习惯。例如某位越南婚入女性的丈夫说："她刚开始来的时候，饺子都不吃，现在好些了，多少可以吃些馒头和饺子了"；还有一位婆婆表示："越南儿媳现在已经会做本地的饭菜了，就是有点偏甜"；一位越南女性说："我会做一些简单的中国菜，老公在的时候，就做中国菜，不在的时候,会带着孩子会吃一些越南菜"。虽然一些受访者给出了积极的话语,但她们中的许多人在日常生活和社会融合方面也面临着各种挑战和问题,之后将进一步讨论。

第四,中越跨国婚姻的合法性风险在稳步降低。随着中越跨境婚姻数量攀升,中越跨境婚姻登记的数量也在持续增加。早在2013年底,中国驻越南使馆就表示当年认证了1.8万份越南女性的无配偶证明。在基层政府的日常工作中,也正在积极探索对中越跨境婚姻的治理工作。如江西黎川县成立了"境外人员管理服务室"。对嫁入辖区的越南新娘,派出所要在第一时间向县公安局出入境管理部门报告,对已经或即将前往越南相亲的中国公民,详细询问相关情况,并讲明政策,而且专门针对越南新娘建立"一人一表""一人一档"。除此之外,还要求经常性宣传相关法律、政策、避免非法居留、非法就业等违法问题的发生。在调研地河北蠡县,婚入的越南女性都在中介的帮忙下办理了合法的婚姻登记与入境手续,都持有越南护照,属于"在华外国人"或"中国公民的外籍配偶",境况略好。根据中国出入境管理规定,嫁入的越南女性必须定期去保定市行政服务中心办理护照延期手续。开始是每半年办理一次,后来一年一次,两年后是每两年一次,如果想外出住宿或返回越南,必须提前向本地派出所报备。

尽管存在一些不便,如外国人身份使她们无法正规就业、参加社会保险和享受一些最基本的社会福利保障,但从法律上看,她们是通过合法路径嫁入中国的,具备一定的形式合法性和程序合法性。越南婚入女性及其家人都普遍关心何时能够取得中国永久居留证。但是,在边境靖西市,婚入的越南妇女大多数属于非法入境、非法居留、非法通婚的"三非"人员。由于中越两国对于边民、国籍、跨境婚姻的法律政策规定不一致,加上夫妇双方文化程度较低、不了解相关政策,绝大多数越南妇女根本无法取得所需的相关证明材料,没有护照与签证,没有经过正规的边防站所合法入境,无法在中国境内办理合法的婚姻登记手续。加上涉外婚姻登记仅在地市一级民政局才能办理,大部分跨境婚姻家庭没有经济能力支付婚姻登记涉及的办证费、交通费等,跨境婚姻的办证率极低。在整个靖西,仅有25对跨境婚姻夫妻办证。由于婚姻关系无效,不受法律的确认和保护,属于非法婚姻,婚后这些越南女性不仅无法取得中国国籍,甚至还要丧失其越南国籍,成为没有身份的无国籍人。虽然子女可以顺利入户取得中国国籍,但这些越南妇女出行、生活等遇到了极大的困难,大多只能待在乡镇或县区的范围内。

第五,中越跨境婚姻双方家庭社会网络联系降低了婚姻不稳定的风险概率。对靖西市的调研发现,越南女性嫁入中国后或多或少还维系着原越南社会网络,如逢年过节返回越南娘家,定期给越南家里通话或视频联系,越南的亲人来中国拜访等。访谈中,一位嫁到中国的越南婚入女性说她在越南还有哥哥姐姐,嫁入中国后"每年至少会走小路回越南两次(春节和中元节)"。由于沟通无障碍,这些越南女性在当地结识新朋友,重建关系网络。在河北蠡县,由于路途遥远,越南女性1—2年会回去探望一次,与邻居、工友等来往较少,人际交往圈子有限。新社会网络的建立同个人性格、资源禀赋有较大关系,即并不是每一个嫁到中国的越南女性都能成功构建新的社会网络。未能构建新社会网络的越南女性大多都与旁人联系较少,这一点在内陆县区表现得更为明显。总体看来,越南婚入女性缺乏与本地人交往的关系网络,这或许与她们来到中国的时间不是很长有着直接的关系。在移动互联时代,手机与网络对越南女性维持与越南家人的沟通创造了便利,年轻的越南女性通过类似微信的社交手机软件联络亲友,也联络在中国的同胞。河北蠡县婚入越南女性已通过微信形成了在华越南女性的圈子,并且相互帮助。有受访者说:"我几乎没有什么中国朋友,微信圈里也没有。我认识两三个本国的朋友,都是在中国认识的,当时是通过一个 Zalo(越南微信)认识的。我还跟两个人见过面,她们的孩子都长大了,在中国生活得都挺好的。"与其他越南婚入女性的交往和联系虽然能在一定程度上起到缓解孤独的作用,这些小群体也经常一起聚会交流,但目前这些小群体还没有形成组织,还无法为这些越南女性提供实质的帮助。

第六,中越跨境婚姻家庭的经济和社会发展依然有很强不确定性。中越婚姻家庭在生活和发展上也面临一些困难和问题,这也是这类家庭和当地普通婚姻家庭的差异所致,主要体现在村民身份和福利、流动性(外出务工)、国家政策性补贴、子女健康成长等方面。从家庭经济来看,跨境婚姻家庭本身的经济条件并不优越,初始经济条件可能就差于普通婚姻家庭。一方面,丈夫的家庭相当大程度上并不富裕,而且由于婚礼支出,结婚后原有积蓄大多所剩无几,只有依靠夫妻俩自身努力。另一方面,从个人禀赋与社会资本上,夫妻两人增加家庭收入的渠道也相对有限。一般而言,两人的文化程度均不高,越南婚入女性对中国语言与环境的熟悉需要较长时间,如果越南女性没有合法的身份,无法外出务工,相较于夫妻两人均可外出务工的普通婚姻家庭,跨境婚姻家庭的收入来源显然不足。即使能通过某种渠道外出务工,也会因为身份原因、语言原因,只能从事收入不高的工作,获得低于正常标准的工资。

在获得国家政策性补贴与生产资源上存在差异。合法婚入中国的越南女性,因为外籍身份,但凡是与户口和身份证有关的补贴,都不能获得,比如最低生活保障、0—3公里边民生活补贴等,补贴发放的人头标准是按照除掉越南婚入女性外的户籍人口计算的。在农村土地承包与集体经济分配中,也通常因其身份特殊,没有纳入分配范围。而没有纳入社会保障范围,使这些妇女的卫生保健、医疗服务以及养老都无法获得经济支持,加大了这些家庭经济上的脆弱性。跨境婚姻的子女面临着较大的社会舆论压力与文化冲突。目前无论合法还是非法的婚姻,子女都能获得中国国籍,享受相应的社会福利与保障。但是,家庭内部因为夫妇两人的国籍不同,可能存在着一定的文化的冲突。由于母亲是外国人,子女从小便能体会到与普通家庭的不同。如果母亲还没有合法的身份,子女在升学、就业、政治活动中都可能会遭受异样的眼光,给他们的个性成长、生活境遇造成负面的影响。比如在现场调查中,一位已成年的孩子说,他最害怕填写各种家庭情况表,遇到母亲的姓名身份时,总是不得不填上姑妈的信息,从小到大都有同学在议论。这些家庭的孩子成长中面临着更大的风险。

7.2.2　中越跨境婚姻家庭风险形成机制

随着中越跨境婚姻数量增加和通婚圈扩大,越来越多的中国内陆男性通过中介机构或中间人介绍接触越南女性,超过六成的新闻报道属于该类模式。不同于边境地区广泛存在的自由婚姻,内地大龄未婚男性由于语言不通和不熟悉越南,一般会选择中介机构、身边熟人或嫁到当地的越南新娘牵线去相亲。事实上,通过中介机构或中间人相亲的婚姻缔结模式同样存在于国内一般婚姻中,只是早年间婚姻一方通常为当地女性或经济条件较差地区的女性,在婚介机构或媒人的帮助下,男女双方打破地理隔离成婚。但由于中国客观存在的适龄男女数量差距,势必有男性无法成婚,随着时间的推移和性别失衡后果的加重,近年来中越跨国婚姻中的中介婚姻占比越来越大。阅读新闻报道,可以将中介机构介绍成婚的路径大致归纳为两条:其一,中国男性在中介的陪同下亲自前往越南相亲,成功缔结婚姻的关键在于"中国中介"和"越南养妈"。首先由赴越相亲的男性支付一笔钱(通常在 2000 元左右)给中方中介,然后中方中介安排男性前往越南,最后通过"越南养妈"同越南女性见面。但是由于中介具有信息优势(语言、掌握越南女性信息等)极容易坐地起价,极端情况下甚至会出现扣留、威胁和殴打男方的情况。其二,未婚男性通过中介网站、媒体广告、QQ 群等渠道联系中介机构,再由中介发送待嫁的越南女性照片,如果有满意的直接在国内见面。通过婚介机构缔结的婚姻,其总费用通常在 6 万—10 万,对中国农村大龄未婚男性及其家庭而言,依旧是一笔不小的花费,很多家庭东拼西凑才筹集到足够的钱。但是,通过中介机构缔结的婚姻,男女双方的相识过程一般很短,通常是一两个小时到五天不等,甚至有中介打出"半小时速配,两天内结婚"的广告。短平快的相亲过程仿佛一场"幸福的博弈",没有人能预先料定结果,再加上婚姻合法证件办理可能不到位,进而增加了婚后风险爆发的可能性。

  中越跨国婚姻市场的形成为中国大龄未婚男性提供了一条成婚渠道,他们渴望迎娶一个如广告中"温柔似水、勤劳持家"的越南女性。与此同时,为了寻求高质量生活、改善原生家庭条件或出于其他目的,越南女性也对嫁入中国满怀憧憬。在经历了婚姻发起和婚姻缔结阶段,成功步入婚姻殿堂的男女双方,他们婚后生活究竟如何?幸福还是后悔?跨国婚姻对他们而言,是机遇还是风险?对新闻报道中反映中越跨国婚姻家庭婚后生活的内容进行归纳总结(表 7-3)。通过上文的分析可知,内陆地区的中越跨国婚姻多是在中介机构组织下完成的,这与完全意义上的自由恋爱不同,参与其中的个体或多或少都被利益裹挟着,更不用说完全由利益驱动的买卖婚姻了。完成婚姻缔结的男女双方在此前素昧平生,相亲过程短暂,婚礼也较简单,这就导致两者形成了一种奇怪的夫妻关系,笔者称之为"陌生的亲密"关系,即婚姻双方在婚后语言不通、缺乏了解,如同陌生人一样,但又因婚姻关系的成立而显得亲密。这样的关系矛盾组合体给中越跨国婚姻个人和家庭的婚后生活带来诸多不便和风险。正如新闻中所描写的"为了一场看似明码标价的跨国婚姻,人们要付出的代价远超出自己的想象"。

表7-3 媒体报道中婚后生活情况一览

中越跨国婚姻婚后生活情况报道关键词	新闻报道数量/条
越南新娘失踪/"逃婚"(携财物)	86
非法入境,被遣返	32
没有户籍或未办理合法证件,无法享受政策补贴和保障	60
夫妻间难以沟通,婚姻满意度低	20
越南新娘检查出携带传染性疾病	7
越南新娘犯罪	15
幸福生活,家庭和谐	14

其一,越南新娘失踪或逃婚,这一现象频发于河北、山东、福建等地农村,给中国男性及其家庭带来沉重打击。一方面,尽管迎娶越南新娘的花费低于当地平均水平,但对大龄未婚男性家庭而言依旧是一笔巨大开销。新娘逃跑不但会使大龄未婚男性重返光棍,其家庭更会陷入人财两空、因婚返贫的困境;另一方面,对于办理了结婚证却又突然失踪的越南新娘,中国男性若要与其解除婚约要经历漫长的诉讼过程,其间可能会遭遇重婚、财产分配等遗留问题。分析越南新娘失踪或逃婚的原因,包括以下三种可能:第一,以假结婚骗取钱财的越南新娘,利用中国大龄未婚男性急于结束单身状态和外籍新娘失踪后既不敢也无法报警的心理,在婚后迅速失踪(返回越南或再嫁)。好在这部分女性只是少数。第二,因向往幸福生活嫁入中国的越南女性,当她们发现婚后生活与理想相差甚远,而且生活习惯、语言交流上均难以适应时,她们选择返回越南。新闻中对这部分越南女性返回越南的方式作了详细说明,笔者发现越南中介在这一过程中起着关键作用。第三,现阶段嫁入中国的越南女性大多没有办理合法证件,更不用说拥有中国户口,她们无法享受作为中国公民的权利和保障,时间久了可能会产生返回越南的想法。

其二,由于跨国婚姻夫妻间形成的是"陌生的亲密"关系,婚后男女双方间的沟通存在较大障碍,相处过程如履薄冰。这不但导致夫妻间婚姻满意度低,还给家庭生活带来诸多不稳定因素,经常产生各种各样的矛盾。此外,中越跨国婚姻还可能潜藏健康风险,主要体现在由于婚前体检不到位,可能出现越南新娘携带HIV、肝炎等传染性疾病的现象。

当然,并不是所有的中越跨国婚姻都面临风险和问题,也有"幸福生活、家庭和谐"的案例。笔者发现,婚后生活是否幸福与婚姻缔结方式存在一定相关性(表7-4),即通过自由恋爱结成的婚姻一般稳定性较好,而中介婚仿佛一场"幸福的赌局",结果在一开始是无法预料的,最差的是完全忽视婚姻双方意愿的骗婚和买卖婚。

表7-4 婚姻缔结方式与婚后生活

婚姻缔结方式	主要存在区域	婚姻基础	家庭关系与婚姻稳定性
自愿婚	边境地区	自由恋爱	最好
中介婚	边境和内陆地区	中间人介绍	一般
骗婚	内陆地区	"非法"婚姻市场	很差
拐卖	内陆或偏远地区	"非法"婚姻市场	很差

第8章
农村家庭代际支持预期及其形成机制

性别失衡下的中国农村,除了前面章节讨论到的男多女少环境下男性婚姻挤压问题延伸出的婚姻风险和外籍婚姻问题,普通家庭还要面临中国当代另一个更加急迫和明显的社会结构趋势即老龄化问题。相比一般社会问题,老龄化问题在性别失衡社会情境下更具备家庭不确定属性,不仅源于老龄化是中国农村孝道文化紧密相关的议题,也是中国农村家庭小型化和少子化趋势以及性别失衡结构日益明显等叠加社会情境下的家庭核心生存问题。随着中国社会经济条件日益改善,农村居民预期寿命增加,考虑到中国农村社会养老服务的不足,农村家庭的养老问题始终是困扰农村家庭和个人的重要议题。本章立足于性别失衡情境,关注中青年农村居民对于代际支持的预期感知,试图通过即将面对性别失衡常态和老龄化社会常态的农村居民,研究他们对于代际支持获得和需求的预期,在性别失衡与老龄化叠加风险社会情境下讨论农村家庭养老的趋势和特征。本章的研究发现为性别失衡社会形态下探讨农村家庭养老问题提供了实证检验,能够体现出性别失衡社会宏观情境下微观农村个体家庭如何应对老龄化,也是估计性别失衡社会长期持续下农村家庭如何进行家庭养老和社会养老决策的参考。代际支持预期能够反映性别社会情境下农村家庭养老不确定性,具有家庭养老风险含义,也是评测普通农村家庭在养老层面承受性别失衡宏观社会后果的程度指标。

8.1 老龄化与农村家庭代际支持

8.1.1 性别失衡与中国农村老龄化

2020年中国60岁以上人口比重为18.7%,预计2050年老年人占总人口比例将超过30%,意味着中国只用欧洲国家迈入老龄化一半的时间快速进入老龄社会(Hvistendahl,2013)。由于中国农村人口年龄中位数已经显著高于城镇,未来的中国农村将比整个国家更早面临老龄社会形态(United Nations Department of Economic and Social Affairs,2015)。发达国家经验表明,老龄社会中维系老年人口福利需要高额国民财富,但是中国农村人均收入增长和社会保障显著落后人口老龄化,将很快出现未富先老社会形态(Zhang et al.,2012;Johansson,Cheng,2016)。因此中国农村老年人除了依靠社会养老保障,还依靠子女提供代际支持的家庭养老模式(Joseph,Phillips,1999)。但是中国性别失衡情境为家庭养老模式的持续带了很多不确定性。男多女少的婚姻挤压态势显著改变了农村婚姻市场格局,社会经济劣势的农村男性成婚困难进而导致了其自己和父母家庭代际支持和家庭养老的困境(Wu et al.,2016)。不仅如此,成婚困难态势下农村男性成婚年龄的延迟也加大了子女家庭对父母家庭提供代际支持和家庭养老资源的复杂程度,也是性别失衡社会与老龄化社会出现社会风险叠加的直接表现(Wu et al.,2016)。

从现实来看,农村居民的养老金和医疗报销额度远不能满足农村日常生活和医疗需求(Li,Lin,2016)。与西方不同的是,中国农村多为多代共居家庭,子女提供金钱和照料对老年人生活质量更为关键,子女情感沟通也远非商业或公共服务可以替代。考虑到农村社会福利劣势短期难以扭转,中国农村居民在思想观念和家庭模式上对代际支持的预期可能长期存在。对于在未来二三十年直接经历农村老龄化的青壮年而言,居住独立、财务独立和生活独立是大趋势,家庭结构和生活模式显著变化(Zeng et al.,2008)。当中国农村传统的多代共居家庭结构开始瓦解,依托于此的孝文化将逐渐弱化,农村居民是否依然如父辈那样期盼代际支持,已有研究尚未探讨。有别于专门针对老年人探讨代际支持,关注农村整体人群的代际支持预期,有助于判断农村老龄化、城镇化和人口外流过程中农村家庭养老资源供给和需求变化及其对农村家庭养老决策的影响。

代际支持体现出家庭成员协作照顾老年人,需要金钱、物质、工具和情感等多种资源投入,因而对家庭资源的依赖是代际支持的显著特征(Canda,2013)。对于期待通过代际支持获得老年生活资源的农村居民而言,家庭资源的原始积累和日常分配决定了其获得代际支持的程度(Liang et al.,2014)。基于代际团结理论,家庭成员相互关系、内部协作、一致性以及家庭结构都源自家庭资源水平和分配,特别是家庭可见的土地、物质以及金钱和人力资源决定了家庭内部关系状态(Bengtson, Roberts, 1991)。农村家庭可持续生计资本作为家庭资源的综合指标,反映出农村家庭可用资源的水平和运行现状,其中就包括了农村家庭照顾老年人所具备的土地、资产和人力因素,还包括家庭社会网络以及家庭成员关系(Li et al., 2012)。这种体现家庭支持个人生存与发展的综合指标,可能会决定农村居民的代际支持预期。本章基于中国性别失衡社会综合形态背景,结合具体的农村老龄化背景,围绕农村居民探讨代际支持预期,使用多层问卷调查数据,引入潜在类别模型和混合回归模型,识别了代际支持预期的类别差异以及家庭可持续生计资本对代际支持预期类别的影响。

8.1.2 农村家庭代际支持及其预期

在传统中国,家庭通过孝道文化约束子女,父母依靠子女具有道德合法性和强制性(Cong, Silverstein, 2014)。今日中国则通过法律约束子女,提倡公共服务与居家养老相结合,代际支持得以强化并继续成为农村居民养老优先策略(Chou, 2011)。在文化和法律双重约束下,多代共居与家庭养老成为中国农村养老模式,代际支持的资源供给和需求始终稳定(Phillips, Feng, 2015)。但是在近十年快速城镇化下,农村家庭结构和生活模式显著变化,代际支持的家庭资源供给与需求矛盾逐渐出现。从供给来看,一是农村青年普遍外出务工,但务工收入并没有更多回馈父母,原因在于家庭小型化,父母子女分居模式增多,老年人分享财务资源减少(Yeung, Xu, 2012)。二是独立居住模式和子女外出务工导致老年人获得的子女照料减少(He, Ye, 2014)。三是情感联系,当代农村父母孤独感增加。这不仅源于子女外出务工和单独居住,也源于市场经济和个人主义盛行下家庭沟通显著减少(Sun, Dutta, 2016)。从需求来看,农村居民对代际支持依然怀揣希望。一是心理需求,大部分农村居民基于孝道文化而希望优先依靠子女获得经济支持和照料(Zavoretti, 2006;Chappell, Kusch, 2007)。二是现实生活需求,中国养老保障中的人均保障水平低,农村居民对子女养老有很强依赖(Shang, Wu, 2011;Williams et al., 2017)。在上述供给-需求矛盾中,将在未来二三十年直接经历农村老龄化的农村居民,他们的代际支持预期不得而知。

个人对家庭资源的预期,一方面是个人对自己能否获得家庭资源的判断,即家庭资源的供给预期(Zhan, 2004),另一方面是个人对自己是否依赖家庭资源的判断,即家庭资源的需求预期(Mignon et al.,2017)。农村家庭子女为父母提供养老资源受制于传统观念,但背后的家庭经济、子女照料和情感交流才是代际支持供给和需求的本质(Miller,2004)。近十年农村加速城镇化,人口迁移规模增大,传统家庭结构下子女提供稳定养老资源的供给模式开始松动。例如父母子女独立居住模式减少了生活接触,子女财务投入的重点转向自身家庭资产和下一代教育,个体家庭的财务独立替代了多代共居家庭的财务分享(Wu et al.,2016)。在老人照料上,无论是代际分居模式还是子女外出务工,子女为老人提供生活健康照料显著减少,农村老人最常见的不是膝下儿孙满堂而是独自留守空房(He,Ye,2014)。在情感交流上,子女家庭独立冲破孝文化约束,农村老年人孤独感显著上升,这也是子女不能提供情感支持的表现(Liu,2017)。但是城镇化和人口迁移也有积极效应,农村社保改善中的农村居民对子女提供养老资源的需求有弱化迹象。例如随着养老保险的普及,农村居民在老年后的生活来源有了稳定保障,这是扭转农村老年人完全依赖子女获取生活费的根本措施(Su et al.,2017)。越来越多的农村家庭开始出现专业护工和家政服务,替代子女为老年人提供生活健康照料(Zhu,Walker,2018)。但是情感需求与财务和照料需求不同,无论生活模式如何变化,父母对子女的情感需求始终是中国农村家庭典型特征(Croll,2008)。

8.1.3 农村家庭资源的引导角色

在家庭关系研究中,代际团结理论(intergenerational solidarity theory)对代际支持的解读体现出家庭养老系统赖以运转的基础,即代际家庭结构、家庭关系、子女经济、一致性、家庭主义以及情感意愿等代际关系互动受制于农村家庭是否具备足够和稳定的养老资源(Bengtson,Roberts,1991;Guo et al.,2012)。代际团结表面上看是家庭成员的感情联络,实质上是家庭资源分配结构下家庭成员合作的体现(Luo,Zhan,2011)。在家庭代际关系上,可持续生计资本决定了父母和子女在生产、生活、财产分配以及情感中的角色,是人们获得代际团结的显著因素(Song et al.,2012;Li et al.,2012)。因而人们很可能基于家庭目前可持续生计资本水平,预计未来可获得的代际支持。可持续生计包含自然、物质、社会、金融和人力五大资本,反映了农村家庭在应对自然危机和社会风险时的资源存量。一般而言,家庭土地和林地等自然资本越多,子女分到的生产资源更多,为老年人提供代际支持的能力更强(Li et al.,2012)。但当自然资源稀少时,老年人会由于生产资源稀缺而更依赖子女,子女也不得不强化对父母的代际支持(Chang et al.,2016)。在物质资本上,子女能够通过房屋和资产设备为父母提供照料(Wu et al.,2016)。但是物资资本较多的家庭子女独立居住较多,其相比多代共居家庭更容易缺乏对老年人的照料。在社会资本上,社会网络多的家庭通常有更紧密的内部联系,其对于代际支持具有显著促进作用(Huang,2012)。但是上述家庭子女也更容易生活独立,减少对老年人的生活照料(Phillips,Feng,2015)。金融资本直接影响子女对父母提供金钱、工具以及情感支持,例如农村贫困家庭代际矛盾多于非贫困家庭,生活在高金融资本家庭的父母更容易获得代际支持(Zhang et al.,2019)。但是家庭金融资产增长也意味着家庭成员更加忙碌,减少了老年人获得的工具支持和情感支持(Li,2011)。关于人力资本,农村多子女家庭不仅有更多经济来源,还有更多人力提供生活照料和情感支持(Lu et al.,2015)。但是农村多子女家庭的养老责任冲突也很常见,而独生子女或者子女数量较少家庭的代际支持冲突反而更少(Qin et al.,2020)。上述研究表明,可持续生计资本对农村代际支持的影响并不确定,代际支持预期可能会由于家庭资源差异而更具多样性,可持续生计资本可能引导代际支持预期的变化。

由于代际支持预期涉及资源供给和需求两个层面,不同家庭在养老资源积累和分配上会显著不同,个人判断自身获取代际支持的程度可能也不同。当前的农村居民依靠子女养老依然普遍,代际支持预期可能依然是主流;但由子女协商不佳导致的养老冲突也是农村常见现象,部分村民已经对子女提供养老资源降低了期待(Li et al.,2020)。在东部农村,农村居民收入足以支付护工和家政等养老服务,购买商业养老保险比例很高,因而对通过子女获得代际支持的期望较低(Liu,Zong,2018)。但从子女经济实力来看,为老人提供金钱支持用于支付商业化养老服务,也是东部农村家庭代际支持的流行趋势(Yeung,Xu,2012)。整个中国农村都在经历着老龄化、城镇化和人口迁移,上述现象也在地区内存在差异,农村代际支持呈现多样性(Phillips,Feng,2015)。资源供给和需求的快速变化很容易形成人群差异的类别化,个人对资源的感知也会类别化(Henry,Muthén,2010)。因此农村居民对养老资源供给和需求的预期可能存在类别化趋势,代际支持预期可能存在类别差异,需要引入类型识别方法进行甄别。

家庭的土地资源、资产设备、社会关系、金融储蓄以及人力资源的多少决定了子女是否有能力和有意愿提供代际支持,也决定着老年人是否需要依靠子女获得养老资源(Wu et al.,2010;Cong, Silverstein,2014;Liu,2017)。随着农村家庭经济改善,一些农村居民需要的代际支持已经单一化为情感支持,但家庭自然资源和物质资源的丰富并不一定提升情感支持,甚至有弱化情感支持的趋势(He, Ye,2014)。在西部农村,家庭的土地和固定资产以及社会资源的多少依然决定着老年人是否依靠子女获得金钱和照顾,也决定着子女是否有额外的资源并且愿意资助父母(Li et al.,2012)。特别是家庭金融资本和人力资本是农村家庭的可见资源,例如储蓄率高的农村家庭更可能实现代际支持,而来自多子女家庭的农村老年人依靠子女几乎是必然结果(Guo,2014;Pei, Cong,2020)。虽然多子女家庭有代际支持责任的冲突,但是相比独生子女家庭,多子女家庭的人力资源依然是代际支持的天然优势(Cong, Silverstein,2014)。如果代际支持预期有类别化趋势,则家庭可持续生计资本对农村居民的代际支持预期类型可能存在引导作用。

8.2 农村家庭的代际支持预期及其形成机制

本节数据来自2018年湖北省"城乡家庭发展与社会治理调查",调查对象为县区城乡居民。抽样原则是,100万以上人口县区随机抽取出A县(总人口100.73万,2017),100万以下人口县区随机抽取出B县(总人口45万,2017)。A县农业人口较多,在16个乡镇里随机抽取12个农业经济乡镇,每个乡镇随机抽取1个村;B县农业人口较少,在8个乡镇里随机抽取1个农业乡镇和2个城镇化乡镇,在农业乡镇随机抽取2个村,在2个城镇化乡镇各抽取3个社区。在A县和B县,每个村/社区随机抽样15户家庭样本(2人/家);每个家庭户两人中一人回答家庭卷和个人卷,另一人仅回答个人卷。最终完成家庭户样本702户,居民个人样本1032人。根据本节目标,在总样本中剔除无土地资源的农业家庭户,获得具备土地资源的农村家庭样本372户及其居民样本549人。

代际支持有明确的测量指标,即子女给予老年人金钱的财务支持、给予老年人照料的工具支持以及给予老年人感情交流的情感支持。但是已有研究尚未有测量代际支持预期的工具量表。根据本节上述综述框架,对生存资源的预期应该包含资源供给预期和资源需求预期,代际支持预期应该是预期子女是否能够提供代际支持,以及预期自己是否需要子女提供代际支持(Zhan,2011)。

在代际支持供给预期上,本节设定三个问题,分别是"未来当你年老时,子女是否能够为你提供生活费""未来当你年老时,子女是否能够亲自照顾你"以及"未来当你年老时,子女是否能够和你定期情感交流"。在代际支持需求预期上,虽然中国社会养老资源日趋多元,但农村家庭代际支持依然体现为老年人主要依靠子女生存(Shang, Wu, 2011)。因此本节通过是否"主要依靠"测量代际支持,分别是"未来当你年老时,你是否主要依靠子女提供生活费""未来当你年老时,你是否主要依靠子女亲自照顾你"以及"未来当你年老时,你是否主要依靠子女获得情感交流"。上述6个指标均使用0/1二元量表。指标权重策略采用平均权重法。标准化结果以及权重加总得分如表8-1所示。

表8-1 可持续生计指标 ($N = 372$ 户)

可持续生计资本(家庭层)	Mean	SD	Min/Max	权重赋值策略
自然资本 (X_1)	0.035	0.047	0/0.343	$X_1 = X'_{11} * 0.33 +$ $X'_{12} * 0.33 +$ $X'_{13} * 0.33$
·家庭农业收入(元)(X_{11})	14 706.12	19540.29	0/200 000	
·家庭土地/林地/水塘面积(亩)(X_{12})	13.768	50.561	0.1/900	
·家庭土地/林地/水塘租金收入(元)(X_{13})	139.600	637.114	0/8 000	
物质资本 (X_2)	0.197	0.088	0.007/0.701	$X_2 = X'_{21} * 0.33 +$ $X'_{22} * 0.33 +$ $X'_{23} * 0.33$
·家庭居住面积(平方米)(X_{21})	145.277	69.256	20/500	
·家庭是否拥有(0=没有,1=有)农业收割机、拖拉机、骑车、摩托车和牲口(X_{22})	1.346	0.730	0/4	
·家庭房屋租金收入(元)(X_{23})	775.235	9402.321	0/150 000	
社会资本 (X_3)	0.091	0.086	0/0.677	$X_3 = X'_{31} * 0.33 +$ $X'_{32} * 0.33 +$ $X'_{33} * 0.33$
·家庭可靠的亲戚朋友数量(X_{31})	7.413	9.524	0/95	
·家庭在本社区内的可靠朋友数量(X_{32})	8.267	13.017	0/108	
·家庭新年走访的亲朋好友数量(X_{33})	18.237	17.63	0/150	
金融资本 (X_4)	0.046	0.077	0.195/0.410	$X_4 = X'_{41} * 0.25 +$ $X'_{42} * 0.25 +$ $X'_{43} * 0.25 +$ $X'_{44} * (1) * 0.25$
·家庭年储蓄率(%)(X_{41})	14.182	20.258	0/99	
·家庭储蓄金额(元)(X_{42})	29 021.93	192418.5	0/3 110 000	
·家庭投资金额(元)(X_{43})	35 244.51	55647.75	0/500 000	
·家庭负债(元)(X_{44})	36 023.01	91466.7	0/800 000	

续表

可持续生计资本（家庭层）	Mean	SD	Min/Max	权重赋值策略
人力资本（X_5）	0.275	0.141	0/0.825	$X_5 = X'_{51} * 0.33 +$ $X'_{52} * 0.33 +$ $X'_{53} * 0.33$
·家庭农业劳动人数（X_{51}）	2.007	0.940	1/7	
·家庭16-65合法劳动年龄人数（X_{52}）	3.002	1.155	1/6	
·家庭外出务工人数（X_{53}）	1.339	1.100	0/5	

注：$X'_{ij} = (X_{ij} - X_{ij\min}) / (X_{ij\max} - X_{ij\min})$。

本节继续使用潜在类别分析（LCA），通过一系列模型系数的概率估计，判断人群分类的最佳方案（Muthén，Muthén，2017）。LCA根据所有的二元观测指标（是/否）结果，按照类别概率和条件概率将样本划分为不同类别。其中，类别概率是某一类别占所有样本的估计概率，条件概率则是被划分到某一类别后的样本在回答具体问题时选择答案的概率。所有的类别概率加总为1；在每个类别下的每个指标中，选择"是"的条件概率和选择"否"的条件概率加总为1（Muthén，Muthén，2017）。

本节同样将把识别出的预期类型作为因变量，将个人因素和家庭生计资本作为自变量，引入多层回归混合模型（MRMM），探讨个人因素和家庭因素如何影响代际支持预期的类型从而判断家庭资源如何引导农村居民的代际支持偏好。分析工具使用Mplus8.3。样本信息如表8-2所示。

表8-2 样本信息

变量		Mean/占比	SD	Min/Max
年龄		39.8	9.3	16/73
教育年限（年）		8.8	3.0	0/17
性别：男		47.9%	--	--
女		52.1%	--	--
婚姻地位：未婚		5.7%	--	--
已婚		94.3%	--	--
代际支持供给预期（ESIS）				
对未来自己孩子提供财务支持的担忧	不担忧	42.9%		0/1
	担忧	57.1%		0/1

续表

变量		Mean/占比	SD	Min/Max
对未来自己孩子提供工具支持的担忧	不担忧	57.7%		0/1
	担忧	42.3%		0/1
对未来自己孩子提供情感支持的担忧	不担忧	61.7%		0/1
	担忧	38.3%		0/1
代际支持需求预期（EDIS）				
自己是否需要未来子女提供财务支持	不需要	75.1%		0/1
	需要	24.9%		0/1
自己是否需要未来子女提供工具支持	不需要	72.5%		0/1
	需要	27.5%		0/1
自己是否需要未来子女提供情感支持	不需要	58.6%		0/1
	需要	41.4%		0/1

8.2.1 农村家庭代际支持预期类型特征

表 8-3 是 LCA 类型识别过程。在代际支持供给预期（ESIS）类型识别中，一类别模型至三类别模型的检验参数均有显著降低，但是三类别模型至四类别模型的检验参数无显著降低，熵值指数也下降到了 0.624，因而根据 LCA 类型识别检验标准，代际支持供给预期以三类别模型为最优模型。在代际支持需求预期（EDIS）的类型识别中，一类别模型至二类别模型的检验参数有显著降低，但是二类别模型至三类别模型的检验参数无显著降低，熵值指数也下降到了 0.594，因而代际支持的需求预期以二类别模型为最优模型。

表 8-3 LCA 过程

指标	代际支持供给预测的类别识别			
	一类别模型	二类别模型	三类别模型	四类别模型
AIC	2 234.581	2 206.047	2 180.257	2 180.488
BIC	2 247.506	2 236.204	2 227.646	2 245.109
ABIC	2 237.982	2 213.983	2 192.727	2 197.493
熵值	--	0.837	0.873	0.624
指标	代际支持需求预测的类型识别			
	一类别模型	二类别模型	三类别模型	--
AIC	2 013.305	1 802.587	1 810.587	--
BIC	2 026.230	1 832.743	1 857.976	--
ABIC	2 016.706	1 810.523	1 823.007	--
熵值	--	0.889	0.594	--

图 8-1 是代际支持供给预期的类型识别结果,其中包含了每个类别的类别概率估计以及每个类别内部财务支持、工具支持和情感支持指标的条件概率估计(Nylund et al. 2007)。图 8-1 显示农村居民代际支持的供给预期包含 3 个类别,类别 1 中的财务支持担忧和情感支持担忧,条件概率几乎为 1,工具支持担忧的条件概率几乎为 0,体现出农村居民非常担忧子女提供财务支持和情感支持,但并不担忧子女提供工具支持。与农村居民相比,城镇居民更容易凭借充足的财务资源通过商业化照料服务解决子女工具支持的不足;同时因为城市社区父母子女分居传统,城镇居民更倾向子女情感支持偏好(Zhang et al., 2018)。因此类别 1 的特征带有城镇化特征,命名为城镇化供给预期,其在总样本中的类别概率为 0.333,即在代际支持供给预期中具有城镇化预期的农村居民占总样本 1/3。这部分居民可能是城镇化程度较深的人群,代际支持预期更多带有城镇化印记。

类别 2 和类别 3 特征类似,都带有显著的财务支持担忧和工具支持担忧,同时情感支持的担忧几乎为零。这与大部分农村居民代际支持的现状一致,即大部分农村社区中父母子女共居或者临近居住依然是主流,情感交流多于城镇社区(Zhang et al.,2018);即使是子女外出务工,农村父母子女情感交流依然多于城镇居民(Zhan,2004)。因此农村大部分居民并不担忧子女的情感支持。

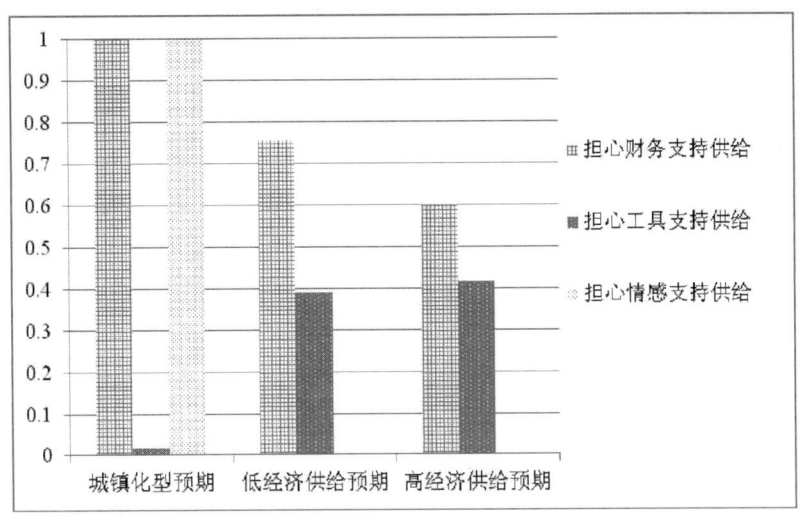

图 8-1　ESIS 类型识别

类别 2 和类别 3 都显示出对财务支持和工具支持不足的担忧,类别 2 财务支持担忧的条件概率高于类别 3,因此类别 2 命名为低经济供给预期,即财务支持预期显著不足,其类别概率为 43.7%;类别 3 命名为高经济供给预期,即财务支持预期略好,其类别概率为 23.0%。低经济供给预期和高经济供给预期体现出大部分农村居民对代际支持的担忧,即缺乏财务支持下的物质资源供给以及工具支持下的人力资源供给(Song et al.,2012)。

图 8-2 是代际支持需求预期的类型识别结果。在类别 1 内部,财务支持需求、工具支持需求和情感支持需求的条件概率均低于 0.4;在类别 2 内部,财务支持需求、工具支持需求和情感支持需求的条件概率均高于 0.6,因此类别 1 命名为代际支持低需求预期,类别 2 命名为代际支持高需求预期。低需求预期的类别概率为 76.3%,显著高于高需求预期的类别概率(23.7%),表明农村居民的代际支持需求符合农村发展趋势,即主要依靠子女获取养老资源的人数比例持续降低(Cong,Silverstein,2014)。代际支持低需求预期中,首要偏好是情感需求,表明农村养老资源的改善提升了农村居民养老的物质资源和照料服务,但是子女的情感交流无可替代(Miller,2004;Croll,2008)。相反,代际支

高需求预期中,首要偏好是工具支持需求,表明对依赖子女有较强偏好的农村居民更在意日常照料,这恰恰是目前农村家庭养老需求的重点(Zhu, Walker, 2018)。

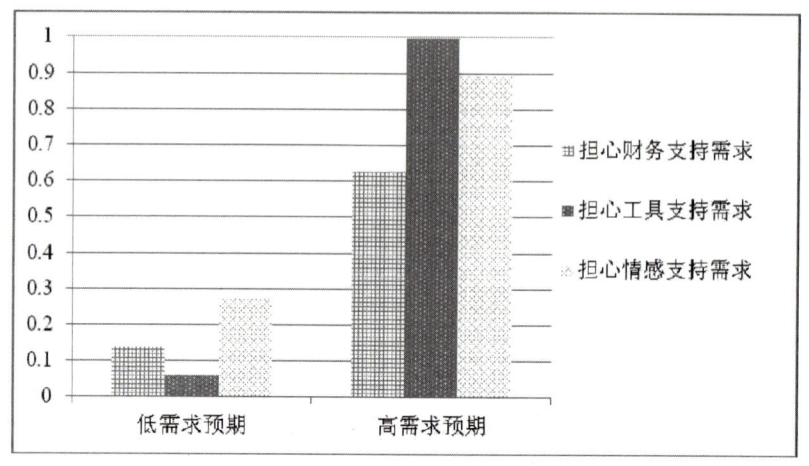

图8-2 EDIS 类型识别

8.2.2 农村家庭代际支持预期形成机制

本节将 LCA 识别出的代际支持预期类型作为因变量,将个人样本信息和家庭层可持续生计资本作为自变量进行多层混合回归分析(MRMM)(Henry, Muthén, 2010)。表8-4是代际支持供给预期的 MRMM 结果。根据 MRMM 规则,类别概率最大的类型将作为参考组,因此表8-4中预计子女无法提供经济与工具支持的低经济工具供给预期组作为参考组(Nylund et al., 2007)。在控制了个人因素后,家庭生计资本所体现出的家庭资源对农村居民代际支持供给预期的类型产生了显著影响。首先,在城镇化预期与低经济工具供给预期对比模型1中,家庭自然资源、物质资源、社会资源和金融资源条件好的农村居民更倾向城镇化供给预期,家庭人力资源条件好的农村居民更倾向低经济工具供给预期。低经济工具供给预期与城镇化预期的主要差异在于,前者担忧情感支持,后者担忧工具支持(图8-2)。家庭自然资源越好,居民更担忧子女无法提供情感支持,因为自然资源丰富的家庭参与农业产业化和商业化经营程度较高,子女忙碌并对父母的照顾显著减少(Li et al., 2020)。家庭物质资源和社会资源越好,居民更担忧子女无法提供情感支持,这可能与物质资源和社会资源提升下农村家庭生活模式越来越城镇化有关,即父母子女联系频率显著下降(Zhan,2004;Zhang et al.,2018)。家庭金融资源越好,居民更担忧子女无法提供情感支持。因为金融资源的提升一般与家庭城镇化程度有关,因此家庭金融资源增长也有可能减少子女提供情感支持(Pei,Cong,2020)。相反,家庭人力资本越好,居民更担忧子女无法提供工具支持而非情感支持,这源于家庭人力资本的提升意味着子女教育质量和职业收入提升,意味着子女更多在外工作而非在家务农(Lin,Pei,2016)。

其次,在高经济工具供给预期与低经济工具供给预期对比模型2中,两组居民均担忧子女无法提供工具支持。农村现实中,较多的自然资源和金融资源意味着家庭成员有更多的土地和可支配货币,因而对子女无法提供财务支持的担忧显著减少(Zhan,2004)。相反,家庭物质资源、社会资源和人力资源越好,农村居民更容易担心子女无法提供财务支持。但在个别案例中,基础环境好的农村家庭子女反倒更容易依赖父母形成"啃老"代际关系,不仅不能提供财务支持,还加深了父母的养老负担(Cong,Silverstein,2008)。人力资本较好的农村家庭虽然子女数量更多、子女教育更高,但是现实常见的子女互相推诿代际支持责任,意味着农村家庭人力资源的改善反倒可能减少子女财务支持,这也是中国农村家庭养老与国外家庭养老的显著区别(Qin et al.,2020)。

表8-4 代际支持供给预期的多层回归模型

影响因素	模型1 类别1 (城镇化型预期)			模型2 类别3 (高经济供给预期)		
	β	SE	P	β	SE	P
个人层面						
·年龄	-0.015	0.000	0.000***	0.014	0.000	0.000***
·教育年限(年)	0.202	0.021	0.000***	-0.087	0.000	0.000***
·性别(参考项:女性)	0.141	0.005	0.000***	-0.033	0.001	0.000***
·婚姻(参考项:未婚)	1.189	0.011	0.000***	0.514	0.007	0.000***

续表

影响因素	模型1 类别1 (城镇化型预期)			模型2 类别3 (高经济供给预期)		
	β	SE	P	β	SE	P
家庭层面						
·自然资本	0.578	0.005	0.000***	0.146	0.002	0.000***
·物质资本	0.341	0.001	0.000***	-0.332	0.001	0.000***
·社会资本	0.354	0.002	0.000***	-0.196	0.001	0.000***
·金融资本	0.483	0.019	0.000***	0.418	0.011	0.000***
·人力资本	-1.281	0.010	0.000***	-0.220	0.000	0.000***
·截距	-3.100	0.039	0.000***	-0.714	0.018	0.000***
AIC	2 159.746					
BIC	2 284.681					
ABIC	2 192.623					
df	29					
熵值	0.741					
N	549					

注：* $p<0.05$，** $p<0.01$，*** $p<0.001$。

表8-5是代际支持需求预期的MRMM结果。基于MRMM规则，由于低需求预期的类别概率最高，因而作为参考组代入模型。在控制了个人因素后，家庭生计资本所体现出的家庭资源对农村居民代际支持需求预期的类型有显著影响。整体而言，表8-5中家庭自然资源、物质资源和社会资源的改善有助于减少农村居民对子女的依赖。家庭自然资源和物质资源越好，农村家庭基础条件越好，农村居民口粮和生活环境更优越，对子女提供养老资源的需求也会降低（Cao et al.，2016）。家庭社会资源越好，农村居民从子女之外获得养老支持的机会更多，对子女提供代际支持的依赖也会减少（Xu，Chow，2011；Huang，2012）。但是上述对子女代际支持依赖并不包括情感支持，因为子女情感支持

无可替代(Guo et al., 2017; Zhang et al., 2018)。这也解释了低需求预期的居民中,子女情感支持需求的条件概率最高(图8-2),即低需求预期的居民更偏好子女情感支持。相反,家庭金融资本和人力资本水平越高,居民更依赖子女获得养老资源,特别是依赖子女获得工具支持。考虑到家庭金融储蓄增加意味着子女外出务工增多,家庭人力资本改善意味着子女的教育质量提升和本地务农减少,对父母的照料也会减少,导致了农村居民更加期待子女提供生活健康照顾等工具支持(He, Ye, 2014; Chang et al., 2016)。

表8-5 代际支持需求预期的多层回归模型

影响因素	模型1 类别2 (低需求预期)		
	β	SE	P
个人层面			
·年龄	0.004	0.001	0.000***
·教育年限(年)	-0.389	0.021	0.000***
·性别(参考项:女性)	-0.542	0.024	0.000***
·婚姻(参考项:未婚)	-0.648	0.023	0.000***
家庭层面			
·自然资本	-0.549	0.001	0.000***
·物质资本	-0.428	0.016	0.000***
·社会资本	-0.750	0.032	0.000***
·金融资本	2.810	0.305	0.000***
·人力资本	0.042	0.124	0.737
·截距	5.978	0.165	0.000***
AIC	2191.304		
BIC	2260.233		
ABIC	2209.443		
df	16		
熵值	0.549		
N	549		

注:* $p<0.05$,** $p<0.01$,*** $p<0.001$。

第9章
农村家庭 HIV/AIDS 风险及其形成机制

针对性别失衡家庭风险的研究领域尚未纳入男性健康议题。但是基于已有的婚姻挤压研究发现,农村大龄未婚男性由于婚姻家庭缺失,存在更加明显的商业性行为等 HIV/AIDS 高危风险行为趋势,这也意味着农村男性家庭在城乡人口迁移大环境中,不仅面临性别失衡导致的农村婚姻挤压问题,还面临着农村未婚男性外出的风险性行为以及相关的 HIV/AIDS 感染风险。不同于婚姻和养老等家庭功能风险,农村未婚男性所涉入的 HIV/AIDS 感染风险会给未来婚姻家庭产生健康威胁,也会给一起生活的父母造成家庭困扰。考虑到农村男性群体普遍不高的生殖健康知识水平和风险自我保护意识,城乡流动可能更进一步加大农村男性家庭特别是未婚男性家庭的家庭健康安全。本章围绕农村未婚男性家庭进行研究,通过对流动进入城市务工的未婚男性进行风险性行为分析,引入生存分析方法估计了未婚男性涉入 HIV/AIDS 感染风险的年龄概率和人群比例,进而探讨农村男性家庭在性别失衡社会中可能面临的风险概率,估计了农村家庭围绕健康风险的概率发生时间和人群比例。本章的结论虽然不是普通农村家庭,但是也从与婚姻和家庭生活密切联系的生殖健康视角提出了分析性别失衡背景下农村家庭健康问题的独特视角,能够在农村生殖健康公安服务有限条件下为基层政府提供健康服务及为医疗保障提供实证参考。

9.1 农村家庭健康与 HIV/AIDS 风险

9.1.1 性别失衡与农村 HIV/AIDS 风险

艾滋病(HIV/AIDS)传播已经成为重要的个人健康风险,在家庭和社区可能成为影响公共健康和安全的社会风险(Hong et al., 2006)。在最主要的性传播途径中,商业性行为是感染 HIV/AIDS 的重要途径(Wang et al., 2005),更是普通人群都可能参与的性行为风险,却在公共健康政策讨论中缺乏关注度。最新资料显示,普通人群新增艾滋病感染者中有 90% 是通过商业性行为感染。因此,对商业性行为的关注是判断 HIV/AIDS 风险的重要依据。与此同时,人口结构中性别失衡及其婚姻挤压造成农村弱势男性在婚姻市场中的无法成婚现象(姜全保,李波,2011),商业性行为有可能成为失婚男性的重要选择(Li et al., 2010),因而可能增大 HIV/AIDS 的传播风险。因此,有必要从性别失衡背景下关注商业性行为及其 HIV/AIDS 风险内涵。相比于农村男性 2.7% 的商业性行为比例,乡城流动男性中的比例高达 9.1%,因而流动男性应是重点关注对象(Zhang et al., 2012)。该人群参与商业性行为缺乏安全措施,处于卫生医疗资源的劣势,HIV/AIDS 感染风险要比其他流动者高得多(Hoffman et al., 2010)。由于短期内很难被识别(Stevan et al., 2012),已婚流动男性和未婚流动男性都有可能将自身 HIV/AIDS 感染风险传递至家庭。鉴于 HIV/AIDS 防控尚未成为普遍的公共卫生策略,农村家庭的 HIV/AIDS 风险无论是潜伏期预防还是发病后防治,都面临卫生与健康资源劣势,很容易发展为家庭风险进而扩散为社会风险,成为性别失衡社会风险的重要一环。因此,关注流动男性因商业性行为而带来的 HIV/AIDS 风险,实质上是为公共卫生部门判断弱势人群的 HIV/AIDS 风险趋势提供数据参考,也为强化 HIV/AIDS 防控政策的针对性和时效性提供实证依据。因此,本章将使用生存分析方法(survival analysis)判断人群中各个年龄段商业性行为的比例,这种随年龄增长而变化的商业性行为参与趋势即为 HIV/AIDS 累积风险。研究目标包括:(1)流动男性商业性行为的初始年龄及影响因素;(2)流动男性商业性行为中的 HIV/AIDS 累积风险及其影响因素。在此基础上提出可供公共卫生部门参考的风险应对策略。

9.1.2 HIV/AIDS 家庭风险界定与测度

如果直接测度 HIV/AIDS 风险,需要关注是否感染 HIV/AIDS 或者是否发生了明确的 HIV/AIDS 传播事件(Zhang et al., 2013);间接测度方法还包括跟踪感染者的病史、风险行为参与以及感染者的治疗与生活辅助措施等(Njue, 2011)。但是从公共管理视角针对某类人群整体的 HIV/AIDS 风险进行测量缺乏直接的参考指标;加上目前 HIV/AIDS 属于个人隐私问题,通过大范围调查很难获得 HIV/AIDS 风险概率的相关信息。相比其他人群,商业性行为在流动男性较为多见,一方面源于已婚男性离开配偶单独流动而具备商业性行为倾向;另一方面也源于商业性行为可能成为流动未婚男性最易获得的非婚性行为(Ritchwood et al.,2014)。非洲、拉丁美洲及东南亚等地区的发展中国家是流动人口商业性行为问题的典型地区,城乡流动以及跨国低阶层移民群体都有明显的商业性行为趋势,上述研究也从特定人群流动方式、人口特征以及职业类型等分析商业性行为及其影响因素,学术与实践落脚点都集中于HIV/AIDS感染风险探讨。虽然HIV/AIDS有多种感染途径,但是对流动男性大部分人而言,商业性行为就意味着个人HIV/AIDS风险概率,体现出流动男性群体层面的HIV/AIDS风险。因此,本书将商业性行为作为流动男性HIV/AIDS风险的界定。

在HIV/AIDS风险界定基础上,本节关注流动男性大多数人所面临的HIV/AIDS感染途径,因此将商业性行为参与作为流动男性HIV/AIDS风险的测度,具备一定的理论根据。首先,在性别失衡与婚姻挤压背景下,由于被迫失婚男性的存在,流动男性可能会出现商业性行为的增多趋势(Yang et al.,2012),因而经由商业性行为的增多可能出现HIV/AIDS风险的增加;其次,商业性行为中的HIV/AIDS风险源于商业性工作者中有HIV/AIDS感染者(Yang et al.,2013);再次,已婚流动男性和未婚流动男性都表现出健康资源的弱势特征,他们参与商业性行为将带来很高的HIV/AIDS感染风险(段成荣,2008)。除了个人HIV/AIDS风险以外,商业性行为的风险含义还在于HIV/AIDS潜伏期所导致的个人风险滞后性,即参与者的HIV/AIDS感染后果在潜伏期内由于无法识别而延伸至家庭和社区(Wang et al.,2014)。因此,HIV/AIDS风险随时间增长而出现的累积效应更为重要。如果能够明确人群中各个年龄段的HIV/AIDS风险比例,就能够从年龄变化中估计总人群HIV/AIDS的累积风险(communicative risk)。根据上文综述,各年龄段的商业性行为比例随年龄增长而出现的变化趋势,即为HIV/AIDS累积风险。

但是商业性行为毕竟不是普遍现象,即使是全国性的抽样调查也仅发现5.5%的男性样本中有过商业性行为,因而分析人群总体在年龄变化下的HIV/AIDS风险趋势就存在小样本估计偏差;而商业性行为的纵贯数据难以获得,仅利用截面数据对某一时点的商业性行为概率进行分析,仅能够判断少数风险参与者的HIV/AIDS风险现状,无法判断人群总体在年龄变化中的HIV/AIDS累积风险(Yang et al.,2010)。针对截面数据进行累积风险的分析,如果借助生存分析方法关注风险行为的初始年龄,就能够明确总人群各个年龄段的风险行为比例,判断人群总体随年龄变化而出现的累积风险(郭志刚,2001)。因此,参与风险的初始年龄是重要的相关因素,通过初始年龄分析掌握各个年龄段的商业性行为比例,即 HIV/AIDS 风险比例,就可以从年龄变化中判断总人群的 HIV/AIDS 累积风险。随着流动男性初始流动年龄提前(万将军,钟颢,2014),商业性行为参与的初始年龄也很可能相应提前,进而加大总人群在不同年龄阶段的商业性行为比例,扩大累积风险。因此,本节将商业性行为初始年龄作为 HIV/AIDS 累积风险的测度指标,通过商业性行为参与及其初始年龄分别测度流动男性的 HIV/AIDS 风险与累积风险,如表 9-1 所示。

表 9-1 HIV/AIDS 风险与 HIV/AIDS 累积风险的指标构建

指标	界定	测度
HIV/AIDS 风险	商业性行为	是否参与商业性行为
HIV/AIDS 累积风险	各年龄段的商业性行为比例随年龄增长而出现的变化趋势	商业性行为初始年龄

9.1.3 农村家庭 HIV/AIDS 风险的累积因素

本节将商业性行为界定为流动男性的 HIV/AIDS 风险,因而 HIV/AIDS 累积风险的影响因素即为商业性行为的影响因素。流动男性的商业性行为是社会宏观结构因素与微观规范因素共同作用的结果。社会宏观结构变化是商业性行为的环境因素,首先是性别失衡、贫困以及流动造成的婚姻挤压现象,一些劣势男性无法获得婚姻配偶进而可能存在商业性行为需求;其次是城镇化中的人口流动,部分农村男性在城市中更容易获得商业性行为(靳小怡 等,2012)。随着流动时间的增加,流动男性无论是经济资源、社会交往以及个人观念等都会发生显著变化,加大了商业性行为的发生概率。与此同时,大量流动男性离开配偶独自流动,他们与婚姻挤压下缺乏婚姻家庭的大龄未婚男性具有相似性,都面临个人性行为的匮乏而增大了商业性行为概率。微观规范因素主要体现为性观念相关的文化变迁,首先是主观规范,即周围人群对商业性行为的认可程度对潜在参与者具有显著影响,如果周围人群对商业性行为认可程度高或是周围人群参与比例高,则潜在参与者将具有很强的参与倾向(Chan et al.,2011)。流动男性中相当数量的人群为务工场所集中居住,因而群体内部对商业性行为的认可程度将显著影响群体内的商业性行为倾向。另一个文化变迁因素体现为社会媒介信息,例如网络接触大大增加了流动男性接触性行为信息的可能性,特别是接触色情信息对流动男性商业性行为的发生具有显著影响。另外,微观规范因素中的个人行为特征如性伴侣数量,对流动男性的商业性行为发生概率有显著正向影响。综上所述,本章将在中国性别失衡及其婚姻挤压背景下,基于商业性行为初始年龄分析流动男性各个年龄段的商业性行为比例即 HIV/AIDS 风险比例,通过年龄变化趋势解读 HIV/AIDS 累积风险,目标定位于提出具有明确导向的 HIV/AIDS 防控政策体系,为风险管理模式、风险阻断策略、风险治理策略和风险干预策略提供参考。

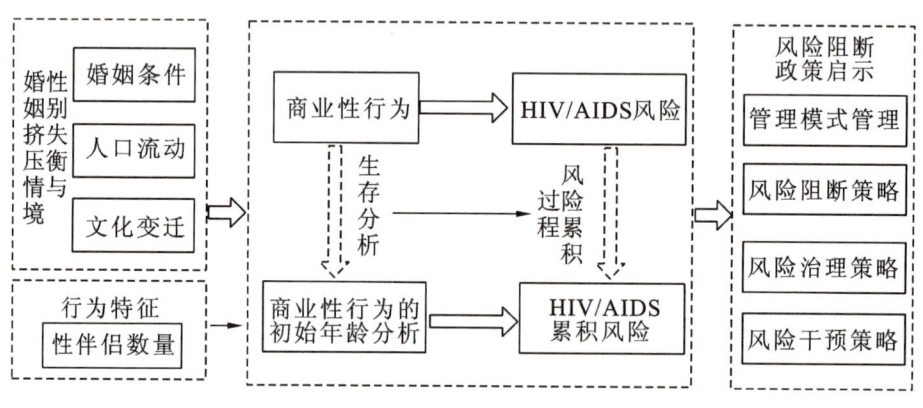

图 9-1 分析框架

9.2 农村家庭 HIV/AIDS 风险识别及其形成机制

本节数据来源为"农村大龄流动男性生殖健康及家庭生活问卷调查"。作者查阅了性行为研究中的相关指标和量表,参照流动男性和中国文化特征进行了改进,最终形成"农村大龄流动男性性与生殖健康及家庭生活问卷"(Davis et al.,1999)。本节调查地点位于西安市。西安市已经成为西北地区农村务工人口流入最多的城市,所属省份也存在贫困和人口流动下的性别失衡与婚姻挤压现象,28 岁之后无法成婚的农村男性将会面临更加严峻的成婚困难。本节将样本界定为 28 岁以上具有农村户口的流动男性,可以对比分析性别失衡与婚姻挤压背景下未婚男性和已婚男性在商业性行为中的差异,判断不同人群由于商业性行为而出现的 HIV/AIDS 累积风险。

在调查过程中,由于当地流动人口信息登记制度尚未完善,无法实现随机抽样,因而选择了方便抽样,抽样框为市区不同区域的三个大型劳务市场。这三个劳务市场能够满足西安市外来流动人口分布的多元性,避免样本单一化造成的估计偏差;此外,上述场所也是劳动就业部门推荐的流动务工场所,务工人员职业种类较多,能够保证样本类型的多样性。由于性行为问卷的高度敏感,调查方式采用计算机辅助调查工具CAPI(computer assisted personal interview),答题者自己操作电脑答题(Beauclair et al.,2013)。调查方式是将计算机带入劳务市场并隔离出封闭空间,避免外界干扰。在答题开始前,调查人员会对答题者解释数据保密原则,讲解电脑操作方式并说明允许自由退出等。随后,调查人员将离开答题区域,只在答题者要求电脑操作协助时进行指导。本次调查在2010年完成,共得到979样本,其中26个样本由于问卷过于敏感而中途退出,14个样本不符合本文流动男性的界定,最终得到有效样本939个。本节使用到的主要变量的基本信息如表9-2所示。本次样本中有19.4%发生了商业性行为,说明商业性行为并不是普遍现象,也表明分析商业性行为初始年龄的必要性。为了探讨社会宏观结构因素,本节结合婚姻与流动对样本进行分类,包括大龄未婚男性、已婚男性、未婚同居男性以及离婚丧偶男性四类。由于28岁之前有过商业性行为并不能反映婚姻挤压背景下的商业性行为情况,因而本节只纳入了商业性行为初始年龄在28岁及以上以及截止到观察期无商业性行为的男性。

表9-2 变量设置与样本特征

概念界定	变量测量	Min/Max	占比/Mean(SD)
主变量			
·商业性行为	目前为止是否与"小姐"有过性行为	0=从来没有 1=有过	80.6% 19.4%
·商业性行为初始年龄	第一次与"小姐"有过性行为的年龄	14/50*	29.6(7.9)

续表

概念界定	变量测量	Min/Max	占比/Mean(SD)
核心变量			
·婚姻与流动因素			
婚姻地位	目前的婚姻状况	0 = 未婚且为同居	13.4%
		1 = 已婚	64.6%
		2 = 同居	12.7%
		3 = 离婚或丧偶	9.3%
流动经历	本次流动之前是否有过流动经历	0 = 没有	35.1%
		1 = 有过	64.9%
	本次流动是否是独自流动	0 = 不是独自流动	41.7%
		1 = 独自流动	58.3%
·文化变迁因素			
主观规范	周围人群有过商业性行为的数量	1/5 (1 = 不知道, 2 = 没有, 3 = 很少, 4 = 一半, 5 = 大部分, 6 = 所有人)	2.9(1.4)
媒介信息	最近一年上网的频率	0 = 经常上网	9.1%
		1 = 偶尔上网	36.0%
		2 = 没上过网	54.9%
	最近一年看色情录像的频率	0 = 经常看	7.7%
		1 = 偶尔看	70.2%
		2 = 没看过	22.1%
·行为特征因素			
性伴侣数量	目前为止一共有过多少个性伴侣	0/10	2.3(1.9)
N		939	

注:* 商业性行为初始年龄 >50 岁的只有 3 个样本,为了避免奇异值的干扰,此处只保留了 50 岁及以下的样本,共计 179 人。

本节将基于商业性行为初始年龄进行生存分析。生存分析方法是根据特定事件发生实际情况来推断和预测事物发生的规律。在本节中，生存时间为个人年龄，截止到个人年龄 T 时，如果发生了商业性行为，则看作是一个失败事件，没有发生则为删失数据。生存时间通常由四个函数组成，即生存函数 $S(t)$，概率密度函数 $f(t)$，分布函数 $F(t)$，风险函数 $h(t)$。在四类函数中，$S(t)$ 和 $h(t)$ 为基本函数，前者表明截止到一定年龄没有发生商业性行为的概率即无 HIV/AIDS 风险的概率，后者表明截止到一定年龄发生商业性行为的概率即有 HIV/AIDS 风险的概率。本节应用了 Kaplan-Meier 方法，又称乘积极限法。Kaplan-Meier 方法以商业性行为初始年龄为分析对象，通过估算每个年龄段的流动男性中还没有发生商业性行为的人数比例（即截止到某个年龄，样本中尚未参与商业性行为的比例，也称"存活比例"），从而估计出总人群从婚姻挤压开始后的 28 岁直到本次调查时年龄的商业性行为变化趋势，即 HIV/AIDS 累积风险。HIV/AIDS 累积风险的影响因素分析运用 Cox 回归方法，建立以商业性行为初始年龄为因变量，社会宏微观影响因素为自变量的影响因素模型。Cox 回归模型首先对不同年龄的风险函数分布进行无差别化假设，即基础风险函数为 $h_0(t)$，在此基础上评估协变量对风险函数 $h_0(t)$ 的影响效果。如果商业性行为初始年龄越大，意味着流动男性在商业性行为中的"存活时间"越长，也就是未参与商业性行为的"生存时间"越久，总人群商业性行为的累积比例及其相关的 HIV/AIDS 累积风险也越低。

本节分析策略包含描述分析与影响因素模型分析两步。首先是描述部分，通过 Kaplan-Meier 方法描述流动男性在年龄变化趋势下的商业性行为参与趋势，即 HIV/AIDS 累积风险；为了对 Kaplan-Meier 曲线进行深入解读，本节还对原始的 Kaplan-Meier 估计进行了对数化处理，获得对累积风险趋势更为直观的判断。其次进行影响因素分析，引入社会宏微观影响因素变量，分别进行以商业性行为经历为因变量的 logit 回归分析和以商业性行为初始年龄为因变量的 Cox 回归分析。logit 回归模型验证社会宏微观影响因素是否对于婚姻挤压背景下的流动男性的商业性行为经历具有显著影响，Cox 回归模型在影响因素得到验证的基础上进一步进行 HIV/AIDS 累积风险的影响因素分析。

9.2.1 农村家庭 HIV/AIDS 风险水平与特征

图 9-2 是四类流动男性随着年龄变化，商业性行为的参与趋势。从图 9-

2(a)可以看出,商业性行为参与具有明显的人群差异。从 28 岁开始,大龄未婚男性比其他男性出现了更明显的商业性行为趋势;在 40 岁左右,这种高风险趋势才被未婚同居和离婚丧偶者取代。40 岁之后的未婚同居男性商业性行为比例最高,而 45 岁之后的离婚丧偶者商业性行为比例最高。相比而言,已婚男性基本与已有研究结果相一致,即已婚男性商业性行为比例很低并且人群内部的差异不明显,最高也未超过 20%,是商业性行为的低风险人群。为了更加直观判断四类人群商业性行为中的累积风险,本书在 Kaplan - Meier 估计的基础上,对生存分析进行对数化处理,从而更清晰地观察流动男性商业性行为随年龄变化的趋势。生存函数的对数化结果如图 9 - 2(b) 所示。

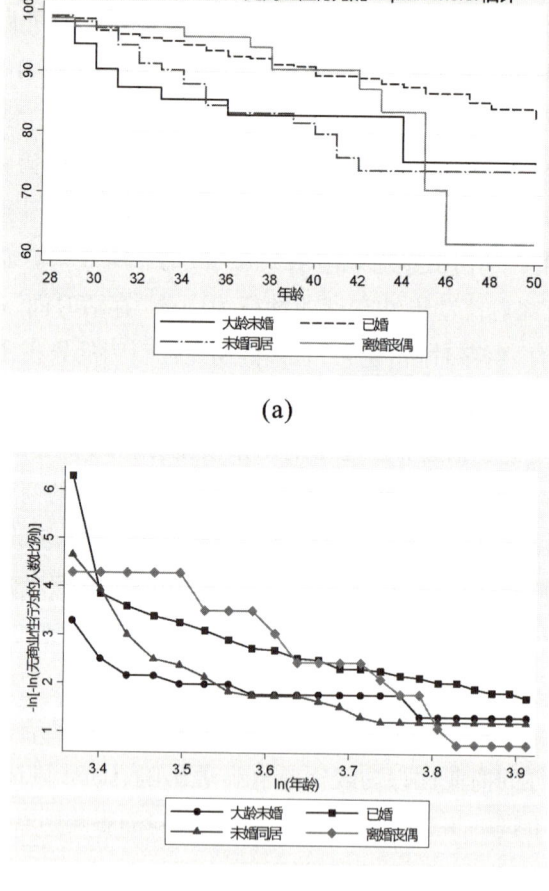

图 9-2　流动男性的商业性行为与 HIV/AIDS 累积风险

图9-2中商业性行为变化趋势即为本书所界定的HIV/AIDS累积风险。可以看到大龄未婚男性和未婚同居男性是商业性行为最主要的参与者,这与已有研究结论相一致(Zhang et al.,2012)。但是中年阶段之后,离婚丧偶者的商业性行为比例显著增高。婚姻挤压对流动男性商业性行为的影响主要发生28—35岁,而这一年龄段正是男性的适婚年龄。在这一年龄阶段流动男性中,大龄未婚男性的商业性行为比例达到20%,高于同期其他男性,并且累积风险的速度最快。与此同时,未婚同居男性也是这一阶段商业性行为的主要参与者。因此,在HIV/AIDS风险中,28—35岁的未婚流动男性是婚姻挤压背景下最主要的风险群体,HIV/AIDS累积风险的速度和程度都高于其他男性。35岁之后,他们的HIV/AIDS累积风险速度放缓,但是依然维持较高的风险趋势。已婚男性由于商业性行为而出现的HIV/AIDS累积风险最为平缓,验证了HIV/AIDS传播中已婚男性比例较低的已有结论(Ye et al.,2012)。但是45岁之后的离婚丧偶男性成为商业性行为趋势最为显著的群体,是中年阶段HIV/AIDS累积风险的主要承担者。相对而言,这部分男性在商业性行为参与者中比重较小,离婚丧偶的婚姻身份使他们很少能够将个人HIV/AIDS风险扩散到家庭配偶,因而HIV/AIDS累积风险对家庭社区的影响较轻。

9.2.2 农村家庭HIV/AIDS风险形成机制

本节中HIV/AIDS累积风险的影响因素分析即为商业性行为的影响因素分析。首先以"是否参与商业性行为"为因变量,建立商业性行为概率的影响因素模型;其次以"商业性行为初始年龄"为因变量,建立商业性行为的影响因素模型。通过模型对比,在验证商业性行为影响因素的同时,试图识别出年龄变动下商业性行为比例变化趋势的影响因素及其对总人群HIV/AIDS风险的含义。表9-3是两类模型的分析结果。模型1通过logit回归分析了商业性行为经历的影响因素,除了打工经历以外,其他所有因素都产生了显著影响:大龄未婚男性比其他男性有更高的发生概率;独自流动、主观规范强、性伴侣数量多以及经常上网和接触色情录像的人群,具有更高的商业性行为发生概率。因此,本节的样本虽然是28岁以上的流动男性,但是验证了社会宏观结构因素和社会微观规范因素对商业性行为发生概率具有显著影响,因而所纳入的影响因素是该人群商业性行为的显著影响变量。

表9-3　HIV累积风险的影响因素分析

影响因素	模型1 商业性行为经历 (参考项:无)		模型2 商业性行为初始年龄	
	O.R	SE	H.R	SE
婚姻(参考项:大龄未婚)				
・同居	0.749***	0.059	0.486*	0.167
・已婚	0.244*	0.116	0.723	0.279
・离婚或丧偶	0.643***	0.062	0.250***	0.107
是否有打工经历(参考项:没有)				
・有	1.083	0.054	1.231	0.267
流动方式(参考项:与别人一起)				
・一个人来	1.510***	0.074	1.436	0.318
主观规范	1.680***	0.012	1.794**	0.062
性伴侣数量	1.631***	0.019	1.374***	0.067
上网频率(参考项:经常看)				
・偶尔看	0.508***	0.039	0.556	0.176
・从来不看	0.378***	0.029	0.293***	0.098
过去一年色情录像频率 (参考项:经常看)				
・偶尔看	0.375***	0.028	0.550*	0.150
・从来不看	0.155***	0.016	0.195***	0.088
样本数量	936		729	
失败样本数量	--		103	
风险-时间指标	--		28346	
最大似然比	-6542.692		-548.36	
卡方统计量	5744.60***		164.87***	
相关系数	0.305		--	

注:$^*p<0.05$,$^{**}p<0.01$,$^{***}p<0.001$。

模型2通过Cox回归探讨了年龄变化中商业性行为比例变化趋势的影响因素。一是已婚男性相比其他男性而言,商业性行为初始年龄较低,已婚男性没有随着年龄增加而出现明显的累积风险;二是流动因素没有发生显著影响,打工经历和流动方式都没有对商业性行为趋势产生作用;三是网络接触频率的影响出现变化,与没有上过网的人相比,偶尔接触网络者的累积风险不再明显,经常上网者累积风险的增长非常显著。模型2估计出了流动男性的HIV/AIDS累积风险趋势,即流动男性随着年龄增长,由商业性行为而带来的HIV/AIDS累积风险更多源于婚姻挤压背景下的婚姻条件影响;同时受到了文化变迁因素即主观规范和媒体信息的影响;流动经历与流动方式并不存在显著作用。

第 10 章
性别失衡社会农村家庭风险的后果研究

本章基于性别失衡社会农村家庭风险识别结果,仅需进行相对应风险后果的研究。但是本章的风险后果研究不同于一般意义上的风险后果分析。就普通风险研究而言,自然风险后果主要探讨受到灾害冲击或者风险事件冲击后的伤害程度及其带来的显著影响,评价伤害后果的程度与水平。而家庭风险研究作为一种社会风险的微观扩展形式,延续了社会风险研究的预判性和估计特征,即无法清晰定位风险的实际伤害,转而研究风险可能导致的后果及其对于个人和家庭以及社会的影响。就本章所关注的性别失衡社会农村家庭风险后果而言,需要说明的是,在性别失衡社会农村家庭风险形式中,由于家庭抗逆力是一种风险度量方式而非风险实际发生结果,因此本章不针对这种综合风险类型进行后果预判研究。同时,由于农村男性家庭 HIV/AIDS 风险也是一种风险态势预判而非风险实际事件,本章也不对男性家庭 HIV/AIDS 风险进行后果预判研究。因此,本章基于整体研究框架,延续所识别出的农村家庭中越跨境婚姻风险、农村家庭健康风险、农村家庭养老风险以及农村大龄未婚男性家庭发展风险进行后果定位和对应分析。

首先,农村家庭受到一系列性别失衡具体社会形态和结构的影响,在经济发展、结构发展和功能发展中都会受到影响,而男孩偏好这一导致性别失衡的核心原因恰恰能够反映出性别失衡情境下农村家庭经历一系列风险后的实际变化,是风险后果的直接表现。其次,对应着性别失衡情境下农村中越跨境婚姻增长及其带来的不确定风险,本章继续围绕中越跨境婚姻主题进行家庭风险后果研究,围绕中越跨境婚姻家庭的具体案例,关注家庭经济生存、社会交往、家庭结构稳定、家庭社区融合等维度,探讨中越跨境婚姻现象中性别失衡社会农村家庭具体婚姻风险后果。再次,对应着农村家庭养老的不确定性风险,本章继续关注养老层面的家庭风险后果。由于性别失衡社会形态初步形成,社会大范围养老需求问题也在初步形成,无法明确老年人代际支持如何体现性别失衡影响。因此,作为农村家庭养老常见的风险后果,农村老年人医疗健康需求更能体现出当前农村老年人在性别失衡情境下面临的养老风险后果。为了体现性别失衡社会情境的宏观现实,本章考虑了农村城乡人口迁移现实,选择性别失衡情境下流动老年人的医疗健康需求进行家庭养老风险后果分析。最后,针对农村大龄未婚男性家庭面临的社会生存与融入风险,本章围绕农村大龄未婚男性家庭的婚姻、健康和养老多维指标,从家庭生命历程和家庭生命周期视角探讨了农村大龄未婚男性家庭发展的需求,探索特殊结构家庭在性别失衡社会经历风险中的典型后果。

10.1 男孩生育偏好及其机理研究

10.1.1 性别失衡与男孩偏好

根据资源稀缺环境下个人的理性选择倾向,男多女少现象及其对社会的影响增大了女性在人口性别结构中的稀缺性进而可能改善其社会权利劣势,传统的重男轻女生育观念很可能得到扭转。因此是否可以认为性别失衡造成的男多女少及其社会和家庭后果会弱化个人的生育男孩偏好呢?城市研究表明,男性成婚压力的增大的确减弱了城市居民生育意愿的男孩偏好(董志强,2016),但是城市居民的生育观念与农村居民显著不同,后者所面临的住房压力和家庭经济风险在农村社区要低得多,因此性别失衡对农村居民生育男孩偏好的影响尚未明确。农村调查显示性别失衡会进一步挤压女性权益,在性别失衡背景与二胎生育政策环境下,这种倾向很可能强化"80后""90后"育龄夫妇的生育男孩偏好(Jiang et al.,2016),出生人口性别比可能出现反弹偏高趋势。因而有必要专门针对农村居民探讨性别失衡后果下的生育男孩偏好。本节将针对性别失衡地区的农村居民,探讨性别失衡直接后果即男多女少现象,以及性别失衡间接后果"男性成婚困难""传统社会性别观念变化"和"男男同性恋增多"是否会对生育男孩偏好产生影响。直接后果和间接后果存在一定的关联,并且两者对个人的影响程度不同,后者由于更加接近个人生活而可能对生育男孩偏好产生更大影响,因此本节将分析性别失衡后果对农村居民男孩生育偏好的影响机制,即直接后果如何通过间接后果对男孩生育偏好产生影响。在此基础上探讨弱化农村居民男孩生育偏好的政策启示。

生育性别偏好包括男孩偏好、女孩偏好和无偏好,还包括中国儿女双全的性别数量双偏好(郭志刚,2008)。生育男孩偏好的测量通过直接询问生育儿子或女儿的态度(王鹏,2015),或是关于家庭生育意愿中的男孩数量,比如"家里至少生育1个男孩"(廖庆忠 等,2012)。由于意愿生育和实际生育往往并不一致,因此构建生育男孩偏好指数,即"意愿男孩数/意愿孩子数",也能够测量居民生育男孩的偏好程度(董志强,2016)。如果关注实际生育行为,可以通过观察子女性别组合来甄别偏好程度,例如"全部为儿子"和"至少有1个儿子"的家庭比例能够反映生育男孩偏好(刘爽,冯解忧,2014;宋健,陶椰,2012);也有基于普查数据中的纯女户比例来判断生育男孩偏好(龚为纲,2013)。另一类测量关注二胎生育,因为根据第一个子女的性别情况测量二胎生育性别偏好可能更容易体现生育男孩偏好的强度(靳永爱,宋健,2016;石贝贝 等,2017)。质性方法也被用于测量生育男孩偏好,虽然通过访谈能够观察生育男孩偏好的具体现象(张爱华,2016),但是有限的访谈样本降低了研究结论的普适性。

社会发展能够弱化男孩偏好,但是由于经济特别是家庭保障的劣势,农村居民的生育男孩偏好依然存在,只是程度有所降低。近十年的研究表明,农村的生育男孩偏好始终高于城市。2006年CGSS数据分析发现农村的偏好比例在36.2%,高于城市的20.4%(王鹏,2015);2009年全国12个中心城市区域调查中,农村关于"至少生育一男"的比例高达61.16%,高于城市的44.04%(廖庆忠 等,2012);2010年至2013年的CGSS数据中,农村的生育男孩偏好逐年下降,但是依然高于城市(董志强,2016)。2015年的地区数据表明,农村的生育男孩偏好已经降至30%,但是农村老年人生育男孩偏好的比例高达75.3%(石贝贝 等,2017),后者对育龄夫妇的影响不容小视。另外,宏观数据显示华南和中原地区的生育男孩偏好突出(龚为纲,2013),上述地区包括河南、江苏和广东等人口大省,在二胎政策实施后,生育男孩偏好很可能造成出生人口性别比反弹偏高。

性别失衡直接后果对生育男孩偏好的影响。自2000年开始,出生人口性别比在120以下的省份从2000年的9个减少到2010年的4个(2000年人口普查资料,2002;2010年人口普查资料,2012),性别失衡向全国扩散。其中,农村偏高态势是全国整体偏高的重要推动力(果臻,李树茁,2016),农村居民显示出强烈的生育男孩偏好。随着出生人口性别比偏高态势得到控制,性别失衡问题凸显为男多女少的直接后果,特别是劣势男性的成婚困难以及生存发展对农村社区和个人的影响(谢雅婷 等,2015)。按照资源稀缺规律,尚未出生或步入婚姻市场的女性会成为人口结构中的稀缺人群,她们的权利劣势可能会得到显著改善;但是也可能更加凸显女性在就业、婚配、人身安全和家庭分工中弱势处境,男性优势可能更加突出(Michael,Zhang,2008)。由于存在对子女性别权利和收益的预期,每个人都因为不同程度的男孩或女孩偏好而形成生育性别偏好(郭志刚,2008)。在男多女少环境下,农村居民生育女儿的预期收益可能会大于儿子,则生育男孩偏好会弱化;也有可能因为担心女性愈发弱势的处境而强化生育男孩偏好。目前尚未有研究比较生育男孩和女孩的风险后果与收益后果,因此无法判断男多女少对生育男孩偏好的影响是弱化还是强化。因此,本节提出研究假设1:性别失衡直接后果能够影响农村居民的生育性别偏好。

性别失衡间接后果对生育男孩偏好的影响。性别失衡直接形成男多女少的局面,而男女数量不匹配的深层影响体现在婚姻、文化和性别伴侣关系方面。首先,男多女少必然对婚姻市场中的未婚男性形成压力,男性成婚困难显著增强(果臻,李树茁,2016)。虽然男性成婚困难也会受到婚龄人口中男女年龄结构的影响,但从长远来看,男多女少的数量差异最终会形成男性成婚困难的人口环境(姜全保 等,2013)。因而性别失衡的间接后果包含男性成婚困难。其次,一些地区的重男轻女观念在男多女少情况下不仅没有减弱反而强化(Yool et al.,2017),更突显了女性在原有劣势基础上的权利挤压和侵害,传统社会性别观念会受到男多女少现象的影响,成为性别失衡的间接后果。最后,男多女少也会对性别关系产生影响,例如在男多女少的环境当中的确存在男男同性恋增多的现象(Black et al.,2000),男男同性恋增多可能也会成为男多女少社会中性别伴侣关系变化的结果。因此,上述三类现象可能成为性别失衡在婚姻、文化和性别伴侣关系方面的间接后果。就居民个人而言,间接后果与社区和家庭的联系更直接,性别失衡的直接后果很可能通过间接后果对农村居民的生育男孩偏好产生影响。

根据"六普"数据的预测表明,男性成婚困难会在未来保持上升态势(孙炜红,谭远发,2015),而女性数量减少成为2020年以后男性成婚困难的主要原因。城市居民调查发现,性别比偏高地区往往由于男性较高的婚配压力而出现生育男孩偏好的弱化(董志强,2016)。与城市居民相比,虽然农村居民在住房方面压力较低,但是婚姻彩礼持续攀高也对农村婚龄男性及其家庭造成巨大的现实和心理压力,而成婚困难的单身男性生存和发展问题也是其所在家庭的风险来源,成婚困难男性的家庭一般都对生活持有不确定性的忧虑(谢雅婷 等,2015)。由于婚姻市场中的男性成婚困难,根据"经济人"假设与个人最优选择倾向,农村居民很可能担心未来儿子的成婚困难而弱化生育男孩偏好。因此本节提出研究假设2:性别失衡直接后果通过男性成婚困难,对其生育男孩偏好产生影响。其中,男多女少现象能够强化农村居民对男性成婚困难的担忧;而对男性成婚困难的担忧会对未来儿子的婚姻产生风险预期,最终在生育行为上减弱生育男孩偏好。

近年来的研究表明,女儿对农村居民的日常照料逐渐与儿子持平(张爱华,2016),这就从收益层面弱化了儿子的功能需求,但是并不一定会弱化男孩偏好。男孩偏好的形成不完全来自养老需求和物质收益,还包括了家庭姓氏传承等文化心理需求(Jiang et al., 2016)。在东部省份和中西部富裕地区,经济高速增长虽然弱化了家庭对儿子的代际支持需求,但是却刺激了文化层面的男孩偏好(陶涛,2012);即使没有经济的刺激效用,西部山区的育龄女性在男多女少环境下也会强化生育男孩偏好(Jiang et al., 2016)。实际上,无论是就业、治安、健康还是家庭分工,大部分女性在两性权力结构中依然处于弱势,社会和家庭在男多女少环境下可能更担心女性面临的权利损害(姜全保,李波,2011)。因此,本节提出研究假设3:性别失衡直接后果通过农村居民的传统社会性别观念变化,对其生育男孩偏好产生影响。其中,男多女少现象会进一步强化农村居民重男轻女的传统性别观念;而传统社会性别观念会对生育男孩偏好产生强化作用。

国外学者关于监狱和军队研究发现男多女少环境与男男同性恋增多之间存在显著关联(Black et al., 2000),意味着男多女少环境很可能会增大男男同性恋发生的概率。在中国传统的两性观念、恋爱关系和家庭关系中,大部分人并不能接受同性恋(魏伟,2016),并且主流媒体几乎将男男同性恋贴上了HIV/AIDS标签,因而普通居民更容易担忧而不是支持家庭或朋友的同性恋身份。虽然同性恋关系是天生的心理需求而非环境改变引起的性取向改变(Goldberg,2009),但是主流人群特别是农村居民并不清楚同性恋的真实属性,可能会将男多女少和同性恋增多相联系。在担忧未来儿子的成婚困难和男男同性恋增多的同时,农村居民可能会在生育观念上减弱男孩偏好。因此,本节提出研究假设4:性别失衡直接后果通过男男同性伴侣增多现象,对其生育男孩偏好产生影响。其中,男多女少现象会强化农村居民对男男同性恋增多的担忧;在男男同性伴侣关系还没有得到普遍认同的氛围下,这种担忧可能对生育男孩偏好产生弱化作用。基于以上研究假设,本节提出了理论模型,用于分析性别失衡后果对农村居民生育男孩偏好的影响机制,如图10-1所示。在理论模型的基础上,本节将通过农村居民问卷调查数据的分析,验证理论模型及其假设。

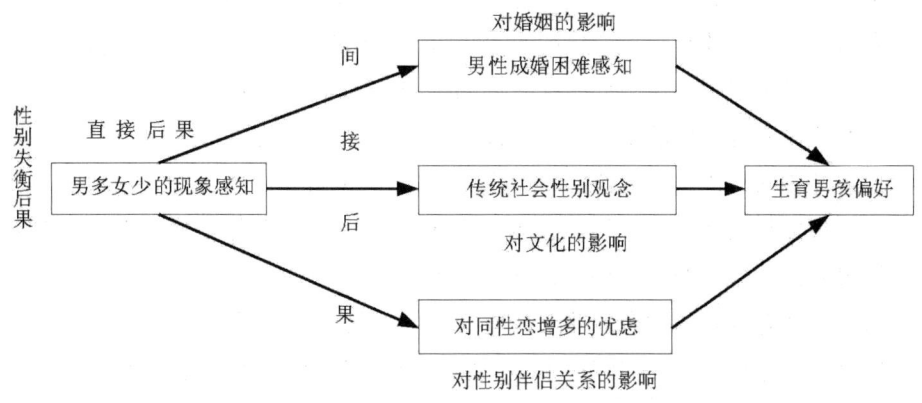

图10-1 性别失衡后果对农村居民生育男孩偏好的影响机制

本节数据来源为"2015年农村居民性别失衡后果及治理政策问卷调查"。本次调查选择江西、陕西、贵州和广西等地,上述地区能够反映出生人口性别比偏高、重男轻女、女性外流与男性贫困以及跨境婚姻等性别失衡后果相关的现实环境。普查数据表明,性别失衡环境中居民生育性别偏好的变化存在地区规律,华南和中原地区居民的生育男孩偏好会进一步强化,而长江流域居民的生育男孩偏好会出现弱化(龚为纲,2013)。调查采取多阶段PPS抽样,每个省选取2个县(陕西选取1个县),每个县选取2个乡镇,每个乡镇选取3个行政村,每个村随机选取30位村民,最终获得1338样本。由于强烈的男孩偏好正在逐渐减弱,本次调查最终采用题目"不管几个孩子,只要有儿子就行"作为因变量测量生育男孩偏好(郭志刚,2008;刘爽,冯解忧,2014)。

性别失衡直接后果和间接后果的测量根据已有性别失衡研究结论进行变量设计。首先,如果居民感知到的男多女少现象越多,则表明直接后果越明显(谢雅婷 等,2015)。居民日常生活中涉及的男多女少感知一般来自自身社会网络和生活环境,学校也是体现男女数量差异的集中场所。因此,本书关于性别失衡直接后果的测量为:"Q1:周围的男孩子越来越多","Q2:30岁以上没有结婚的男性越来越多","Q3:学校里大部分的学生是男孩子"。其次,已有研究发现只有当居民自身或者家庭成员处于成婚困难的环境中,居民对男性成婚困难的感知更能反映该问题对居民和家庭的实际影响(刘爽、冯解忧,2014);而居民对成婚困难的感知本质上来自自身或者家人的经济劣势及其导致的成婚困境(张爱华,2016)。因此,本书关于男性成婚困难的测量为:"Q4:如果家里有儿子,担心娶不到媳妇儿","Q5:如果家里有儿子,要多存钱"。再次,本书参考了农村社区传统性别观念变化的研究结果,根据农村社区中生育男孩偏好相关的家庭养老需求和文化心理需求变化(张爱华,2016),从家庭养老、家庭传宗接代和女儿对家庭支持的视角,将变量确定为:"Q6:养老还得靠儿子","Q7:生儿子是为了传宗接代","Q8:生女儿可以提供生活照料和情感支持"。最后,本书尚未找到性别失衡领域男男同性恋相关的测量参考。但是根据男多女少环境中男男同性恋增多的现象(Black et al.,2000),探讨居民在男多女少环境下对于男男同性恋增多的忧虑能够反映出这一性别失衡间接后果的现状。另外,由于男男同性恋在社会媒体和舆论中经常与 HIV/AIDS 相联系,普通居民更容易经由 HIV/AIDS 而接触到同性恋话题,因此普通居民对同性恋的 HIV/AIDS 风险感知能够反映普通居民对男男同性恋增多的忧虑程度。因此,本书将"对男男同性恋增多的忧虑"变量设置为:"Q9:男多女少社会中的男男同性恋会增加","Q10:男男同性恋会增加 HIV/AIDS 传播"。所有变量的测量使用李克特5级量表("1 = 非常不同意,2 = 不同意,3 = 不同意不反对,4 = 同意,5 = 非常同意")。

表 10 - 1 样本信息

变量名称	变量类别	Mean(Min/Max)	N^*
年龄	— —	37.41(14/77)	1338
性别	男性	42.52%	1331
	女性	57.48%	
婚姻	未婚	8.69%	1338
	已婚(包含同居、初婚、离婚、丧偶等非婚姻挤压情况)	91.31%	

续表

变量名称	变量类别	Mean(Min/Max)	N^*
教育水平	小学及以下	19.33%	1338
	初中	48.51%	
	高中及以上	32.16%	
家庭年收入	2 000 元以下	27.85%	1318
	2 000 - 4 999 元	16.84%	
	5 000 - 10 000 元	21.55%	
	1 0001 - 19 999 元	13.88%	
	20 000 以上	19.88%	

注：*部分题目存在样本拒答的情况，因而出现样本数量的差异。

根据理论模型验证假设 1 即性别失衡对生育男孩偏好有影响，以生育男孩偏好（1—5 分）为因变量构建影响因素的 logit 回归模型，纳入性别失衡感知和个人基本信息。如果假设 1 成立，则性别失衡后果对生育男孩偏好的影响存在，影响机制研究就具备了理论基础（温忠麟 等，2005）；影响机制研究使用 M－plus，引入路径分析方法（Path - Analysis）。根据理论模型，性别失衡感知是通过"男性成婚困难感知""传统社会性别观念感知"以及"对男男同性恋增多的担忧"三个因素对生育男孩偏好产生影响。本章节采用验证性因子分析（CFA）对 Q1—Q10 进行性别失衡后果类型的验证，进而构建性别失衡直接后果变量"性别失衡现象感知" F1，间接后果变量"男性成婚困难感知" F2，"传统社会性别观念感知" F3 和"对男男同性恋增多的忧虑" F4。Q1—Q10 均为 5 级李克特量表，对其进行组合相加和平均值处理。例如 F1 变量包含的题项为 Q1、Q2，则 F1 = (Q1 + Q2)/2，以此类推，构建 F1、F2、F3 和 F4 四个变量对生育男孩偏好的影响机制模型。

10.1.2 农村家庭男孩偏好及其形成过程

分析发现，13% 的样本对因变量"Q11：不管几个孩子，只要有儿子就行"持有认可态度，15% 的样本持有模棱两可态度，即农村居民对生育男孩偏好依然存在不同程度的认可，生育男孩偏好依然存在，偏好程度与农村研究结论很接近(王鹏,2015)。表10-2是性别失衡现象感知影响生育男孩偏好的分析结果。在控制个人因素的基础上,假设1被验证,性别失衡的直接后果,即男多女少的现象感知对生育男孩偏好产生了显著影响,并且明确了这种影响是强化作用。这种现象与资源稀缺条件下的个人理性选择不一致,男多女少并没有提升女性在数量稀缺下的权利和收益,相反却更突显了男性的优势。因此有必要建立影响机制模型,分析性别失衡直接后果如何通过其他现象对生育男孩偏好产生影响。表10-2证明个人特征对生育男孩偏好没有产生影响,因此排除了个人因素的理论模型可以作为影响机制模型来解释所有样本的生育性别偏好。

表10-2 性别失衡对生育男孩偏好的直接影响

影响因素	模型1	
	Coef.	S.E
性别失衡感知	0.064*	0.027
年龄	0.012	0.007
性别(参考项:男性)		
女性	0.100	0.117
婚姻情况(参考项:未婚)		
已婚(包含同居、初婚、离婚、丧偶)	0.240	0.227
教育水平(参考项:小学及以下)		
初中	-0.147	0.154
高中及以上	-0.330	0.170
年收入水平	0.035	0.040
最大似然比	-1502.321	
卡方统计量	24.61***	
相关系数	0.008	
N	1193	

注:* $p < 0.05$,** $p < 0.01$,*** $p < 0.001$。

表10-3和表10-4分别是变量描述统计、验证性因子分析和路径分析的主要结果。表10-3中,Q1—Q10均为1—5级李克特量表,均值越大,感知程度越深。由于10道题目的均值大部分超过3.0,说明农村居民的确面临性别失

衡后果。其中,Q8("生女儿可以提供生活照料和情感支持")和Q9("男多女少社会中的男男同性恋会增加")均值低于3.0,表明农村居民在这两种现象中的感知程度相对较低。Q8感知程度较低可能是由于一些样本认为女儿外嫁后即失去对自己父母的养老和照顾义务,这与农村社区实际的传统社会性别观念情况吻合(张爱华,2016);Q9感知程度较低可能是由于农村居民很少接触到男男同性恋,而农村社区中的同性恋现象的确少于城市地区,农村居民的认知情况比城市居民认知情况低得多(刘靖,王伊欢,2011)。

表10-3中的验证性因子分析结果将Q1—Q10所属的性别失衡后果类型进行了验证,验证结果表明性别失衡后果变量包含的内容符合问卷设计的理论基础,即Q1—Q3为性别失衡现象感知F1,Q4—Q5为男性婚姻困难感知F2,Q6—Q8为传统社会性别观念变化F3,Q9—Q10为对男男同性恋增多的忧虑F4。根据组合信度标准,信度系数α值大于0.6则表明题目所组合构建的新变量具有较好的内部一致性(Kline,1998),本书中的F1、F2和F3具备较好的内部一致性;但是F4的组合信度为0.563,尚未达到0.6的最低标准。可能的解释是,一些人听说了关于男男同性恋的报道,因而具备一定的感知程度;但是很多人并不清楚男男同性恋和HIV/AIDS的关系,导致对Q9和Q10的认知存在差异。根据理论框架,本书最终将Q9和Q10予以保留并归类为F4。

表10-3 变量描述与信效度检验

性别失衡后果变量	观测变量	Mean(SD)	标准化因子载荷	平均提炼方差值	信度系数α值
性别失衡现象感知F1	Q1	3.227 (1.020)	0.761		
	Q2	3.460 (0.951)	0.549	0.605	0.601
	Q3	3.187 (0.964)	0.416		
男性婚姻困难感知F2	Q4	3.446 (1.005)	0.709	0.694	0.737
	Q5	3.444 (1.032)	0.748		
传统社会性别观念变化感知F3	Q6	3.078 (1.087)	0.517		
	Q7	3.080 (1.005)	0.629	0.587	0.662
	Q8	2.793 (0.931)	0.553		

续表

性别失衡后果变量	观测变量	Mean(SD)	标准化因子载荷	平均提炼方差值	信度系数 α 值
对"同性恋增多"的忧虑 F4	Q9	2.723 (1.025)	0.644	0.571	0.563
	Q10	3.190 (1.156)	0.620		

表 10-3 还给出了收敛效度结果。根据收敛效度检验的标准,因子载荷的标准化系数不低于 0.5,则可以认定为通过了收敛效度检验(Kline,1998)。表 10-3 中除了 Q3 的标准化因子载荷系数为 0.416 外,其他均通过了系数检验。Q3 是关于小学里男孩子过多的感知,能够直接反映农村由于出生人口性别比偏高造成的男多女少现象,部分样本可能认为与农村小学女童辍学现象有关,本书最终予以保留。收敛效度判别的另一个标准是主变量的平均提炼方差 (AVE)值大于 0.5(Fornell, Larcker, 1981)。可以看到表 10-3 中所有后果变量的 AVE 值均大于 0.5,因此说明所有的后果变量的收敛效度达到理论分析要求。在主变量的判别效度上,如果判别效度较好,则主变量的 AVE 值大于其与其他变量相关系数的要求(Fornell, Larcker, 1981),从表 10-3 中性别失衡后果变量的 AVE 值以及表 10-4 中性别失衡后果变量两两之间的 Pearson 相关系数值来看,每个后果变量的 AVE 值均大于自身与其他后果变量间的相关系数,所有后果变量均通过判别效度检验,F1、F2、F3 和 F4 之间的区分性较好。

表 10-4 量表描述与 Pearson 相关系数

变量	Min/Max	Mean	SD	F1	F2	F3
F1	1/5	3.297	0.707			
F2	1/5	3.457	0.890	0.597***		
F3	1/5	3.103	0.707	0.099***	0.099***	
F4	1/5	2.209	0.982	0.234***	0.222***	0.101***

注: * $p < 0.05$, ** $p < 0.01$, *** $p < 0.001$。

表 10-5 中关于路径分析模型的拟合结果显示,模型拟合值达到理想显著性水平($p < 0.001$),RMSEA 值为 0.076(< 0.080),CFI 值为 0.963(> 0.900),TLI 值为 0.908(> 0.900),均达到基本要求,表明所构建的理论模型与现实影响机制具有较好的拟合效度(温忠麟 等,2005)。具体路径系数及其显著性如

表 10 - 5 所示。

表 10 - 5　路径分析结果

路径方向	标准化路径系数	P - value	影响机制
F1 → F2	0.598	***	存在
F2 → 生育男孩偏好	- 0.084	*	存在
F1 → F3	0.225	***	存在
F3 → 生育男孩偏好	0.243	***	存在
F1 → F4	0.239	***	存在
F4 → 生育男孩偏好	- 0.012	NS	不存在
模型拟合卡方检验(df = 4)		19.437***	
RMSEA		0.076	
CFI/TLI		0.963/0.908	

注：$^*p < 0.05$，$^{**}p < 0.01$，$^{***}p < 0.001$。

表 10 - 5 的标准化路径系数及其显著性揭示了性别失衡后果对生育男孩偏好的影响机制。首先，假设 2 得到验证，男多女少会导致农村居民对儿子顺利结婚的忧虑，因而在生育行为上会降低男孩偏好。性别失衡现象感知通过男性婚姻困难感知对生育男孩偏好产生显著影响。性别失衡现象感知越强，男性婚姻困难感知越强，生育男孩偏好越弱。其次，假设 3 得到验证，性别失衡现象感知通过社会传统性别观念对生育男孩偏好产生显著影响。性别失衡现象感知越强，传统社会性别观念越强，生育意愿中的男孩偏好也越强。本书发现性别失衡后果强化了社会传统性别观念，这种强化作用最终延伸至生育意愿，导致了生育男孩偏好的增强。最后，假设 4 部分被验证，性别失衡现象感知强化了居民对同性恋增多的忧虑，但是后者对生育男孩偏好的弱化作用不显著。男多女少现象使农村居民担心儿子由于成婚困难而成为同性恋，但是这种担忧并没有显著弱化生育男孩偏好，表明这种担忧并不强烈。理论模型的验证结果与影响机制如图 10 - 2 所示。

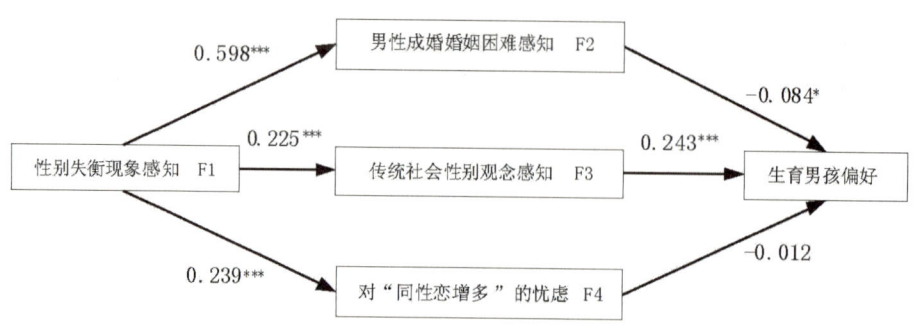

图 10-2　性别失衡后果对农村居民生育男孩偏好的影响机制

随着出生人口性别比偏高趋势得到控制,中国性别失衡问题探讨和治理政策正在从原因转向后果研究。本节针对农村居民探讨了性别失衡后果对生育男孩偏好的影响,从直接后果和间接后果两个层面揭示了影响机制。首先,性别失衡的后果已经在农村社区和居民中出现。一方面,农村居民对于性别失衡直接后果和间接后果的感知程度都较高,表明无论是男多女少现象还是相关联的男性婚姻困难和男男同性恋增多,已经开始在农村社区出现。另一方面,农村居民对传统社会性别观念的感知程度很高,表明性别失衡后果尚未改变农村社区关于儿子或女儿角色的传统观念,也证明农村社区的传统社会性别意识并没有由于男多女少而改变,男女数量变化不能促进男女性别平等观念的形成。

其次,性别失衡后果对农村居民生育男孩偏好存在间接影响机制。男多女少的现象显著增强了农村居民的生育男孩偏好,但是影响程度并不深,可以判断男多女少的现象可能引起间接后果,从而导致影响程度和方向的变化。本书研究发现,男多女少的现象会导致男性成婚困难的增加,进而加大农村居民对儿子婚姻困难的担忧,生育男孩的意愿显著减弱。同时,男多女少的现象增强了农村居民的传统社会性别观念,后者本来就导致了生育男孩偏好,被强化的传统社会性别观念会增强农村居民的生育男孩偏好,因而性别失衡后果对生育男孩偏好也存在强化作用。整体而言,强化作用大于弱化作用,最终表现为男多女少现象对生育性别偏好产生直接的强化作用。男男同性恋增多不会影响农村居民的生育男孩偏好。虽然尚未有研究证明性别失衡会导致男男同性恋增多,但是农村居民更倾向将性别失衡和同性恋增多相联系。即便如此,农村居民并不认为自己的儿子会面临同性恋问题。本书研究证明主流人群对于性别失衡和同性恋增多之间的关联存在误解,也证明同性恋增多并不会减弱农村居民生育儿子的意愿。因此,性别失衡的后果不应该包含男男同性恋增多的现象。

基于以上结论,本节认为,中国性别失衡的后果与农村长期存在的生育男孩偏好正在成为彼此磨合与适应的社会常态。男性成婚困难本质上是经济和社会资源的劣势,而性别失衡造成的男多女少现象进一步扩大了这种劣势的人群范围,也造成农村家庭对儿子成婚困难的预期。由此导致的生育男孩偏好减弱可以看作是经济和社会资源条件不足时的个人收益调整行为。问题在于,由于性别失衡治理政策会改善弱势男性的经济和社会资源劣势,随着弱势家庭发展状况的改善,男性成婚困难随着家庭经济实力提高而降低,性别失衡通过男性成婚困难而弱化生育男孩偏好的影响机制将不再成立,即性别失衡治理政策很可能间接起到强化生育男孩偏好的作用。因此,性别失衡通过男性婚姻困难现象而影响生育男孩偏好的机制并不稳定。另一方面,性别失衡后果强化了传统社会性别观念,实质上表现出传统性别文化并不会随着性别结构变化而改变,传统的重男轻女观念甚至得到了强化,由此也造成性别失衡后果通过传统性别文化强化了生育男孩偏好。性别失衡治理中有大量政策工具专门涉及改变传统社会性别观念特别是重男轻女思维,但是多年来治理经验表明,针对传统性别观念和文化的政策干预效果明显低于改善经济条件的政策干预效果。在性别失衡后果已经存在的情况下,如果生育男孩偏好的趋势持续强化,则出生性别比偏高的趋势很可能随着二胎政策的执行而反弹,性别失衡的后果会进一步扩大直至成为全社会风险。因此,性别失衡治理政策更需要研究和创新政策内容,针对刚性的传统社会性别观念和文化进行适度干预,改变中国农村社会的重男轻女传统。

10.2 农村中越跨国婚姻家庭研究

10.2.1 中越跨国婚姻家庭概况

中越跨国婚姻的主体是嫁入中国农村的越南新娘,其借助跨国婚姻增加经济和社会资源,也为下一代改善社会经济地位(Huang,2017)。由于地理接壤、文化共通,边境中国农村有中越通婚传统,其在20世纪70年代末由于战争而中断（Grillot，2012）。1990年代中越边境重新开放，边贸经济和民间交流重新激发了跨国通婚，边境中国农村中越跨国婚姻快速增加，主要分布在云南、广西边境，数量分别预计3.5万—4.5万人和4万人以上（Liu，2011）。"六普"数据显示，越南是中国第五大移民来源国，越南新娘已经是在华外籍新娘主流。但是大部分越南新娘以短期签证或者非法越界进入中国并滞留，没有合法登记，因而在华越南新娘实际人数可能更多（Zhou，2008）。边境中国大多数中越婚姻家庭是社会经济地位底层农户，其呈现贫困和脆弱特征（Liang，Chen，2014）。由于中国不承认双重国籍，大量非国民身份的在华越南新娘成为农村地区夹杂国际移民特征的弱势群体，她们无法就业，得不到医疗和失业救济等公民福利，成为边境中国农村的隐形人（Grillot，2012）。

相比农业社会，现代社会的越南女性不仅要适应国外家庭，还要在快速变化中找工作、照顾孩童和社会参与，缺乏公民身份的越南新娘成为家庭、社区和社会弱势人群（Choi，Cheung，2017）。但是中越婚姻并未发生大规模离散，表明越南女性在劣势条件下能适应并维系婚姻稳定（Jeffreys，Pan，2013）。婚姻迁移理论在关注缺少国籍的外籍新娘研究中提出Maternal Citizenship，其中外籍新娘凭借女儿、妻子、母亲等多重Maternal身份优势，在家庭照料中获得家庭成员的认可并获得社区内公认的非官方公民身份，从而实现个人在社区中类似于国民的本地认同（Abelmann，Kim，2005）。Maternal Citizenship理论解读了在中越边境民族、文化、血缘相近情境下，嫁入中国边境农村的越南女性克服国籍差异，通过扮演家庭间和家庭内关键女性角色而被认同（Huang，Ho，2016）。在广西和云南边境农村，越南新娘除了国籍不是中国，语言、文化和血缘均呈现出超越民族国家的共通性，提供家庭养老、孩童照料、生计维系、家庭外部联系，一般都能在家庭内获得本地身份认可（Belanger，Li，2009）。但是已有研究没有探讨Maternal Citizenship深层次的社区身份认可，其制约着越南新娘在家庭外的正常生活和关系，例如嫁入本地多年的越南新娘已经与本地媳妇无异，但是依然无法融入社区集体活动，反映出社区身份隔离的存在（Choi et al.，2012）。已有关于边境中国越南新娘Maternal Citizenship的结论夹杂着文化和血缘因素，样本选取也局限在边贸发达口岸的家庭案例（Huang，Ho，2016）。对于大部分嫁入中国普通农村家庭的越南新娘而言，已有研究关于Maternal Citizenship并没有深入到社区层面讨论。同时，Maternal Citizenship过程无法剥离地理因素，不能解读跨越长距离的越南新娘如何在陌生社区生存（Huang，Ho，2016）。

内陆中国农村日益增多的越南新娘说明,除了经济吸引力,性别失衡及其带来的农村男性婚姻挤压成为催生越南新娘长距离国际婚姻迁移的另一原因(Belangeret al.,2010;Yan,2011)。中越跨境婚姻地理范围持续扩大,特别是越来越多内陆中国成婚困难农村男性通过合法中介选择越南女性(Jeffreys,Pan,2013)。原因是中国农村家庭经济提升,中国婚姻市场和家庭能够提供优质经济社会资源,无论是中国男性主动的婚姻寻找还是越南女性主动的婚姻迁移,都意味着中越跨国婚姻正在成为内陆中国增多的跨国婚姻模式(Liang,Chen,2014)。相比边境,内陆中国与越南差异大,农村社区对外来人员接受程度低,越南新娘在社区获得 Maternal Citizenship 的难度可能更大(Hu,2017)。但是与关注边境中国不同,关注内陆中国越南新娘的报道多是人口贩卖和骗婚,使越南新娘家庭往往被解读为人口贩卖和违法犯罪(Kawaguchi,Lee,2017;Stockl et al.,2017)。但是无论是合法婚姻中介、亲戚介绍还是务工流动,内陆中国自愿的中越婚姻正在成为当地跨国婚姻主要类型。当前研究缺乏从社区视角对自愿嫁入内陆中国的越南新娘及家庭的解读,无法证实远离文化血缘联系的越南新娘是否有本地社区适应性,无法判断内陆中国的中越跨国婚姻稳定与生存。

边境中国农村的越南新娘是否会在社区获得 Maternal Citizenship 尚未有研究进行探索。如果内陆中国的越南新娘通过 Maternal 角色获得类似 Maternal Citizenship,其内容和作用是否与边境中国的越南新娘 Maternal Citizenship 相似或者不同,需要对比内陆和边境案例进行验证。本节从内陆和边境比较视角,关注自愿嫁入中国农村的越南新娘,基于 Maternal Citizenship 理论解读越南新娘如何在两类社区中生存、适应和发展,判断除了地理、民族和血缘外,越南新娘如何运用多种角色融入本地社区,是否能在法定国民身份之外获得社区认同。

历史上中越两国边境通婚出于语言血缘相近,跨国含义很模糊(Belanger,Li,2009)。现代国家体系下,跨国婚姻附加了国籍标签,女性婚姻移民不得不经历国籍转换带来的身份和权利困扰。多数女性国际婚姻移民来自劣势家庭并嫁入劣势家庭,其比娘家情况略好,由于国籍手续高额成本而非法滞留(Liang,Chen,2014)。国民身份关系到她们是否能够获得平等国民待遇,其意味着如本地人一样被社区视为正常居民并获得雇佣和福利(Yu,Chen,2016)。缺少国民身份导致外籍新娘无法就业,其导致对丈夫和家庭的经济依附增强

(Huang，2017)。多数跨国婚姻中，丈夫能否帮助外籍新娘获得国民身份至关重要，导致国籍困境成为跨国婚姻里女性依附男性的表现(Liang，Chen，2014)。而处于当地劣势 SES 的丈夫家庭很少帮助外籍新娘获取国籍，国籍缺失成为外籍新娘难以回避的现实(Belanger，Li，2009；Grillot，2012)。但是边境自愿迁移的外籍新娘并没有出现高频次离婚或出逃，这两者经常出现在人口贩卖或者非自愿国际婚姻案例中(Stockl et al.，2017)。相反，自愿迁移的外籍新娘在丈夫家庭具有适应性，在缺乏国民身份时通过家庭照料、经济支持获得家庭和社区认可(Grillot，2012；Huang，2017)。在婚姻迁移理论中，Maternal Citizenship 理论基于外籍新娘的女性角色，解读了无国籍的外籍新娘通过女性角色、亲密关系、家庭社区贡献、灵活度与适应性以及自我价值获得家庭认可，由此获得社区认可的社区居民身份(Abelmann，Kim，2005)。无论是否具有国籍，被社区接受的本地化标签决定了外来居民的生活便利与长期福祉，其形成非正式 Citizenship 促进外籍新娘在社区中的生活便利和权利福祉(Sunanta，Angeles，2013)。Maternal Citizenship 反映出外籍新娘、娘家和夫家相互适应和协作克服国籍困境，为从社区层面讨论无身份外籍新娘的婚姻稳定和福祉提供了理论视角(Anagnost，2000；Bardin et al.，2019)。

Maternal Citizenship 第一个表现是女性家庭角色，例如外籍新娘作为妻子、母亲和儿媳，承担养育和照料责任(Angeles，Sunanta，2009)。虽然不是直接物质生产者，但是外籍新娘女性角色在家庭内不可替代，成为家庭代表者，增强了社区对其家庭不可或缺角色的认可(Kim，2017)。第二个表现是外籍新娘因为妻子和母亲角色与其丈夫及孩子有亲密关系，他们会在社区中保护外籍新娘。例如外籍新娘丈夫在社区活动和公共利益中保护外籍新娘权益，增进了外籍新娘"家庭利益相关者"印象；外籍新娘子女一般都能与母亲维系亲近的亲子关系并在公共场合保护母亲，使社区成员更加同情母亲身份的外籍新娘(Lee，2014；Hsin，2017)。第三个表现是外籍新娘参与家庭生产和社区活动，其中包含着外籍新娘的家庭和社区贡献。虽然很难法定就业，外籍新娘也越来越多参与无劳务合同工作，形成女性独立和能干角色，促进了社区成员的尊重和认同(Belanger et al.，2011)。第四个表现是外籍新娘作为女性特有的灵活性和适应性。相比男性在家庭和社会中的支配地位，女性很少承担家庭之外责任，生活、习惯和态度都比男性灵活，更容易有适应环境的智慧，容易获得社区成员认可(Hoang，Yeoh，2015)。韩国和中国台湾地区相关研究发现，外籍新娘多数来自 SES 差家庭,对环境变化的忍耐力强,甚至比本国女性更快接受和适应当地氛围,而灵活的适应性是任何移民社会外来移民赢得尊重的个人品质(Kim,2012;Hung, et al., 2010)。第五个表现是,外籍新娘是娘家和夫家桥梁,能够分享娘家资源支持夫家,表现出构建家庭关系网络和获取外部资源长期资助夫家的能力。这样的互惠关系帮助外籍新娘在中国台湾地区和韩国赢得尊重,间接增强了外籍新娘的社区形象(Hung et al., 2010;Park, Waldinger, 2017)。对于缺少国民身份的大部分外籍新娘,Maternal Citizenship 成为维系婚姻和增进福祉的非官方公民身份,其保证了跨国婚姻家庭在社区中生存和发展(Huang, Ho, 2016)。

1990 年代以来中越边境贸易快速发展,边境人口流动形成"乱(chaos)",其中无入境手续的越南公民大量进入中国,或者持短期签证滞留(Huang, Ho, 2016)。在婚姻市场,"乱(chaos)"体现为越南女性在边贸中接触中国边境农村男性,在没有法定入境手续下非法越境并嫁入边境中国农村;也体现为中国边境农村男性接触大量越南女性而实现中越跨国婚姻(Schoenberger, Turner, 2008)。边境中国农村越南女性或者走地理通道非法越境,或者持短期签证入境,进入中国边境农村后成为无户口的越南新娘,以事实婚姻组建家庭(Belanger, Li, 2009)。虽然缺少合法手续,这些自愿的越南新娘都能长期生活在夫家,承担家庭照顾责任。近年来越南新娘主动寻求工作,其很多不需要户口和合同,包括保姆、手工业工人和服务员(Huang, 2017)。上述简单劳务收入不仅支持丈夫,还能够支持越南娘家,在两边提升自己地位(Belanger et al., 2011)。华人社会研究发现,新生代越南新娘正在主动融入本地圈子,弱化个人身份给孩子和家庭带来的困扰,获得丈夫和孩子尊重(Wu et al., 2011)。一些越南新娘娘家经济好于中国家庭,其通过越南新娘获得越南家庭支持从而尊重越南新娘(Belanger, Li, 2009)。

但是从 Maternal Citizenship 视角看,上述改善只能表明越南新娘的家庭融合和心理适应,没有证明她们获得非官方认可的社区身份。第一,越南新娘承担了照顾丈夫、孩子和老人的角色,但是公婆依然认为越南媳妇跟别家不一样,这种差异是否来自社区对越南新娘的不接受,不得而知(Grillot, 2012)。第二,大部分越南新娘家庭关系稳定,与丈夫和孩子具备亲密关系,但是是否提升了越南新娘的社区认可并不清楚。已有案例中当越南新娘与社区发生冲突时越南新娘家庭成员没有能力提供保护和支持,家庭亲密关系是否有助于减轻社区歧视并不明确（Belanger, Li, 2009）。第三，越南新娘就业提供家庭贡献，但是相比合同雇佣，越南新娘大多从事低报酬劳务，没有证据表明低经济回报提升越南新娘的社区口碑（Huang, 2017）。部分越南新娘开始代表家庭在社区公共活动中谋求家庭利益，但是由于国民身份和语言差异，参与程度有限，社区其他成员是否尊重这些外来者也不得而知（Liang, Chen, 2014）。第四，从女性灵活适应来看，越南女性一般都能融入家庭，但是是否能融入社区并不清楚。相比本国女性，越南新娘无合法身份，文化和语言差异显著，社区成员普遍视她们为外国人，心理芥蒂始终存在，特别是中越战争历史回忆（Zhou, 2008）。第五，越南女性是否通过自我价值获得社区认同，尚未有研究证明。韩国研究发现越南女性娘家与夫家的关系越好，往来频次越多，越南新娘在夫家的地位也越高，自我价值更高（Park, Waldinger, 2017）。但是上述现象毕竟是家庭内部网络，没有证据表明越南女性自我价值带来了社区地位改善。

与边境地区跨国婚姻不同，韩国和中国台湾地区越南新娘长距离跨国婚姻不再具备文化和血缘联系（Kim, 2017；Wang, Chang, 2002）。相反，长距离跨国婚姻大多源于当地婚姻市场男多女少，其产生了大量合法中介机构介绍越南女性嫁入当地（Wang, Chang, 2002；Belanger et al., 2010）。遥远国家与越南文化语言差异大，越南新娘更容易面临家庭融合困难，社区融合更低（Lee, 2010；Kim, 2017）。同样地，内陆中国中越跨国婚姻也源于婚姻市场男多女少，但主要是农村地区（Liu, 2011）。相比边境跨国婚姻以自愿嫁入为主，内陆中国跨境婚姻案例夹杂着人口贩卖和骗婚，其导致过多关注内陆中国非法越南新娘而忽视了大量自愿嫁入的越南新娘（Stockl et al., 2017）。2010年后的男性过剩逐渐积累，其导致了内陆中国越来越多的婚姻挤压男性和更大的跨国婚姻市场，通过合法婚姻中介自愿嫁入内陆中国的越南新娘越来越多，内陆中国省份农村已经形成可见的跨国家庭群（Jeffreys, Pan, 2013）。另一个导致内陆中国越南新娘数量增长原因是中国家庭经济改善，其提升了越南女性对内陆中国的预期并通过合法婚姻中介嫁入当地（Nguyen, Belk, 2012）。基于现实内陆中国情景，不应忽视自愿嫁入内陆中国的大量越南新娘及其家庭生存。

尚未有研究从 Maternal Citizenship 视角分析内陆中国自愿越南新娘的社区认同。但是内陆中国案例表明，自愿越南新娘一般会成为家庭认可的"不可或缺者"，其让她们在万里之外的陌生家庭能够缓慢适应并留下来，例如在文化适应上会调低预期，主动改善饮食提升生存技巧，学习普通话提升家庭关系，主动寻求劳务工作支持家庭(Huang,2017)。由于内陆中国没有跨国通婚传统,其导致社区缺少对外来者适应,越南新娘走出家门后首先在社区面对文化割裂,不得不聚集成亚群体网络,引起社区居民反感(Grillot,2012)。与边境社区相比,内陆社区缺少外籍新娘友好氛围,其来源于相近文化和血缘;也很少经历如种族歧视的氛围,因为中国社会从来都没有歧视外来民族的历史(Liu,2011)。但是遥远距离的文化冲突不可避免,在其中越南新娘没有近距离娘家关系和相似文化血缘,不得不独自面对社区适应并尝试获得社区认同(kim,2017)。她们是否有途径和方法从社区获得与边境越南新娘不一样的Maternal Citizenship,需要内陆中国案例探索。

上述研究表明自愿的中越跨国婚姻正在由边境中国扩散到内陆中国,越南新娘由于国籍身份面临就业和生存挑战,而Maternal Citizenship将是她们在社区获得类似本地居民身份的可用策略。虽然具备文化和血缘优势的边境中国越南新娘可能更容易适应家庭,但是如何在社区获得Maternal Citizenship并不清楚;内陆中国越南新娘在语言文化差异下如何适应家庭并从社区获得Maternal Citizenship也不清楚;而且,边境中国和内陆中国环境差异可能导致社区内Maternal Citizenship过程显著差异。因此本节将关注边境中国与内陆中国自愿的越南新娘家庭,基于Maternal Citizenship框架,其包含女性角色、亲密关系、家庭社区贡献、灵活度与适应性、自我价值,探讨越南新娘社区内Maternal Citizenship形成过程,比较两类群体Maternal Citizenship的差异及其反映的中越跨国婚姻地区差异。

本节使用数据和资料来源于2017年"中国性别失衡视野下中越跨国婚姻研究",其关注中国经济发展和性别失衡背景下两国中越跨国婚姻家庭。本节设计内容是该项目中对中国越南新娘在社区生存、融合和发展的关注,在2017年进行田野调查,通过深度访谈获取来自越南新娘、家庭以及社区的一手信息。

本节中越南新娘全部为无中国国籍的自愿样本。考虑到A县跨国地理便利和中越通婚氛围,样本选择为非法入境样本;考虑到蠡县跨国婚姻非法入境困难,样本选择合法入境但是持短期签证并非法滞留样本。两地共计14户中越跨国婚姻家庭纳入访谈。考虑到无国籍和非法滞留敏感性,常规随机抽样或方便抽样不可用,因此采用"守门人"策略进行滚雪球抽样,原因在于:首先,中国居民和政府对越南新娘非法移民容忍度较高,对婚姻非法移民同情,这为寻找"守门人",其是居民选举和非正式任命的村主任,提供了环境;其次,越南新娘都是小群体网络,很容易通过"守门人"和第一位访谈者获取关系链条进而找到访谈对象。根据 Maternal Citizenship 理论框架,本书不仅访谈越南新娘,还访谈了越南新娘家庭,包括丈夫、儿子、公婆、丈夫兄弟,他们是越南新娘女性角色、亲密关系、家庭社区贡献、灵活度与适应性和自我价值的见证者。不仅如此,为了判断越南新娘 Maternal Citizenship 过程中的社区因素,访谈还纳入了社区管理者和邻居。

实际访谈中,边境靖西市由于中越通婚传统更容易找到访谈对象;内陆蠡县中越通婚历史短,越南新娘数量也少于靖西市,居民对非法移民访谈有顾虑,因此蠡县有2位访谈对象拒绝访谈。由于涉及非法移民,因此访谈首先通过联合国人口基金联络县政府对接人,其介绍访谈人员进入乡镇政府并解释访谈目的。乡镇政府推荐越南新娘较多的村并介绍访谈人员与村主任对接,至此官方人员退出。考虑到越南新娘无国籍的敏感性,访谈全部进入访谈对象家里进行。在访谈开始前,访谈人员询问越南新娘是否愿意访谈、是否无国籍并解释访谈基本原则,包括自愿参加、随时退出、拒绝回答和隐私保密;"守门人"被要求离开访谈场所,访谈人员和访谈对象单独访谈。对于其他访谈对象,访谈人员采取相同原则进行访谈,除了2个村主任是在村办公室访谈。样本信息如表10-6所示。

表10-6 访谈样本概况

样本对象	数量(靖西市/蠡县)
越南新娘	7/7
越南新娘丈夫	7/7
婆婆	2/2
公公	1/1
儿子/女儿	1/0
村领导	1/1
邻居	2/2
小叔子/小姑子	2/1
总计	44

本书采用深度访谈方法。从44位访谈对象访谈信息中,通过三级编码程序抓取关键信息:首先是对全部信息进行开放式编码,总结所有访谈资料,将个人访谈资料初步归类;其次是基于个人资料的整理结果,对相似维度信息进行

跨越个人的关联式编码,合并同类信息,类别化访谈信息;最后选择式编码,基于研究关注,抓取关键信息类别纳入理论框架进行对应解读。第一级公开式编码涵盖了越南新娘及其家庭的婚姻、生计和关系等样本所有信息;基于公开式编码,继续第二级关联式编码,归类整理相似主题词,包括婚姻、经济、文化、关系、就业、安全等;基于以上关联式编码,根据本书理论框架,继续第三级选择式编码,总结为5个关键信息类别。访谈信息编码过程如表10-7所示。

表10-7 访谈样本资料分析编码过程

编码过程	开放式编码	关联式编码	选择式编码
记录	自我介绍,经济来源,收入,跨国婚姻态度、预期与实现过程,婚姻彩礼,家庭角色分工,家庭照料,养老,子女照料;夫妻关系,子女关系,家庭关系,家庭互相照顾与保护;就业与贡献,家庭收入与支出结构,社区活动,社区贡献;语言文字,生活习惯,生育,身份认同,本地融入,社会网络;娘家亲戚链条,娘家联系,娘家资源,社区名声;社区村规民约,国籍申请,歧视,社区活动,社区评价	个人与家庭经济,生计,婚姻生活与质量,家庭角色分工,丈夫/子女/公婆关系,雇佣就业,社区接受,社区关系,国籍与公共服务	女性角色,亲密关系,社区与家庭贡献,灵活适应,自我价值

10.2.2 家庭生存与发展需求

本地角色认同分析。来自边境靖西市的访谈表明,婚后女性角色是否尽责成为越南新娘是否被家庭接受为家庭成员的关键因素,也决定着她们是否能够被社区认可为合格的家庭成员。在边境中国农村,越南新娘来自同文化同民族大的边界越南农村,交通闭塞和地理偏僻的中国边境农村居民很少在意她们是否有中国国籍,更在乎她们婚后是否符合女性家庭成员的标准(Belanger, Li, 2009)。阮某是访谈中的越南新娘新生代,其高频使用互联网并关注媒体新闻,并且来之前学过汉语。被问及平日里家庭角色时,阮某的回答体现出中国农村社会性别根深蒂固:

来之前我就学过汉语,知道中国跟越南一样都是女人照顾家庭。越南都说中国男人勤快对老婆好,不像越南男人很多吸毒不工作,我周围不少人都嫁到中国这边。来了之后老公和婆婆对我非常好,我也很感激他们对我好,所以我学着做饭,打扫屋子,现在老公让我管钱,我感觉就是一家人。我跟周围邻居交往不多,有时见到她们就闲聊几句。……她们说我婆婆夸我勤快,做饭打扫都很利索,我婆婆给她们说娶了个好儿媳。我感觉她们挺认可我的,我跟村里女人们聊家常时感觉没有什么不一样,就跟我在越南那边一样,没有听到她们议论我越南人身份。……周围邻居对我都挺好,我感觉不到我是外国人,除了没有身份证。(阮某,越南新娘,25岁,无业,由同样是越南媳妇的表姐介绍嫁入,靖西市)

阮某认为邻居认可她是因为婆婆夸奖她家务勤快,其恰恰是农村中国传统性别里认可婚后女性的核心标准。中国文化从来没有排外情绪,很容易认可外来人口,只要其能够表现出中国文化认同的行为方式(Grillot,2012)。在边境中国农村,地理近和文化相通使越南新娘很快融入本地社区,除了出行、医保和工作涉及国籍外,日常生活并不区分越南新娘和本地女性(Liang, Chen, 2014)。越南新娘承担家庭照料角色越多,在社区中的外国人标签越模糊,更容易被社区视为普通居民而非国际移民。因此,边境中国农村的越南新娘可以承担照料老人、丈夫和孩子,用家庭角色实现中国传统性别文化认可的家庭女主人身份,其显著弱化了越南新娘的外国人印象。但是边境中国越南新娘之所以很快被社区视为本地居民,文化血缘因素比个人和家庭因素要更关键(Hu, 2017)。农某是内陆中国蠡县新生代越南新娘,其代表了通过合法婚姻中介远嫁到内陆中国的样本。农某的描述反映出另一种女性角色及社区认可过程:

中介告诉我中国家庭比越南家庭条件好,而且这里(B县)离北京近,应该比广西那边条件好。……现在家里条件还不错,比我越南家里好多了。刚开始我不会汉语,老公和婆婆都很照顾我,大部分家务还是婆婆做。时间久了,我感觉婆婆不高兴。现在我能说简单汉语了,有一次婆婆对我说,邻居说很少看到我打扫大门口或者买菜做饭,邻居认为越南女人不勤快,来了什么也不做,还真跟中国人不一样。我听了很不高兴,其实我是愿意做家务的,就是不知道怎么去做合适。……现在结婚两年多了,我知道家务都是做什么,做饭打扫我都每天主动干。……我感觉能跟婆婆和老公交流了,少了很多误会。前几天邻居见了我说,我婆婆现在经常夸我勤快,(婆婆)还说越南媳妇没有传说的那么懒,比中国媳妇里的懒人好多了。……中国比我们越南还是看重女人勤快,我们没有这么在意。(农某,越南新娘,23岁,无业,合法中介嫁入,鑫县)

农某的故事反映出中国农村社区对媳妇的评价依赖于媳妇的家庭印象,其主要来自婆婆在社区里对媳妇的公开评价。邻居对农某前后截然相反的评价跟婆婆怎么介绍农某有关系。与边境中国不同,内陆中国缺少跨国婚姻传统,居民对越南新娘的空白印象很容易被越南新娘家人的描述而误导并在社区里传播。同样,缺少跨国婚姻传统意味着内陆中国农村没有越南新娘的刻板印象,其有助于社区环境基于传统评价体系,比如女性家庭角色,而非国籍去评价越南新娘。内陆中国越南新娘由于语言障碍与社区交流很少,她们的家庭角色评价往往通过其家人在社区传播,特别是婆婆对越南新娘的公开评价对社区是否接受新娘的普通居民身份有直接关系。

家庭亲密关系分析。外籍新娘与家人的亲密关系意味着家人在社区中保护她的权利和利益,意味着社区通过家人态度将外籍新娘定义为"自己人"(Zhou,2008)。中国农村文化里的"自己人"标签会在社区内部形成合法居民身份,其能够帮助外来人员即使没有合法身份也能够看起来是本地合法公民,她们享有社区的社会网络和公共资源(Zhou,2008)。但是,外来人口是否是社区"自己人"取决于其家庭成员对其的保护,而不是将其隔离于社区网络和公共事务之外(Sunanta,Angeles,2013)。靖西市越南新娘丈夫黄某是村主任推荐的夫妻关系好的代表,他讲述了越南新娘如何通过亲密关系在边境中国农村获得社区认可:

我老婆跟我是亲戚(他老婆也是越南人)介绍的,娘家就在边检站过去几公里,我们都说壮语(中越广西边境方言),两家距离更像是隔壁村而不是两个国家。……我老婆没有身份证,所以很不方便,村里统计人口或者政府统计什么东西时,我都怕她被查到而被送回去(即遣返)。我们这里两边(中越)通婚时间久了,邻居和村主任都理解,也都帮我蒙混过关,从来不为难我,其实我在村里也没有什么话语权,本事不行……他们(邻居和村主任)也很同情我家,安慰我说老婆暂时没有身份证没关系,我们两口子挺好的,就是村子里的自家人,肯定不会为难我老婆。……跟我要好的几个朋友,他们本地老婆也经常带我老婆去逛街,跟自己人一样,我觉得这样很好啊,不会让我老婆低人一

等。(黄某烈,越南新娘丈夫,务农打工,34岁,靖西市)

黄某烈的故事可能有边境中国特殊性,即社会氛围对中越通婚的高度认可以及对越南新娘同情和保护(Grillot,2012)。上述记录表明黄某烈在村里地位并不高,村子对他家越南新娘的认可有同情因素。黄某烈家是成千上万边境中国中越家庭缩影,即大部分越南媳妇的丈夫都是社区经济社会地位较低的弱势群体(Huang,2017)。由此看出,边境中国社区对越南媳妇家庭的同情促进了越南新娘亲密关系被社区认可,越南新娘成为"自己人",其帮助越南新娘获得非官方的社区合法身份,甚至在人口登记时能够得到社区协助逃脱被遣返。但是黄某烈的故事更多表现出文化、地理和历史因素,对于缺乏上述有利条件的内陆中国越南新娘而言,情况显著不同:

> 我们村之前很少有越南媳妇,这几年才多起来,她们(越南媳妇)跟大家接触特别少,因为语言不一样,感觉我们跟她们(越南新娘)有距离。……但是碰上正经事我们可不敢把人家(越南新娘)不当回事儿,因为人家老公都厉害。你想嘛,能跑去越南把媳妇领回来,有本事呢……我听说村里有人说越南媳妇户口问题,人家(越南新娘)老公就敢指责他(说闲话的人)。附近毛巾厂去年招工,我们村妇女都想去,人家(越南新娘)老公也给他老婆报名,虽然(越南新娘)没有身份证,人家(越南新娘)老公还真想办法让老婆进去了,还专门来我这里让我不要给别人说。后来被厂里查出来了(越南新娘没有身份证),被辞退了。其实我支持他老婆(越南新娘)去厂里,毕竟都是村里自己人,谁去都是解决村里就业。可惜我没办法帮她(越南新娘)。(孟某国,村主任,男,55岁,蠡县)

村主任孟某国已经表达出对越南新娘"自己人"的认可。但是与边境中国不同,孟某国的认可并非处于同情而是受到越南新娘老公影响。因此,在边境中国农村社区里,越南新娘与家人的亲密关系程度,以及家人社区地位,决定了越南新娘能否获得社区认可。孟某国的故事反映了在缺乏文化、地理和历史优势时,越南新娘想要获得社区认可身份,不得不依靠自己家人特别是丈夫积极争取,而非村里的同情。因此内陆中国越南新娘与家人亲密关系是促进其社区认可的显著因素。

家庭贡献分析。由于越南新娘没有身份证而无法被雇佣,无法给家庭提供经济支持而不得不依靠丈夫,这样显著降低了越南新娘家庭地位(Lee,2012)。

第10章 性别失衡社会农村家庭风险的后果研究

这种现象在边境地区存在多年,边境农村也聚集了一批失业越南新娘,成为社区里显而易见的收入弱势人群,其被本地居民看不起(Huang, 2017)。但是近年来越南新娘越来越多参与工作,为家庭提供经济支持。来自边境靖西市的越南新娘黄某海因为在广东打工而认识现在老公,婚后随老公回到靖西市并一直在镇上打工(不要身份证的小型服装厂):

> 其实我们(越南新娘)嫁到这里,只要自己愿意做工,愿意为家里挣钱,肯定能找到活干,你不要挑,就干力气活,人家也不要你的身份证,镇上就能找到。这里(本村)有好几个越南老乡,孩子也上中学了,我们都在外边干活挣钱。挣到钱,我不觉得家人会看不起我,挣到钱小孩子老人都可以花。我不觉得村里人看不起我。我还介绍过本地媳妇去工厂里干活呢,她们很感谢我。可能是我在外工作的多,家里人也信任我,村民大会都是我代表我老公去。村主任知道我老公经常外出打工,村里通知事情都是直接找我,让我转达我老公。(黄某海,越南新娘,工厂工人,40岁,自由恋爱嫁入,靖西市)

黄某海的经历表现出了为家庭和社区做贡献所得到的尊重,但是访谈者发现黄某海性格非常强势,其在任何陌生环境中都很容易获得尊重。为了验证家庭和社区贡献对越南新娘获得社区认可的影响,另一位相同社区的赵某琼讲述了截然相反的故事:

> 我1996年就嫁过来了,来的时候也没想到身份证问题。年轻时老公去打工,我在家带孩子。后来孩子大了,别人家跟我年龄一样的媳妇都跟老公去打工了,人家二层三层小楼都盖起来了。我没有身份证,哪里也去不了,你看我们家就是这样情况(只有一层旧房子)。我现在只能在家务农,没有收入。现在我都四十多了,别说没有身份证,有身份证我也不去了,年龄大了什么也不会干。老公以前不说,但是后来看到人家媳妇一起打工挣钱,有时也会抱怨。那我也不说什么,本来男人就是一家之主。村民大会开会我从来不去,老公也不让我去,觉得我代表不了他。老公不在时候,领导都是叫我婆婆去开村民大会,现在也会叫我儿子去(开村民大会),从来不叫我。(赵某琼,越南新娘,45岁,务农,越南亲戚介绍嫁入,靖西市)

赵某琼的经历验证了缺少家庭和社区贡献的越南新娘,无论是在家庭里还是社区里,获得的尊重都显著降低。黄某海乐观强势与赵某琼悲观消极形成鲜明对比,表明越南新娘是否对家庭和社区做贡献决定了她们是否能获得社区认可。越南新娘大部分生活和社会交往局限在社区中,社区认可足以让她们融入本地,而不用身份证去证明。社区村民大会是社区政治参与的直接体现,一些没有国民身份的越南新娘参与其中,表明社区对越南新娘已经给予了本地认同的居民身份;而长期不被邀请的越南新娘则成为无法融入本地的外来者(Kim, Shin, 2018)。相比边境中国,内陆中国对外籍新娘的敏感度较高,意味着越南新娘借助于家庭和社区贡献获取社区认可的难度可能更大。访谈者试图联络村主任孟某国提到的毛巾厂工作的那位越南媳妇,但是其老公并不同意访谈。然而,访谈者通过村主任孟某国找到了与这位越南媳妇的婆婆关系较好的女邻居惠某,询问越南新娘是否有家庭和社区贡献:

她(越南新娘)家老公、公公和小姑子三人在外跑运输,挣钱不少挣,所以经常都是媳妇、婆婆和孩子在家。她老公去年想办法让她去了镇上毛巾厂打工,后来说是被查出来了,她就被辞退了。我跟越南新娘很少聊天,但是经常跟她婆婆聊天。她婆婆说现在家里经济轻松得很,根本不需要越南媳妇挣钱,就在家带孩子。她家从来都是老公和公公做家庭决策,婆婆和越南媳妇什么都不管。每次提到越南媳妇,她婆婆都不愿意多谈,就避开话题。村民大会从来不叫越南媳妇去开会,她语言不通,而且都没有身份证,村领导不愿意让她抛头露面,所以正式场合是见不到她的。其实越南新娘来了挺难的,没身份,老公不愿意让她出门多见人,我们都觉得怪怪的。(惠某,越南新娘的邻居,57岁,务农,蠡县)

上述惠某的描述表明,内陆中国越南新娘也试图通过低端工作支持家庭,但是内陆中国对外籍人员的严格管理使越南新娘无法实现就业,没有家庭贡献和社区贡献就无法促进社区对她们认可。远离越南的这些女性语言和文化差异巨大,内陆中国也没有认同她们的历史习俗,她们始终躲在家庭保护圈下,与社区保持距离。这样的距离让越南新娘始终以神秘的外国人身份在社区生活,很难获得社区认可的本地居民身份。

灵活适应分析。地理和文化相近为越南新娘适应边境中国农村提供了优势,越南新娘大都延续了娘家生活习惯(Belanger, Li, 2009)。但是当代边境中国的社会发展和生活模式有巨大变化,日常生活中的消费、交往和公共服务与越南已经显著不同。国际移民经验表明,进入陌生环境的国际移民中那些能更灵活适应的"聪明者",能够很快在观念、行为和社会网络上本地化,得到社区认同(Choi, Cheung, 2017)。这些"聪明者"一般都是年轻群体,其相比老年群体更快获得新习惯并适应新环境。来自靖西市的村计生办主任陈某证明了上述观点:

> 很多年龄大的越南新娘经常待在一起,也不跟其他妇女来往,像我们都用微信,她们也不用,而是用 Zalo。我们计生干部去越南新娘家也会提醒她要经常跟本地居民来往,越南人不要聚在一起不跟本地人来往。近几年越南新娘都是"90后"和"00后",年轻人都聪明,来了后也用微信,还主动加我好友,主动跟我保持联络。除了没有身份证,她们跟本地媳妇没差别。到底是年轻人,懂得怎么在本地生存和找机会,这就对了,就应该这样适应。我们计生干部跟年龄大的越南媳妇打交道,好多工作都懒得跟她们讲,讲了也是白讲,她们也不参与。但是跟年轻越南媳妇打交道,她们对村里的事都了解,特别是涉及公共利益时我们也不把她们当外人,就是本地媳妇。(陈某,村计生办主任,男,39岁,靖西市)

年轻越南新娘代表了国际移民新生代的典型特征,即善于接受新鲜事物和运用互联网,也更愿意主动融入社区,用积极态度去争取社区平等权益(Kim, 2017)。越南新娘代际差别反映了无身份的新国际移民通过思考和行动获得间接承认的努力(Huang, 2017; Choi, Cheung, 2017)。与习惯了传统生活的年长越南新娘相比,年轻越南新娘在现代网络社会不可能把自己封闭在家庭里,或者不加入本地社交网络,她们必须灵活适应保证日常生活。在万里之外的蠡县,越南新娘以年轻人为主,不仅在饮食生活上更容易适应陌生环境,而且在社区生活中也更"聪明",表现为对现代中国生活方式强烈的学习兴趣和融入意愿:

> 我嫂子比我大三岁,可聪明了,并不是别人说的越南新娘都傻傻的。我们家人一开始还担心我嫂子吃饭吃不惯,但是她一点也没嫌弃,吃得可好了。后来我和我嫂子熟了,她才告诉我说一开始都是装的,怕家里人不高兴。现在她学会了做面和蒸馒头,做得比我还好。但是她偶尔会给自己做个越南菜吃。我和我嫂子经常逛街,也一起淘宝买东西,她比我买的还多。她让我把她拉到我微信朋友群里,说跟我们一起还能学普通话。我很多朋友都认识她,也都知道她没有身份

证坐不了火车,好几次我们朋友开车去远地方都叫她一起,她特别开心。我嫂子最近还让我们组织一起去石家庄,她说想看看中国大城市。最神奇的是我嫂子喜欢跟年龄大的村民聊天,她说可以学方言,而且她现在的确会方言。邻居们都说我哥取了个会三种语言的厉害媳妇。(孟某,越南新娘的小姑子,19岁,货车司机,蠡县)

孟某的讲述表明在边境中国和内陆中国,越南新娘新生代有相似点,即主动适应当地社区,只不过中国内陆越南新娘还要更多挑战饮食生活。由于中国边境越南新娘在灵活适应上有显著代际差异,当地社区对越南新娘不同代际有了差异显著的认可。但是在中国内陆,那里都是年轻越南新娘,越南新娘主动融入本地社区意愿非常明显。不仅如此,孟某的嫂子对中国大城市的向往更加大胆,其表现出中国内陆越南新娘在灵活适应上更加有野心:她们不仅积极融入本地社区,其能够帮助她们在没有国籍时解决很多现实问题,而且意图去接触中国大都市,那里更加代表中国的现代化。孟某的嫂子的努力表明中国内陆越南新娘聪明地抓住了外来移民融入本地社区的技巧,即国家通用语言和本地方言,由此获得了社区认可。

自我价值实现分析。与家庭和社区贡献不同,越南新娘的自我价值表现为媳妇为夫家和社区带来的可持续外部资源,其往往来自越南娘家和越南社会网络,能够缓解夫家压力并为本地社区带去利益(Park,Waldinger,2017)。但是大部分越南新娘是经济社会地位劣势群体,其很难具备自我价值,因为自身和娘家资源稀少(Belanger,Linh,2011)。因此本书将以自我价值角度关注越来越多进入中国的新生代越南新娘。在边境靖西市,访谈者发现娘家资源,特别是涉及边贸的娘家资源帮助越南新娘在社区获得较高评价,也表现出了更大程度的尊重。来自靖西市的越南新娘黄某夏与老公开了一家贸易公司经营越南产品,她揭示了如何用自我价值获得社区认可:

我爸爸很早就从事边境贸易,我是高中毕业就跟爸爸一起往来两边做生意。我和我老公就是在生意往来时认识的。我爸爸那边(越南)帮了我们很多忙,现在他还帮我们联系客户。我老公和婆婆对我非常好,现在都是我管家,婆婆帮我带孙子,我和老公的生意经常都是我出面。很多越南新娘被人看不起是因为她们没有工作没有钱,我觉得还因为她们家比中国这边家里差很多,娘家人不能带来什么,所以被看不起。我倒没有这样的经历,我爸爸生意比我们大多了,村里人都知道我家底好。我和老公生意还不错,去年村里修路,我家还出了一笔钱。村主任、书记都把我当女性成功人士,让我给村里妇女讲脱贫创业。我老公原来找人给我办过一个身份证,2010年人口普查时被清理了。后来我还想办,村主任劝我说现在管得严,我有自己的生意,自己也有汽车,除了坐不了飞机、火车,其他没有什么影响。村里邻居还问我家里妹妹有没有要嫁人的,或者有跟我家类似的越南女孩,让我介绍给他们家当媳妇。(黄某夏,越南新娘,42岁,自由恋爱,边贸老板,靖西市)

黄某夏是为数不多的越南新娘成功代表,但依然是没有户籍的外来者。黄某夏的案例表明社区对外来者身份认可来自外来者资源和能力,其表现出外来者对社区带来的好处(Lee,2012)。黄某夏的自我价值不仅来自越南娘家资源,而且来自作为成功者的名气,其地位明显高于当地大部分妇女。作为中国边境越南新娘中的佼佼者,其具备较多娘家和自家经济资源,会获得社区内部的身份认同,即使没有国民身份。但是在蠡县,中国内陆越南新娘由于地理遥远很难获得娘家资源,同时因为缺乏边贸这样的外在机遇很少有创业机会,往往成为全职太太或参与低水平劳务,其无法带给越南新娘显著的提升机会(Choi et al.,2012)。但是中国内陆居民对世界和国际化的想象构成了越南新娘获取自我价值的另一番图景:

我周围跟我同龄的朋友都喜欢跟我嫂子一起逛街和聊天,因为她是外国人,感觉很新鲜。我们这里农村见不到外国人,我们也都是农村人,没机会认识外国人。我嫂子刚来我家时,我的朋友都到我家来看她,都想跟外国人说话。现在我嫂子会说简单汉语了,我的朋友来找我更愿意跟她聊天了,我们朋友一出去玩都把她叫上。她还给我们看越南的微信和朋友圈。虽然她不是我们都想认识的那种说英语的外国人,但是毕竟跟我们不一样。其实就是我们这里见到的外国人少,觉得很新鲜。时间久了,大家也都把她当本地人,并没有原先的好奇了。(孟某,越南新娘的小姑子,19岁,货车司机,蠡县)

上述只言片语虽然来自一个19岁年轻女孩,但是反映出中国农村年轻一代对国际化和全球化的想象,其代表了整个中国社会的发展趋势(Jeffreys,2013)。孟某提供的信息表明,内陆中国越南新娘的自我价值实现借助了当地对外国事物的兴趣,越南新娘的到来满足了农村居民对外国人的好奇心。然而，伴随着中国社会日益国际化和农村居民城镇经历增多，农村居民对外国人的神秘感会逐渐正常化，因此孟某所述的故事是暂时的。与中国内陆越南新娘的自我价值相比，中国边境越南新娘的自我价值更加实际和可持续。

大部分女性国际婚姻移民饱受国籍身份之苦，其导致她们没有平等国民身份并无法获得就业、医疗、生育和福利的平等权利。作为替代方案，她们通过女性角色进行家庭贡献和社区融合，在社区内获得了准国民身份的认可 Maternal Citizenship，其保证了外籍新娘能够在社区内正常生存。除了关注中越边境农村跨国通婚历史和现实，国际视野关于中国越南新娘报道大量被刻板化为人口贩卖和骗婚，尤其是涉及中国内陆。然而，在全球化人口迁移、中国经济崛起以及中国性别失衡情境下，中国边境农村和内陆农村自愿成婚的越南新娘持续增加，成为21世纪中国社会面临的国际婚姻移民主体。由于当前中国国际婚姻手续的复杂性和中越婚姻家庭自身原因，这些自愿成婚的越南新娘大部分没有身份，在本地长期生存发展依赖 Maternal Citizenship，其表现出社区所给予的准国民认可和生活便利。由于地理、文化和经济环境差异，中国内陆和边境的越南新娘获得 Maternal Citizenship 过程不同，夹杂着代际差异，表现出越南新娘在中国的不同处境。

第一，本书研究发现中国边境和内陆越南新娘在农村社区能够得到 maternal citizenship，其帮助越南新娘在没有户口时得到社区普通居民的平等身份。越南新娘作为母亲、儿媳、妻子，其因为家庭不可或缺角色而容易被社区成员认可为家庭代表。中国文化从来没有按照国籍定义社区居民合法性；相反，家庭成员合法性更能决定外来者是否被本地社区认可，其保证了外来者在社区平等。无论是中国边境更容易的 Maternal Citizenship 获得过程，还是中国内陆更困难的 Maternal Citizenship 获得过程，越南新娘在社区获得的认可帮助她们尽快融入本地，也有机会获得低端就业，至少在社区内弱化无身份的标签。考虑到中国跨国婚姻制度和国籍制度短期内无法改革，外籍新娘 Maternal Citizenship 有助于提升婚姻稳定性，增强移民归属感，保障个人和家庭福祉。

第二，中国边境和内陆文化差异决定了两地越南新娘凭借女性角色和家庭亲密关系获得 maternal citizenship 过程不同。在中国边境，越南新娘融入中国家庭有地理文化优势，Maternal Citizenship 过程更方便，社区给越南新娘 Maternal Citizenship 更习惯。在内陆，越南新娘融入中国家庭不得不克服文化差异，Maternal Citizenship 过程更困难，社区给予越南新娘 Maternal Citizenship 处于探索阶段。在中国边境,中越婚姻家庭一般 SES 低,越南新娘作为家庭女性更容易获得社区成员的同情,Maternal Citizenship 过程表现为社区主动给而非被索取。在内陆,中越婚姻家庭 SES 并不差;相反,内陆男性通过有代价的跨国婚姻中介实现跨国婚姻表明家庭 SES 优势,其是吸引越南新娘的根本原因。内陆越南新娘适应家庭角色过程缓慢,Maternal Citizenship 过程更多借助亲密关系帮助,例如丈夫争取,而非被动等待。

第三,越南新娘凭家庭和社区贡献获取 Maternal Citizenship 过程在中国边境更显著,在内陆不显著。由于中国边境越南新娘的语言和文化优势,适应家庭角色和融入社区更快,更容易在家庭照料中实现家庭贡献,在社区活动中实现社区贡献。随着边贸发展和新生代越南新娘就业渴望,中国边境越南新娘的家庭贡献越来越集中在就业所带来的经济支持,其最终有益于社区 SES 而提升社区对越南新娘认可。相反,无显著贡献的越南新娘,包括不工作和不参与社区活动,很难获得社区认可的 Maternal Citizenship。在内陆,越南新娘由于语言文化差异和当地对外籍人员的敏感而无法工作,家庭贡献集中在女性角色而非经济贡献,导致社区对越南新娘的评价局限在传统性别角色是否合格,因而越南新娘很难作为社区贡献者获得社区 Maternal Citizenship。

第四,在电子社交网络使用中,越南新娘灵活适应获得 Maternal Citizenship 过程在中国边境存在代际差异,在内陆无代际差异。中国边境中越通婚历史长,越南新娘有代际特征,在其中年长者和新生代的观念和行为显著差异。相比年长者,新生代更渴望就业和发展,社区活动更主动,策略性的寻求 Maternal Citizenship,其来自社区管理者和普通居民认可。Maternal Citizenship 过程中,电子社交网络,成为越南新娘灵活适应的助推器。内陆越南新娘都是新生代,她们无法凭借语言文化优势灵活适应;不仅如此,除了使用电子社交网络,她们尝试的方式也更聪明,巧妙地从所有社区成员,包括说方言的年长者和说普通话的年轻人那里寻求社区 Maternal Citizenship。不仅如此,内陆中国越南新娘更有野心,甚至尝试灵活适应更大的中国社会去探索 Maternal Citizenship。

第五,越南新娘在中国边境通过自我价值的 Maternal Citizenship 是可持续的过程;相反,中国内陆的越南新娘这一过程是不可持续的。在中国边境,越南新娘自我价值体现在近距离越南娘家资源对家庭提供支持,或者参与边贸经营,两者都提升家庭 SES 而帮助越南新娘被社区尊重。上述形成的 Maternal Citizenship 要比社区同情和亲属关系形成的 Maternal Citizenship 更可持续。在中国内陆,越南新娘通过自我价值从社区获得 Maternal Citizenship 有特殊的内陆情景,即居民在国际化和全球化中对外国人的好奇感。随着中国内陆全球化和国际化加深,居民会见到更多外国人,对越南新娘的好奇感会逐渐降低,越南新娘自我价值是不可持续的。最终内陆情形可能类似于边境情形,即是否能利用自我价值增强社区认可取决于越南新娘给家庭和社区提供的可见资源。

10.3 农村流动老年人家庭健康研究

10.3.1 农村流动老年人家庭健康

随着市场经济发展和城市化进程加快,以青壮年为主的流动人口激增,造成老年人随子女流动现象逐渐增多,流动人口家庭化的特征越发明显,老龄人口迁移成为我国人口流动的重要特征(郭静 等,2017)。2015 年我国流动人口规模已达 2.47 亿人,其中流动老年人占比 7.2%,看似数量不大,但是由于该人群各项生理机能减退、抵抗力下降、疾病发生率显著高于其他流动群体(楚蓓,于永娟,2015),正在成为流动人口中承担健康风险的主要人群。除身体因素,流动老年人与普通老年人相比的健康劣势还在于,流动老年人的环境适应压力以及户籍障碍所带来的医疗、养老成本压力明显高于其他老年群体,成为落实各项老年公共卫生服务的难点,不仅存在更高的生理健康风险,心理健康状况也并不乐观(彭大松 等,2017)。因而无论是作为"被照顾者"还是作为"照顾者",其健康都需要得到社会关注。健康自评作为了解人群整体健康水平的重要指标,是探讨流动老年人健康议题的重要工具(熊跃根,杨雪,2016)。在流动老年人群体中,由于生理和社会地位的不同,男女在健康上或多或少存在差异,性别差异视角是研究老年健康的一个重要维度(李建新,李毅,2009)。从总体健康差异来看,2015 年男性平均预期寿命 73.64 岁,低于人口平均预期寿命,而女性平均预期寿命高达 79.43 岁。虽然女性较男性有较长的预期寿命,但女性老人发病率高于男性老人,表现出健康自评的性别差异。因此,关注流动老年人健康自评,有必要探讨流动老年人性别差异所带来的健康评价差异。在以往研究个体健康的社会经济结构因素基础上,本节试图引入健康内外双因素理论模型,探讨内外双因素如何对流动老年人健康自评产生影响。其中,健康外生因素中的家庭因素作为跨越个人层次的结构因素,不仅影响对老年人的照顾和支持程度,同时对老年人的健康产出有显著影响(耿爱生、丛瑜,2016),表现出个体因素和家庭因素的多层次效应。因此,本节的健康双因素理论模型中,家庭因素将作为跨层次因素纳入理论框架。

根据以上背景,本节将基于性别差异视角,使用多层次线性回归模型,应用健康双因素理论探讨流动老年人健康自评及其影响因素,具体研究:(1)流动老年人健康自评是否存在性别差异;(2)健康外生因素和内生因素是否构成流动老年人健康自评的影响因素,是否存在影响因素的性别差异;(3)跨层次的家庭因素如何对流动老年人的健康自评产生影响。衡量老年人健康水平的直接指标主要是老年人的客观身体状况评价及老年人自我健康状况的评价(姜向群 等,2015)。其中,健康自评是较早应用于研究老年群体健康水平的一种方法,Maddox 等学者认为健康自评可以表达个体对自己健康或生病的自感情况,是较为有效的健康测量指标(Maddox, Douglass, 1973)。因为健康自评不仅能反映老年人的综合健康状况,还能为健康促进和疾病预防项目决策者提供信息,为老年人提供准确的照料安排(Ocampo, 2010)。健康自评虽然是老年人对自身健康的主观判断,但是也反映了社会经济发展水平、医疗卫生状况以及个体生活条件、居住环境等(周国伟,2008)。健康自评也有助于分析老年人群的整体健康状态和健康需求,为养老保障决策提供重要依据(郑晓瑛,2000)。

健康性别差异不仅是研究健康问题的重要视角,更是反映健康公平与否的重要标志。在个体的生理层面,由于老年女性人群平均预期寿命更长,她们往往比老年男性带病时间更长,更容易受到功能障碍的困扰,且老年女性丧偶、独居比例比男性高,日常生活自理能力比男性差(Zhang et al., 2005),在晚年患有认知和生理缺陷的比例更高(Jagger, Matthews, 2002),因此老年人中认为自己健康状况不好的大多数是女性(柳玉芝,2001)。在年龄方面,随着年龄的增长,人体的生理机能处于自然衰退的过程,两性健康均呈下降趋势,但男性健康自评始终都优于女性(徐婧,2015)。在个体的家庭和社会结构层面,婚姻对老年健康和存活具有明显的保护作用,有配偶者健康状况要好于无配偶者,特别是婚姻对老年男性死亡风险的降低作用强于女性(顾大男,2003)。教育与老年健康正相关,受教育程度高的老年群体由于掌握更多的健康保健知识,健康自评也较高(Lowry, Xie,2009)。但由于老年群体中女性教育水平普遍低于男性,因而教育对健康自评的影响存在性别差异(孙菊,2008)。在经济上,收入可以明显改善个人健康状况,例如随着养老金水平的提高,收入对健康的保障作用愈发显著(李实,杨穗,2011),但由于男女社会角色分工的差异,老年女性收入一般都低于老年男性,因而收入对健康自评的影响存在性别差异。就流动而言,选择流动的老年人身体状况通常满足流动对健康的要求,但是流动过程中是否会由于性别差异而造成健康评价的差异,有待进一步探讨和验证。整体而言,性别与人口、经济、社会变量发生相互作用,造成自我健康认知的不确定性,进而造成了卫生信息与健康服务水平的差异,这些差异在人口流动过程中会由于流动因素而更加复杂,可能进一步凸显健康自评中的性别差异。大多数关于健康差异的研究集中于地区和城乡差异,引入性别视角局限于将性别作为一个控制变量,缺乏对健康性别差异具体原因的分析。

针对健康评价进行量化研究可以追溯到 Grossman 提出的健康生产函数,其首次将 Becker 提出的家庭生产函数引入健康效用函数,将健康视为提高消费者满足程度的耐耗资本品,健康资本能够生产健康时间,但也和其他资本一样存在折旧,即个体健康存量随年龄增长而折旧,但个体可以通过增加健康投资来提高健康水平,例如改善医疗服务、生活环境、经济条件等(Grossman,1972)。健康生产函数通过指标测算来剖析个人的外部因素和内部因素对个体健康评价带来的影响,指标涉及个体在外界获得的各种健康资源,结合自己的身体状况评价自身健康等级。健康生产函数的一般形式为:

$$H = F(X) = (M, E, LS, S)$$

其中 H 为个体健康评价等级;M 代表个体可以从外界直接获取的健康资源,例如经济收入和医疗服务;E 表示生活环境的影响,即外界环境变化下的健康资源变化;LS 是个体生活方式与疾病应对,代表了个体自身内部的影响;S 是社会经济变量。基于健康生产函数,经济学家将个体疾病的不确定性及其应对方式作为个体内部要素引入模型,构建健康效用函数来分析个体健康资本折旧和健康投资如何影响个体自我的健康评价(Cropper,2000)。由此看出,健康自评的影响因素包含了个人内在因素和健康外部因素。在健康效用函数基础上,Mosley 和 Chen 提出研究健康决定因素的内外双因素理论框架。该框架考虑到家庭和社会对个体健康的影响,提出了健康的外生因素和内生因素,其中外生因素是客观存在的个体遗传、生活环境以及健康资源投入,包括个体遗传、生活场景、个人和家庭经济等;内生因素是指个体主观存在的健康问题与应对,包括疾病、环境污染、营养摄入以及疾病应对等。健康双因素理论模型解释了低龄人群健康评价的影响因素,验证了健康双因素对健康评价的显著影响(Mosley, Chen, 2003),虽然该理论尚未应用于老年和流动人口研究,但是基于以上研究,本节将结合健康内生因素和外生因素来分析流动老年人健康自评,但是具体指标测量需要进行相应修正和扩展。

在健康内生因素中,疾病现状、环境污染、营养摄入以及疾病应对被证明是健康评价的显著因素。考虑到环境污染和营养问题对大部分老年人影响并不突出,因此流动老年人健康自评的内生因素可以忽略环境污染和营养摄入。老年人健康异质性主要源于个体疾病,而人口流动过程中存在户籍环境、健康资源、生活照料和医药治疗的变化,流动老年人的疾病风险不仅会增大,而且流动中的健康资源短缺进一步削弱了疾病应对能力(牛建林,2013)。相比其他年龄群体,老年人疾病治愈能力降低,是慢性疾病的"重灾"人群,而慢性疾病是导致低健康自评的要素之一(罗会强 等,2016)。因此对于大多数正常生活和自理的流动老年人而言,健康自评的内生因素应该包含疾病史特别是慢性病史及疾病应对方式。在健康外生因素中,原始指标涵盖个体遗传、生活场景、个人经济和家庭经济,但是遗传因素对个体健康的影响主要作用于婴幼儿时期,一般不引入老年健康问题。而生活场景则可以体现出老年人在流动中的生活环境及其带来的影响(李珊,2010)。与其他人群类似的是,个人经济和家庭经济同样也是老年人健康资源获取的重要因素(薛新东,葛凯啸,2017),因而可能直接影响流动老年人的健康自评。无论是外部健康资源还是内在健康条件,流动老年人都显现出健康投资能力的不足,因而个人健康的主观评价更加依赖家庭和社会的健康投入(杜本峰,王旋,2013)。因此,外部条件的影响可能包含个人和家庭之外的社会资源,例如公共卫生服务和医疗保障等(何莎莎 等,2012)。

流动老年人健康自评的外生因素中,家庭因素可能是与其他个人变量相区别的跨层次变量。鉴于当前户籍制度与医疗保障资源的相关性,流动老年人可能在健康议题上与非流动老年人存在大然差别,前者对于家庭健康资源的需求可能更为突出(瞿小敏,2016)。由于老年人健康问题突出,健康风险抵御能力脆弱,特别是在流动过程的老年人相比其他人群更难获得健康资源(李珊,2010),其依赖家庭经济支持成为必然,因而家庭会明显感受到老年人健康变化带来的经济负担(雷晓燕,2010)。当家庭所能承担的健康费用超过一定数额时,就会影响到家庭支出质量,此时家庭就会通过调整家庭支出策略来减少健康支出,从而对家庭成员健康产生影响(耿爱生,丛瑜,2016)。因此家庭支出水平必然会制约家庭的健康投入,即家庭经济资源分配会影响家庭成员特别是老年人的健康水平(何兴强,史卫,2014)。家庭支出水平的直接指标是家庭月平均支出收入比,能够反映家庭在抵御各类不确定风险中的经济支持水平,也决定了家庭层面为成员健康能够提供的经济支持(罗楚亮,2007)。对于流动老年人,家庭月平均支出收入比可能是个人层次之上的家庭层次中能够影响健康自评的跨层次因素。

除了直接的物质资源支持,流动人口的健康自我评价也会受到家庭情感与照料的影响。流动人口社会融合研究表明,来自原生家庭的情感支持扮演了显著的健康促进角色,特别是那些能够与流动者伴随迁移的家庭成员,往往能够提供更多的正面情绪支持从而正面强化健康感知(周红云,胡浩钰,2017)。从实际效用上来看,虽然流动者能够获到的城市社区健康服务非常有限,但是与流动者随迁的原生家庭却及时提供了最直接的健康照料,例如近距离流动的本地户籍流动老年人,往往会得到同属于本地户籍的原生家庭的照料(梁宏,郭娟娟,2018),这对流动者的健康水平起到较好的促进作用,即家庭照料对流动者健康自评可能产生显著影响。基于流动老年人可能存在的健康自评性别差异,结合流动者健康自评的影响因素和跨层次的家庭因素,本节引入健康双因素模型,结合流动老年人的群体特质,提出了研究流动老年人健康自评的健康双因素多层次模型,如图10-3所示。

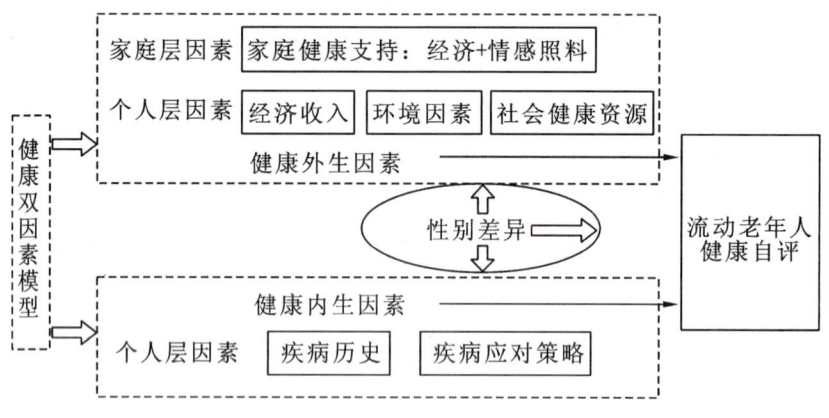

图10-3 流动老年人家庭健康自评的理论模型

本节数据来源于"2015年全国流动人口卫生计生动态监测调查"数据。调查样本选取在现居住地居住1个月以上且非本区(县、市)户口的15周岁及以上流动人口,调查内容包括流动人口基本信息、就业状况、基本公共卫生和医疗服务、社会保障等。通过采取分层、多阶段、与规模成比例的抽样方法,从全国随机抽取31个省(区、市)作为调查点,样本总量为206 000人。本书仅选取调查对象中年龄为60周岁及以上的流动人口,最终经过筛选的有效样本量为来自全国9 183个家庭的共计12 975个样本。因变量为健康自评得分,由流动老年人口身体健康状况自我评价等级来测量。分别对健康自评状况进行赋分,健康=4分,基本健康=3分,不健康但生活能自理=2分,生活不能自理=1分。本节将对流动老年人口健康水平及性别差异进行描述,进而构建影响因素模型,分析个体特征、健康外生因素、健康内生因素以及跨层次的家庭因素对流动老年人健康自评的多层次影响。个体层次上,自变量包含个体特征、健康外生因素以及内生因素。个人特征包括婚姻状况及受教育程度,其中婚姻状况以有无配偶划分,受教育程度划分为初中及以下、高中及以上。由于健康存在天然的年龄差异,因此本节不对年龄因素进行分析。

本节中的健康内生因素包含个人疾病史及疾病应对方式,反映了流动老年人内在的基础健康水平和健康风险应对能力。首先,对于绝大多数正常生活和自理的流动群体而言,健康自评重要影响来自长期存在或者具有潜在风险的慢性病(杜本峰,王旋,2018),因此本书将疾病史界定为是否具有慢性病史。其次,疾病应对方式能够反映老年人在流动中应对疾病的能力和资源,例如个体面对疾病时治疗的方式可能会直接影响其健康自我评价,因此本书将疾病诊疗方式纳入内生因素中,包括得病时看医生、自我治疗/其他等两种方式。除此之外,由于疾病而住院的流动人口意味着健康状况明显下降,很可能导致其对自身的健康评价更低。因此本书在疾病应对方式中还纳入了是否患有经医生诊断需住院而未住院的情况。

健康外生因素包含经济收入、环境因素、社会健康资源以及跨层次的家庭因素。第一,经济收入指标界定为流动老年人的经济来源,因为老年人经济来源的不同也反映出了经济地位的差异,能够凸显经济因素对健康评价的影响(何兴强,史卫,2014)。本书中,劳动收入、离退休金/养老金以及家庭其他成员供养是流动老年人三大经济来源。第二,本书中的环境变化因素被界定为老年人流动,因为流动目的直接反映出流动人群在新环境中的差异性

(李珊,2010),可以用于研究流动老年人环境差异对健康评价的影响。本书中,流动老年人的流动原因包括了务工经商、照顾晚辈以及养老。第三,社会健康资源可以由公共健康服务和社会医保来测量,本书通过是否参加过社区免费健康体检以及是否有社会医疗保险反映流动老年人可以获得的社会健康资源。外生因素中发挥跨层次影响的家庭因素,本书以家庭月平均食品、住房支出与总收入之比构建"家庭收入支出比"指标,来测量家庭经济资源对老年健康支持的能力。当家庭用于食品、住房等支出过多时,用于医疗保健支出便会减少,意味着该家庭应对老年人健康风险的能力将会削弱(何兴强,史卫,2014)。同时,以是否有家属随迁构建"家庭情感与照料"指标,因为家属随迁也意味着流动老年人会更多获得情感及日常照料支持(周红云,胡浩钰,2017;梁宏,郭娟娟,2018),增强其抵御健康风险的能力;另一方面,家庭随迁也可能意味着老年人自身健康状况不佳,因而需要随迁成员的照料和支持。

本节使用STATA14.0进行分析。首先,对流动老年人口健康水平进行描述性统计,分析该人群健康水平及性别差异。其次,引入多层线性回归模型,以健康水平为因变量,将个体特征、健康内生因素、健康外生因素作为自变量,分析各因素对该人群健康水平的影响。其中,健康外生因素中的家庭健康支持因素以家庭月平均支出收入比来测量家庭经济支持,以是否有家庭随迁来测量家庭情感与照料支持。由于该变量是跨越个人层面的家庭层变量,因此本节使用多层次回归模型分析影响因素。在一般回归分析基础上,本节将个体层次变量纳入模型的固定效应中,家庭月平均支出收入比和是否有家庭随迁作为家庭层次变量纳入随机效应模型,对所得方差进行参数估计,判断组内相关系数,在判断多层模型必要性的基础上,进一步分析不同因素对流动老年人口健康水平的影响。根据美国医学学会与公共健康研究的界定,因变量健康自评得分一般按照序次变量进行设置,但是分析过程按照连续变量纳入分析模型(Chen et al.,2010;Wilkinson et al.,2012)。本节根据上述界定,将因变量健康自评得分作为连续变量,使用多层线性回归模型。在引入多层回归模型进行分析时,首先构建零模型,判断建立多层回归模型的必要性,为本节选择多层回归模型提供理论依据。其次构建随机截距模型,具体分析个体特征、健康内生因素、健康外生因素以及外生因素中跨层次的家庭因素对流动老年人口健康自评的影响。本节中所构建模型的具体形式为:

$$Y_{ij} = \gamma_{00} + \upsilon_{0j} + \gamma_{ij} \tag{1}$$

$$Y_{ij} = \gamma_{00} + \gamma_{01}Z_{1j} + \gamma_{i0}X_{1ij} + \gamma_{20}X_{2ij} + \gamma_{30}X_{3ij} + \upsilon_{0j} + \gamma_{ij} \tag{2}$$

公式(1)为零模型，γ_{00} 代表总均值或总截距，是固定参数；υ_{0j} 为家庭层面的随机变量，即样本点 j 到总截距的距离，表示来自不同家庭的流动老年人健康水平均值存在差异；γ_{ij} 为流动老年人口个体层面的随机变量，即分布于 j 样本点的 i 样本到该样本点的截距的距离。零模型中不纳入任何的预测变量，为构建多层线性回归模型提供依据。公式(2)为随机截距模型，Z_1、X_1、X_2、X_3 分别代表家庭支持、个体特征因素、健康外生因素、健康内生因素，γ_{01}、γ_{10}、γ_{20}、γ_{30} 分别代表各因素的回归系数。为了分析健康双因素对老年人健康自评影响作用的性别差异，本章节将性别变量与核心变量进行交互项处理，通过交互项来判断性别变量是否在诸变量影响因素对健康水平的影响中具备调节效应（赵晨，2014），由此进一步判断健康内生因素和外生因素在影响老年人健康自评的效应中是否存在性别差异。本章节样本信息如表 10-8 所示。

表 10-8 样本信息

变量	N	占比/mean/(Min/Max)	N	占比/mean/(Min/Max)
	女性	（变量代码=0）	男性	（变量代码=1）
个体特征				
·婚姻*(1=有配偶)	5243	84.98	5979	87.86
·教育*:(1=高中及以上)	1788	28.98	1813	26.64
健康内生因素				
·慢性病史*(1=有)	1517	24.59	1356	19.93
·得病时候诊疗方式*				
看医生	2884	46.74	3030	44.38
自我治疗或其他	3286	53.26	3785	55.62
·是否需住院而未住院*(1=是)	626	10.15	651	9.57

续表

变量	N	占比/mean/(Min/Max)	N	占比/mean/(Min/Max)
	女性	（变量代码=0）	男性	（变量代码=1）
健康外生因素				
·经济来源*				
劳动收入	813	13.18	2 064	30.33
离退休/养老金	2 085	33.79	2 391	35.14
家庭成员供养或其他	3 272	53.03	2 350	34.53
·流动原因*				
务工经商	828	13.42	2 224	32.68
照顾晚辈	2 465	39.95	1 944	28.57
养老或其他	2 877	46.63	2637	38.75
·接受本地医疗服务*（1=是）	2 075	33.63	2 275	33.43
·是否有社会医疗保险*（1=有）	5 249	85.07	5 817	85.48
·家庭支出收入比**	6 170	0.401(0/11.111)	6 805	0.402(0/30.769)
·家庭成员随迁**（1=是）	1 433	23.23	1 468	21.57

注：*个体层变量，**家庭层变量。

10.3.2 农村流动老年人家庭健康分析

流动老年人健康自评的性别差异如表10-9所示。男性流动老年人健康自评得分的均值为3.37，相比女性老年人的3.28略高，这与其他研究中男性健康自评高于女性健康自评的结果相一致（徐婧，2015）。整体而言，流动老年人健康自评存在性别上的显著差异。因此，本章节将进一步根据理论模型，引入健康双因素及多层线性模型探讨健康自评影响因素的性别差异。

表 10-9 流动老年人健康水平差异

变量	N	Mean	SD	95% Conf. Interval		t 值	Sig.
性别							
女性(变量代码=0)	6170	3.280	0.009	3.261	3.297	7.653	0.000
男性(变量代码=1)	6805	3.374	0.008	3.358	3.390		

表 10-10 是流动老年人全样本的健康自评影响因素多层模型分析结果。模型 1 是零模型,组内相关系数 ICC 表示组间方差占总方差的比例,即流动老年人健康水平约 58.7% 的变异可以由家庭因素解释,截距项系数显著,表明除了个人层因素,家庭层因素对流动老年人健康自评有显著影响。在零模型基础上,模型 2 首先加入了个体因素和健康内生因素。其中,配偶尚在和教育水平高的老年人健康自评更高,与已有研究结果一致(郭静 等,2017;熊跃根,杨雪,2016)。在内生因素中,有慢性病史的老年人健康自评更低,健康状况需要住院而未住院的老年人健康自评更低;有病看医生的老年人健康自评更高,验证了医疗健康服务的获取会对健康评价产生正面影响(顾大男,2003)。

表 10-10 流动老年人健康自评的多层线性回归结果(全样本)

变量	模型 1		模型 2		模型 3	
	β	SE	β	SE	β	SE
个体特征						
·婚姻(1=有配偶)			0.115***	0.018	0.070***	0.018
·教育(1=高中及以上)			0.139***	0.015	0.112***	0.015
健康内生因素						
·慢性病史(有=1)			-0.322***	0.013	-0.298***	0.013
·诊疗方式(参考项:看医生)						
自我治疗或其他			-0.027*	0.013	-0.038**	0.012
·是否需住院而未住院(是=1)			-0.478***	0.018	-0.435***	0.017

续表

变量	模型1 β	模型1 SE	模型2 β	模型2 SE	模型3 β	模型3 SE
健康外生因素						
·经济来源(参考项:劳动收入)						
离退休/养老金					-0.109***	0.024
家庭成员供养或其他					-0.266***	0.023
·流动原因(参考项:务工经商)						
照顾晚辈					0.109***	0.023
养老或其他					-0.213***	0.022
·接受过本地医疗服务(1=是)					0.078***	0.013
·社会医疗保险(1=有)					0.027	0.017
家庭层变量						
·家庭支出收入比					-0.049***	0.014
·家庭成员随迁(1=是)					-0.083***	0.016
截距项	3.337***		3.333***		3.569***	
样本点随机参数	0.578	0.006	0.543	0.006	0.511	0.006
个体随机参数	0.407	0.005	0.382	0.004	0.374	0.004
ICC	0.587		—		0.577	
R^2	—		0.061		0.116	
最大似然比	-12773.752		-11949.451		-11428.766	
N	12975		12975		12975	

注:*$p<0.05$,**$p<0.01$,***$p<0.001$。

模型3加入健康外生因素后,个体因素和内生因素解释度都有降低,外生因素对老年人健康自评存在显著影响。其中,有劳动收入的老年人健康自评较高,验证了老年人经济优势对健康自评的促进作用(李实,杨穗,2011)。照顾晚辈而流动的老年人比流动务工的老年人具有更高的健康自评,可能源于前者家庭成员随迁带来的家庭健康支持(周红云,胡浩钰,2017;梁宏,郭娟娟,2018);但是为了养老而流动的老年人健康自评更低。接受过本地医疗服务的流动老年人健康自评较高,这与本地健康资源带来的健康收益有直接关联。由于社会医疗保险的普遍性,社会医疗保险对个体健康自评的影响并不突出。模型3中的家庭支持因素代表了来自家庭的跨层次效应。家庭支出收入比越高,意味着日常花销分流了家庭的健康资源,来自这样家庭的流动老年人对自己健康的预期更低,健康自评越差。有家庭成员随迁的老年人,健康自评越低,该结果没有验证家庭情感和照料对健康的促进作用(周红云,胡浩钰,2017;梁宏,郭娟娟,2018)。相反,该结果揭示了老年人可能是自身健康不佳,需要家人随迁的同时降低了健康自评。因此,家庭情感与照料或许不是促进流动老年人健康自评的绝对因素。

表10-11纳入了性别与内外生因素的交互项来揭示健康自评影响因素的性别差异。结果表明,除了家庭支出收入比之外,其他所有的核心因素都存在显著的性别差异。表10-11在加入性别的调节效应后,家庭支出收入比对健康自评的影响不再显著,意味着流动老年人所在家庭的经济支持结构对健康自评产生的影响,并没有性别的差异,已有研究也并未发现性别所产生的显著影响(何兴强,史卫,2014)。

表10-11 性别差异视角下流动老年人健康自评的多层线性回归结果

变量	模型1		模型2		模型3	
	β	SE	β	SE	β	SE
个体特征						
·婚姻(1=有配偶)			0.112***	0.019	0.092***	0.019
·教育(1=高中及以上)			0.134***	0.016	0.131***	0.015
健康内生因素						
·慢性病史			-0.208***	0.017	-0.248***	0.018
·诊疗方式(参考项:看医生×性别)						
自我治疗或其他×性别			0.111***	0.011	0.032*	0.013
·是否需住院而未住院(1=是)×性别			-0.305***	0.018	-0.322***	0.024

续表

变量	模型1 β	模型1 SE	模型2 β	模型2 SE	模型3 β	模型3 SE
健康外生因素						
・经济来源(参照项:劳动收入×性别)						
离退休/养老金×性别					-0.062***	0.027
家庭成员供养或其他×性别					-0.155***	0.027
・流动原因(参考项:务工经商)						
照顾晚辈×性别					0.072**	0.027
养老或其他×性别					-0.089**	0.026
・接受本地医疗服务×性别					0.083***	0.015
・社会医疗保险×性别					0.193***	0.014
家庭支持变量						
・家庭支出收入比×性别					0.017	0.014
・家庭成员随迁(1=是)×性别					-0.044**	0.017
截距项	3.337***		3.209***		3.200***	
样本点随机参数	0.578	0.006	0.561	0.006	0.542	0.006
个体随机参数	0.407	0.005	0.402	0.005	0.404	0.005
ICC	0.587		—		0.573	
R^2	—		0.029		0.062	
最大似然比	-12 773.752		-12 496.203		-12 305.7	
N	12 975		12 975		12 975	

注:*$p<0.05$,**$p<0.01$,***$p<0.001$;性别变量的代码中,女性=0,男性=1。

男性流动老年人更容易因为疾病史而降低健康自评。在慢性病史和健康自评关系中,男性流动老年人的斜率相对较大,即男性流动老年人更容易因为疾病史而降低健康自评。疾病史属于健康内生因素,代表了健康生产函数中个人健康的基础要素LS(Cropper,2000),能够显示个体健康基础条件对健康水平的影响,由于女性老年人自理能力劣势和心理承受能力劣势,往往比男性老年人更容易在疾病中低估自己的健康预期(Jagger, Matthews, 2002; Zhang et al., 2005)。但是本节的发现与之相反,即男性在长期疾病中更加显现健康的脆弱性。男性流动老年人更容易通过非正规治疗经历而提升健康自评。老年人在面对健康问题时的医疗利用同样代表了健康生产函数中的健康基础要素LS,是健康内生因素中保护因素的重要体现,意味着老年人自身存在的健康风险控制能力。本书研究发现,老年人会由于接受非正规治疗而提升健康自评,即非正规治疗成为健康自评的保护性因素,男性老年人更加愿意承认和接受这种保护性因素带来的健康收益。其实质上揭示了部分流动老年人特别是男性老年人存在着相当程度的理想化健康感知,形成健康隐患。男性流动老年人更容易因为需要住院而未住院从而降低健康自评。住院经历是健康内生因素中的个人经历,同样代表的是健康生产函数中个人健康的基础要素LS。跟以往研究中女性在健康风险中更加脆弱的结论不同(Jagger, Matthews, 2002; Zhang et al., 2005),本书研究发现需要住院而未及时纠正的经历会显著降低流动老年人健康自评,其中男性的影响程度更深,意味着流动老年人中的男性群体更加具有健康脆弱性,治疗经历的缺乏更加凸显健康担忧。

首先,有劳动收入的流动老年人中,男性的健康自评更高。根据健康双因素理论,经济收益是个人从外界可以直接获取的健康资源(何兴强,史卫,2014),代表着健康外生因素M,能够显著促进个人健康水平。经济条件为老年人健康资源的获得提供了可靠性,而男性老年人相比女性老年人而言依然处于社会分工和经济收入的优势地位,因此男性更容易在经济收入的保障下,具备更高的健康自评结果。与已有研究中关于女性在经济所得前提下依然处于健康劣势的结论相一致(李实,杨穗,2011),本书研究揭示了在具备劳动收入的流动老年人中,女性比男性获得的健康安全感要低。

其次,在照顾家庭为主的流动老年人中,男性的健康自评更高;而以养老为主的流动老年人则相反。照顾家庭的流动老年人往往也具备较好的健康基础,本身具备的健康感知偏向乐观。之所以存在性别的差异,可能源于照顾家庭的老年人分工中,女性老年人依然承担着较多家庭成员照顾职责,对其健康造成负面影响(熊跃根,杨雪,2016)。而为了养老而流动的老年人中,女性健康自评更高,与以往研究关于城乡老年人健康自评中男性较高的结论不同。因此,养老群体中的流动男性是需要关注的重点健康风险人群。

再次,在能够获得医疗公共资源的流动老年人中,男性健康自评更高。本地医疗资源获取是衡量流动老年人健康外生因素的重要指标,能够通过直接医疗救助而提升老年人健康预期。本书研究发现男性老年人更容易通过获得本地医疗服务而增强健康信心,但是女性流动老年人的效果不明显,再次反映出女性老年人在城乡普遍存在的健康劣势,特别是健康心理劣势。值得注意的是,社会医疗保险对健康自评的正向影响中,男性受到的影响大于女性,显示了女性流动老年人对社会医疗保障制度的信任程度较低。

最后,有家庭成员随迁的老年人,健康自评相应较低,男性比女性更容易受到这种影响,特别是男性流动老年人,家庭随迁的前提下,健康自评明显更低。家庭随迁代表了一定程度的家庭支持,是流动老年人应对社会危机和风险的外生资源。但是在健康议题中,一些老年流动者之所以有家庭随迁,源于自身长期存在的健康风险,健康自评自然更低。

本章基于健康双因素模型构建多层次模型,从性别差异视角分析了流动老年人健康自评及其影响因素,发现了健康双因素对流动老年人健康自评的影响作用并判断出性别差异。本章的研究过程也存在一定的局限,关于健康自评的测量上,选取的变量通过1—4序次变量进行赋值打分,为了剖析来自家庭的跨层次影响,应用多层次线性回归模型进行分析,将序次变量作为连续变量引入模型,具有一定的局限性,未来将进一步开发健康自评量表进行后续研究与分析。

第一,健康内生因素对流动老年人的健康自评具备显著的负面影响,男性的影响程度大于女性。其中,流动男性老年人更容易由于慢性病史而产生健康风险意识,也反映了有慢性病的女性流动老年人可能会低估健康风险;有过非正规治疗经历的流动男性老年人健康自评较高,显示了该群体中存在的盲目乐观情绪,健康风险也较高;同时,男性流动老年人更容易因为需要住院但未住院而降低健康自评,因此他们也是健康服务和疾病风险预防的重点人群。第二,外生因素中的经济独立能够显著提升流动老年人的健康自评,男性比女性的提升效应更明显,女性的经济独立并不能促进健康自评。本书研究揭示了在具备劳动收入的流动老年人中,女性比男性获得的健康安全感要低,因而处于务工劳动中的女性流动老年人理应获得更多的健康关注和服务。第三,外生因素中的流动原因对流动老年人的健康自评有显著影响,这种影响对不同流动原因下的男性和女性有显著差别。在照顾家庭为主的流动老年人中,男性健康自评更高;而以养老为主的流动老年人中,女性健康自评更高。因此,照顾家庭的女性流动老年人有更高可能存在健康风险,处于养老生活中的男性流动老年人有更高可能存在健康风险。第四,外生因素中的医疗公共资源对流动老年人的健康自评有显著促进作用,男性的促进作用大于女性。男性流动老年人更容易通过获得本地医疗服务而增强健康信心,意味着女性流动老年人并没有在本地医疗服务中获得足够的健康服务或者未达到健康保障要求,因此她们的需求是健康服务部门应予以关注的重点工作。同时,女性流动老年人对社会医疗保障制度的信任程度较低。第五,家庭变量中的收入支出结构并没有对流动老年人的健康自评产生显著影响,但是家庭成员随迁对健康自评存在显著的负面影响,女性受到的影响更大。家庭随迁代表老年人可能具备的家庭健康支持,也意味着流动老年人可能存在的疾病健康风险,特别是男性流动老年人在家庭随迁前提下的健康预期更低。在流动家庭健康服务体系内,与家属随迁的男性流动老年人应成为重点关注对象。

10.4 研究结论

本书基于农村性别失衡社会宏观环境、中观社区环境以及微观家庭环境情景分析,针对农村家庭规模、结构、功能和可持续发展基础诉求,进行了性别失衡社会农村家庭风险研究,在家庭风险分析框架下进行了风险定义与指标提升系设计,结合国家公开数据、地区实证调查数据、田野调查与访谈以及新闻媒体和政策文本分析,最终识别出性别失衡社会农村家庭风险及其形成机制并进行了后果探讨。研究结论对掌握中国性别失衡社会形态下农村家庭生存、生产、发展和福祉促进提供了实证研究参考,也为已经开始的乡村振兴策略以及农村脱贫过渡期政策制度创新和实践提供了策略参考。

与一般自然灾害情境下的农村家庭风险相比,性别失衡情境下的农村家庭风险更加表现为多维化和长期化,渗透到农村家庭生活各个方面,不仅影响大龄未婚男性家庭,也会影响一般家庭。与老龄化情境下农村家庭面临的具体不确定性难题相比,性别失衡情境下的农村家庭风险议题与家庭日常生活和长远发展更贴切,农村家庭每一位成员都是潜在的性别失衡社会利益相关者,家庭风险具有系统性和全局性。因此,本书针对性别失衡社会农村家庭风险的主要类型及其形成机制以及后果影响，围绕家庭发展能力建设和家庭风险抵御能力建设，从社区层面和家庭层面提出经济发展、社会保障、文化新风以及医疗健康等策略和社会治理建议，旨在推进性别失衡社会下公共政策与社会治理以及社区治理的提升策略尽可能覆盖农村家庭的核心利益需求和家庭风险挑战，推进性别失衡社会农村家庭的稳定、健康、发展和福祉。

10.4.1 性别失衡社会农村家庭具备抗逆弹性

农村社区和农村家庭已经开始面临性别失衡风险环境，也在家庭生活和发展中面临性别失衡后果的挑战。在社会宏观层面，多年的出生人口性别比偏高导致的性别失衡以及男多女少下的婚姻市场男性挤压正在逐渐对农村弱势群体家庭造成影响，也通过城镇化、老龄化和城乡人口迁移对更广泛的普通农村家庭造成多方面影响。在最直接相关的人口结构转型中，性别失衡所造成的影响不仅在婚姻挤压和婚姻彩礼层面进入万千农村家庭，也与农村人口老龄化、青壮年外出迁移等叠加转型因素合并形成更复杂的农村社区环境，农村家庭结构上的小型化和子女独立化以及资源独立化趋势，削弱了农村家庭原本作为一个整体所具有的协作、分享、交流等集体性的风险应对功能，家庭在婚姻资本积累、家庭生计发展、家庭养老保障以及家庭健康等核心功能环节均出现潜在风险或者不确定性事件的挑战，已经面临带有性别失衡特质并且叠加社会转型特征的风险环境和风险后果。在社区层面，社区集体性的社区抗逆力已经弱化了传统农业社会中的集体防御功能，在人口外流过程中面临向心力和集体资源弱化以及领导力弱化趋势，为农村治理模式的与时俱进提出了新的需求。在家庭层面，家庭信念、模式结构以及合作功能等也面临显著变化，家庭集体性的合作防御功能也在弱化。但是社区和家庭的抗逆力与弹性机制也在随着社会生态系统与家庭资源变化而变化，农村社区与家庭有通过环境和资源改善自身抗逆力缺陷的适应机制。

10.4.2 农村家庭可持续生计弹性抵御风险

在性别失衡环境下，农村家庭抗逆力能够通过适应力的提升产生对不确定性风险的弹性相应能力，这种能力尤其依赖家庭可持续的生计资源的积累与运行，但是也会由于家庭可持续生计资本的结构和数量水平变化而产生变动。总体而言，本书通过对农村家庭在性别失衡情境下的家庭抗逆力的探索发现，家庭可持续生计资本是引导家庭抗逆力变化的方向性因素。可持续生计本身就是农村家庭在变化环境中脆弱性、暴露度和敏感性的直接来源,决定了农村家庭在外界支持不足时本身具有的弹性机制,其中就包含家庭抗逆力。在性别失衡情境下,农村家庭天然具有的自然资源、物质资本、社会关系网络、金融资本和人力资本随着社会和社区环境变化也导致家庭资源储备池内容、结构和用途变化。虽然家庭抗逆力随着农村社会城镇化和人口迁移出现弱化迹象,但并没有丧失基本的抗逆弹性机制,农村家庭信念、家庭关系和家庭适应性相比城市家庭依然有传统家庭结构功能优势,家庭组织层面的弹性机制依然存在。针对婚姻、生计、养老、健康以及性别失衡社会中的特殊家庭生存与发展问题,家庭资源中的可持续发展资源系统构成了家庭应对挑战和危机的资源框架,并且具有持续积累和动态适应的家庭功能,是客观评价性别失衡社会农村家庭风险水平与危机弹性应对的综合能力。

10.4.3　中国农村家庭出现跨国婚姻风险

中国性别失衡在农村社会最直接的影响是婚姻挤压,不仅是劣势男性家庭成婚困难的根本原因,也是普通家庭择偶困境、婚姻成本上升的来源。本书跳出传统意义上的婚姻挤压男性择偶问题,因为围绕已经存在婚姻挤压的婚姻市场探讨家庭风险近乎无解,女性婚姻对象不足时劣势男性被挤压出本土婚姻市场是必然事件。为了从普通家庭视角解读性别失衡社会农村家庭婚姻风险议题,本书引入了中越跨国婚姻问题,至少可以涉及所有农村家庭进行家庭婚姻风险的具体内容进行探讨。本书研究表明,性别失衡中农村家庭风险最明显的即为跨国婚姻风险,特别是外籍新娘来源集中的中越跨国婚姻。无论是中越、中缅还是中老婚姻,性别失衡将传统社会聚集在边境地区的跨国婚姻扩大到中国内陆广大农村地区,延长了跨国婚姻对普通家庭的辐射范围,凸显了性别失衡对中国农村家庭大范围的潜在风险影响。与此同时,以越南新娘为代表的外籍新娘进入中国后的家庭稳定性存在风险概率,特别是非法途径入境甚至违法买卖婚姻成为跨国婚姻离散和家庭解体主要风险来源。但是外籍新娘也有一定的适应性,虽然在中国举步维艰,但是家庭资源、生计资本以及家庭关系网络等家庭因素也会帮助越南新娘适应跨过家庭并增进婚姻稳定。

10.4.4 农村家庭代际支持供需不稳定

性别失衡伴随着农村老龄化趋势,也衍生出了农村家庭养老风险问题。就家庭风险而言,农村家庭养老模式的不确定性,特别是农村家庭代际支持关系和支持模式的不确定性是家庭养老风险的主要来源。考虑到农村家庭社会养老公用服务的有限性,农村家庭子女对父母的代际支持是家庭风险养老核心议题。由于性别失衡和农村老龄化的深度影响即将在当代中青年居民步入老龄化的十五至二十年后出现,本书研究发现了中青年农村居民对于未来代际支持预期的水平及其变化趋势,也是明确性别失衡社会农村家庭未来全面老龄化进程中代际支持可实现程度的前瞻判断。代际支持预期在供给和需求两个层面出现了与传统农村家庭截然不同的变化趋势。在代际支持供给层面,家庭结构独立化和家庭规模小型化意味着子女资源分享的机制和机会都在减少;在代际支持需求层面,父母对于子女情感需求更加凸显,而其他需求则在持续提升的家庭可持续生计资源和社会养老公共服务保障下有持续下降趋势。性别失衡社会下的农村家庭养老局面可能会出现代际支持类别化偏好趋势,表明性别失衡和老龄化等叠加社会情境下农村家庭养老风险的复杂性与发展趋势。本书研究表明,农村代际支持预期的类别化偏好以及家庭可持续生计和外部公共服务扮演的角色将是未来农村家庭养老模式变化、修正和提升中长期面临的不确定性。

10.4.5 农村男性与老年人存在健康风险

在性别失衡情境下,婚姻挤压引出的大龄未婚男性以及在这种氛围下可能诱发的普通未婚男性集中出现性与生殖健康风险是农村家庭特别是男性家庭典型的风险类型。在婚姻挤压单一风险环境下,虽然农村家庭集体和大规模出现 HIV/AIDS(艾滋病)或者 STD(性传播疾病)的概率不大,但是人口城乡迁移会由于城市流动人口性与生殖健康风险而显著增大农村男性特别是农村大龄未婚男性的风险性行为机会,进而增大 HIV/AIDS 或者 STD 风险。本书研究发现,农村大龄未婚男性在城市流动经历中确实是商业性行为等疾病传播风险概率最大的风险行为活动的主要参与者,其他农村男性也会显著增大与 HIV/AIDS 或者 STD 相关的风险性行为参与机会,为农村家庭健康带去显著的负面因素。考虑到农村家庭医疗卫生条件有限,农村居民健康知识和健康理念不足,自我保护意识和家庭集体健康意识很低,农村男性特别是大龄未婚男性参与风险性行为将带给全家庭显著的疾病风险。另一方面,农村家庭医疗与健康领域常见的风险是老年人医疗健康挑战,特别是涉及老年人医疗卫生资源和家庭支持。本书研究发现农村老年人存在显著的健康理念与健康知识缺陷,在农村子女外出频繁、农村家庭医疗卫生资源投入有限的条件下,农村老年人的医疗卫生与健康劣势是农村家庭养老与农村家庭健康领域的叠加风险。

第 11 章
性别失衡社会农村家庭风险治理策略

11.1 农村家庭风险的社区治理策略

11.1.1 提升转型社会农村社区集体抗逆力及其运行效率

针对中国农村性别失衡社会形态,结合农村老龄化、城镇化和人口迁移等转型社会形态,在社区层面提升集体综合抗逆力。性别失衡情境下,男多女少现实在社会就业、婚姻、健康、养老等方面产生外溢效应,导致了一系列农村社区的生存、生活和发展挑战。建议首先在乡村振兴战略下,借助全国脱贫攻坚取得全面胜利以及未来五年脱贫过渡期的机遇,加强农村社区建设,提升农村社区治理现代化。可以考虑在社区层面扩展社区管理架构,在原有的村党委结构上增加社区综合管理队伍,村党委领导定期进行农村集体风险估计与风险应对能力培训班,培养村党委和专业管理队伍利用集体资源进行有效管理和高效治理的能力;同时,村党委要发动群众,通过集体参与和主动发展理念,尽快提升村集体资源水平,为潜在风险提供村集体资源储备。此外,建议乡镇政府尽快将治理现代化引入乡村治理工作中,在治理理念、治理工具、治理分工和绩效反馈以及考核评估中全面纳入现代治理体系,在乡村振兴中提升农村集体的适应性以及快速形成抗逆力。社区居民也应该积极参与社区治理,改变小农生活模式和乡绅治理传统,增强农村治理的群众参与力量,提升治理主体参与度和治理效果。要发挥农村个体家庭在社区事务中的声音,提升社区集体风险的集体应对。

建议乡村振兴战略纳入提升农村社区抗逆机制的相关策略。首先,考虑提升农村居民本地认同感,通过经济产业开发扶持本地农业产业化,通过文化建设强化农村居民对乡村本土文化的认同和自豪感。其次,强化农村社区日常资源储备,为突发灾害危机和重大公共卫生危机奠定物质基础,在生活资料储备、生产资料储备、医药卫生物资储备等方面未雨绸缪。在社区管理体系上,建议村党委班子要自我学习提升领导力,特别是村党委主要干部的权威和威信,要提升自我素质修养,开阔眼界当好村民排头兵和领路人,为广大群众谋发展出路,谋致富通道。在良好有效的村党委领导力和领导威信基础上,建议村党委主要干部和村民家庭广泛合作,积极联络,引入社会治理模式,扩大村民和普通家庭在村重大公共事务和日常公共权益方面的参与度,发出普通村民和家庭的需求声音,构建发挥全员参与、全员认同、全员分享的集体效率,继续发挥好新冠肺炎疫情时期农村全员动员机制和经验,继续发挥好农村社区这一中国最基层治理行政单位。还可以通过文化认同、社区文明创建、社区结对子等方式,条件好的村民一起帮扶条件差的村民,形成广泛的社区信任氛围,构建互助、友好、和谐、进取和可持续的农村社区软环境。

11.1.2 提升转型社会农村家庭抗逆力及其运行效率

针对中国性别失衡社会形态,考虑到农村老龄化、城镇化和人口迁移叠加社会情境因素,建议农村家庭个体要提升综合抗逆力。家庭综合抗逆力首先来源于资源积累,建议农村家庭在产业开发、农业种植和外出务工等家庭资产积累领域要有家庭基础资源储备计划,在家庭收入和固定资产积累方面有明确方案,以备不时之需;此外,家庭经济资源储备要有农业和务工等传统途径之外的来源,例如帮助农户加入各类相应合作社或者入股产业开发项目,提升资源储备效率。家庭综合抗逆力的另一个提升途径是家庭成员关系。虽然农村家庭相比城市家庭要更传统,但是随着城镇化和人口迁移,农村家庭内部关系也在发生变化,建议农村家庭要能够强化由于外出务工或者子女独立导致的弱化了的家庭成员关系,注重传统习俗、文化节日和家庭纽带联络。最后,建议农村家庭要重视家庭外部资源利用。外部资源利用首先是农村家庭所在的农村社区,其提供了集体性的土地资源、社区环境资源以及社区人员网络资源,这些都是在家庭危机时期能够给予个体家庭重要支持和帮助的外部资源体系。家庭成员也要发挥农村城镇化和人口迁移过程中的社会关系网络优势,拓宽农村家庭社会资源集中于农业区域和本社区网络的局限性,扩大外部资源支持力度。

在具体抗逆力因素提升上,首先建议强化家庭集体信念,依托婚育新风进万家、乡村振兴战略以及脱贫过渡期政策延续性等外部政策氛围。构建积极向上、主动交流、和谐友好的家庭氛围。在近年来日益消解的农村大家庭纽带基础上，重新构建基于农村家庭小型化、子女家庭独立化的新型农村家庭纽带或者亲情纽带，在适用于当代社会思潮情境中形成联系紧密、互动频繁和相互协作的家庭关系网络。其次，要促进家庭沟通机制和共同商议机制。建议农村家庭无论家庭结构如何独立或者代际关系如何变化，都要维系农村传统文化传承下来的较强的家庭协商机制，特别是个体家庭在规模缩小和人员减少过程中不可避免面临突发危机应对能力和资源的下降，如果形成新型的带有独立和协作特征的共同商议机制将有助于大家庭成员之间的风险应对。再次是家庭组织形式要灵活适用外界社会和社区环境变化。当代中国农村普遍都经历了城镇化和城乡人口迁移流动，农村个体家庭不可能固守成规，必须主动适应当代农村社会和社区集体环境的快速变化。建议农村家庭要主动接触外部社会信息，主动经历外部社会特别是本地社区生活、交流和合作的新趋势和新需求，主动适应和主动加入新趋势，代际之间也要有资源互补，促进家庭整体结构和全体成员的适应性。

11.1.3 构建促进农村家庭可持续生计提升的长期方案

借鉴脱贫攻坚政策经验提升农村家庭整体的可持续生计资本。一方面，在乡村振兴与脱贫过渡期政策机遇期内，建议地方政府针对农村家庭的治理与服务工作参考脱贫攻坚战略实施经验，从促进农村家庭资源可持续增长的理念入手，研究和设计促进农村家庭在性别社会情境以及老龄化、城镇化和人口迁移叠加情境下的稳定和发展。考虑到大部分农村家庭已经不再完全依赖农业收入和农业经济模式，家庭可持续生计的结构和预期都应该按照当地农村实际情况进行对应分析。例如结合当地农业产业开发进度、外出务工人员规模等进行农村家庭生计资本结构分析及其相关的辅助与促进措施，前者可以考虑纳入城镇化与乡村产业振兴思路，通过农业加工产业或者旅游文化产业促进农村家庭在新型农村发展模式中的生计资本储备；后者可以考虑进一步通过集体招工、职业培训、教育进修等方式促进当地农村家庭人力资源开发力度，提升农村人力资本价值。另一方面，要充分考虑到现代农村家庭生活模式和财产储备模式，特别是子女独立后的代际关系独立结构，针对家庭小型化和独立化研究具体的家庭个体资产提升方案。不仅促进小家庭生计资本增加，还应该促进子女家庭对父母家庭的生计资本补充,完善农村家庭体系的生计资本增长路径。

建议通过有针对性的具体方案帮助农村家庭稳定提升可持续生计资本。一是应该抓住农业资本这个农村家庭根本资本核心,始终不能放弃农村家庭资本中的农业成分和农业资源。在有条件的省份和县区,应该促进农村家庭农业资本增长模式升级,从个体家庭资本累积提升为社区集体农业资本集聚,由此加速农业家庭自然资本收益成长。二是个体家庭要重视家庭固定资产和资产设备的储存与累积,参照城市家庭购置房产积攒物质资本的做法,在农业用于租赁、家庭设备积累以及家庭房产返修重建等方面提升家庭物质资本水平。三是家庭社会资本的改善,农村家庭要重视社区内部人际关系网络的重要性,改变以往的自然而居导致的随意心理,主动构建邻居、村居和整个社区社会网络的交往范围,特别是要抓住大部分家庭成员外出劳务的机会,主动构建城乡社会联系网络积累家庭社会资本。四是在金融资本储备上,建议农村家庭要适当参与家庭理财和投资尝试,选择本地农村社区合作社入股或者小规模农业投资活动,增强农业家庭金融资本储备,特别是要注意农业家庭存款资源的资产化尝试,在合理监管条件下进行理性引导。五是建议地方政策结构关注农业家庭人力资本提升途径,在沿用传统的职业技能教育的同时,扩大对普通务工家庭成员的职业培训,提升个人竞争力。

11.2 农村家庭婚姻风险治理策略

11.2.1 推进跨国婚姻政策化与移民服务化提升

针对性别失衡情境下中越跨境跨国婚姻数量显著上升现实,建议有条件实施跨国婚姻政策合法化。本书虽然只是针对中国边境农村社区的中越跨境婚姻和内陆农村社区的中越跨国婚姻进行了家庭风险探讨,但现实情境中中国周边国家包括老挝、缅甸、尼泊尔以及巴基斯坦等邻国女性进入中国农村婚姻市场的数量也在快速增加,性别失衡情境下中国跨国婚姻已经成为婚姻领域重要的社会现象和农村家庭现实需求。考虑到中国历史上并不是移民国家,也没有移民国家文化传统,建议国家和地方移民事务部门适当研究本地婚姻市场国际婚姻现象,认真对待已经出现的跨国婚姻趋势,避免对跨国婚姻人员的排斥和限制。建议在移民局具体事务中设立国际婚姻联络与管辖专职机构,特别是在广西、云南、新疆等边境地区建立固定的国际婚姻管理机构,建议当地大学、社会科学研究部门专门成立国际婚姻研究与政策研究机构,对当地国际婚姻政策的科学化和可操作提供对策建议。同时,在内陆逐渐增多的跨国婚姻省份如河南、河北等地区,应该对跨国婚姻政策进行初步研判,找到当地国际婚姻移民特征并进行针对性的分析和设计,避免一刀切沿用边境省份经验或者国家普适性经验。总之,对于跨国婚姻现象,建议要有政策化导向而非简单的查处和管理管制导向,减少对农村婚姻市场弹性的消极影响。

建议大力推进国际移民政策服务化导向,提升国际移民管理质量。跨国婚姻由于涉及入境、永久居留和入籍问题,因此全国范围内尚未实施具体而明确的针对跨国新娘等普通人员的相关政策,对于上述人员的婚姻手续也并没有国际移民管理经验参考。针对中国国际化趋势特别是性别失衡社会形态下中国本土婚姻市场必将国际化的现实,建议中国国际移民政策参考国际人才政策服务导向,也推进普通婚姻入境入籍人员的国际移民政策服务化导向。一方面,建议努力改进工作思路,将合法途径的普通境外入境人员特别是婚姻入境人员视为准国民身份人员,参考美国、新西兰、加拿大等移民国家婚姻移民政策经验,引入国际婚姻移民登记系统和注册管理条例,结合本地跨国婚姻主流人群的来源、性别、职业以及家庭信息等特征,出台地方管理条例和服务策略。另一方面,提升国际移民管理质量,加大对于非法违法跨国偷渡、婚姻人口买卖以及骗婚等案件和人员的打击力度,营造出服务项目有水平、管理约束有威信的高质量国际移民服务管理氛围。在具体政策服务实施上,考虑与国际婚姻人员来源地进行国际合作和联网联控,促进来源地管理和出入境信息交流,营造良好的国际移民内外管理环境。建议在广西和云南边境婚姻中介领域建立官方监督机构,在提供管理和服务同时有效打击非法违法现象。

11.2.2 主动构建良好国际婚姻市场与管理环境

考虑到性别失衡社会形态特征以及中国国际化趋势,建议提升中国国际婚姻市场地位和质量。中国作为世界经济增长重要极点,成为中等收入国家水平,中国广大群众家庭生活质量和发展前景都有了显著提升,对于周边邻国女性的婚姻市场吸引力快速增强。因此,建议国家移民局、民政部、人社部和卫健委等跨国婚姻业务关联部门,主动学习最新的中国国际婚姻市场动态,改变对跨国婚姻管理的排斥心理,调整工作方向,以促进中国国际婚姻市场有序开放和温和发展为目标。具体层面,建议在国家和地方移民管理部门、民政部门、人社部门和卫健系统进行国际婚姻移民相关的专题讲座和知识推广,通过课程培训、素材推广、文件解读等多方面增进领导干部和工作人员对于中国国际婚姻市场的了解。同时,提升对中国婚姻市场国际化的认知水平,增加上述机构内部部门和人员有关婚姻市场国际化的职能和责任,让跨国婚姻案例、争议、需求和新增服务能够有部门接待,有人员响应,有工作对接。也要在地方社区层面展开工作业务推广和居民家庭知识普及,在社区这一外籍新娘直接接触的中国社会基点构建外籍人员的友好生活氛围和便利生活环境,促进中国国际婚姻市场真正意义上的吸引力,推进跨国婚姻在中国的形象提升和婚姻满意度提升。

建议构建优质而高效的国际婚姻管理法律与政策环境。从最根本意义上的对策来看,立法保障是解决所有目前跨国婚姻市场问题和风险的本质需求。因此,建议全国人大和地方人大研究促进中国婚姻市场国际化的合适途径,通过人大立法形式对中国跨国婚姻和中国婚姻市场国家化进行根本界定和业务指导,形成类似于美国和英国婚姻移民政策的中国婚姻移民政策体系。一方面通过法律规定跨国婚姻的良性发展路径和导向,另一方面强化对跨国婚姻的法律约束和涉及人群的合法权利保护,促进中国跨国婚姻国际形象提升。针对部分国外地方政府、机构和外媒无端指责中国性别失衡对其本国男性婚姻的挤压现象,中国政府对有关国际婚姻的管理法规和法律进行持续完善,这是对上述无端指责的有力回应,也是彰显中国负责任大国和人类命运共同体的坚定维护者风范。在政策环境上,要提升现代国家治理战略在国际婚姻管理中的实践,让现代治理理念和现代治理方式体现为中国国际婚姻移民管理政策调整。可以考虑外籍新娘婚姻移民的方式、手段和途径便利化,在国际审查和背景审核基础上放宽婚姻移民的准入条款,缩短各类入籍手续办理环节,促进外籍新娘管理的现代化与高效化。在地方政府层面,本地流动人口管理政策体系可以考虑纳入尚未入籍成功但已经成为事实婚姻的合法入境外籍新娘,通过流动人口管理条例及相应灵活的身份认证措施解决新娘就业和生活需求。

11.3 外籍新娘家庭生存与发展策略

建议地方民政与卫健委专门研究促进外籍新娘家庭生活质量的服务策略。与西方移民社会不同,中国现阶段存在外籍新娘的农村家庭主要是那些经济社会条件劣势而无法在本地婚姻市场实现婚姻的劣势男性家庭,因此中国外籍新娘家庭的突出特点就成为经济社会条件的弱势群体特征。因此,建议存在大量外籍新娘家庭的地方民政部门在居民就业、经济保障、民生保障以及社会融合等方面专门成立跨国家庭民生保障与服务业务口,设立专门机构和人员,或者与婚姻家庭部门业务相融合,建立专门性的跨国婚姻家庭民生服务口。在具体服务内容上,应该鼓励、帮助外籍新娘主动入籍或主动加入民政保障名单,借助于已经有效实施的脱贫攻坚建档立卡管理系统或者五保户等传统家庭保障登记系统,跟踪外籍新娘所在家庭的日常民生生活和发展需求,及时提供帮助和服务。针对妇女人群健康劣势和潜在风险,建议地方卫健委相关职能单位在家庭生育、妇女健康筛查、女性生殖健康服务等方面将外籍新娘纳入服务体系,在上述各种公共服务过程中考虑外籍新娘健康福利需求,促进外籍新娘健康权利的公平。同时,卫健委也应该考虑到外籍新娘所在家庭整体的健康类弱势特质,及时在各类帮扶和辅助政策中定位弱势群体范围,促进外籍新娘家庭整体健康水平的稳定,避免健康风险对家庭整体福祉的影响。

建议地方民政和教育合作促进外籍新娘家庭的可持续发展策略。地方民政部门应该在当地市场或者合适行业领域,挖掘外籍新娘参与空间,在就业岗位介绍、劳务输出、小额创业以及家庭产业开发等方面积极探索促进外籍新娘家庭就业与经济增长的途径和方法。鉴于当代年轻的外籍新娘基本属于90后人群,受过基础教育,因此建议民政部门和当地人力资源部门及时开发外籍新娘劳务参与,解决外籍新娘本地就业问题,研究如何在现有管辖边界范围内有限度认可外籍新娘劳务身份,促进外籍新娘本地就业和发展需求的实现。在家庭产业开发方面,借鉴已有的脱贫攻坚策略经验,结合外籍新娘家庭的人工优势特征和家庭产业基础,在农业种植业、手工业、服务业等方面帮助他们找到合适产业开发策略,在食品加工、餐饮、旅游开发等方面尽快找到家庭发展路径。在教育方面,当地教育部门应该主动分析外籍新娘家庭外籍人员的语言和教育情况,出台外籍新娘语言和教育培训、职业培训等方面的具体方式方法,帮助外籍新娘在就业方面的素质提升和能力提升,帮助其尽快融入本地劳务市场。建议在职业培训、语言学校、技能培训班以及农业专家下乡活动中增加外籍新娘参与和学习频次,促进其快速融入当地民生与经济发展轨道。

11.4 农村家庭养老风险治理策略

11.4.1 强化农村家庭代际支持的延续和合理分工

建议强化农村家庭的代际支持延续性。中国性别失衡社会与老龄化的叠加风险在于婚姻挤压现象与农村家庭养老必要性并存，虽然婚姻挤压并不完全导致老龄化危机，但是老龄化毕竟也是性别失衡社会形态下农村家庭不得不面临的家庭需求危机。由于当代中国农村完全实施社会化养老的经济和社会条件不足，农村家庭养老与社区集体养老甚至是社会福利养老相结合，是未来中国农村家庭应对家庭养老风险的必然举措。因此，首先在农村家庭代际支持功能上，政策设计原则和基本方向要进一步体现家庭功能和家庭保障的必要性。一方面应强化对普通农村家庭经济资源储备的支持力度，强化农村家庭代际支持实现的资源基础，尤其是在全面脱贫后，更应该围绕脱贫过渡期的政策环境，对农村家庭面向养老功能实现的经济发展予以重点支持，回应农村老龄化的农村环境挑战。另一方面，社区层面要建立有利于农村家庭维持代际支持的文化氛围，也要建立必要的约束策略。一是要在农村青壮年劳动力普遍外出流动务工的需求下搭建家庭代际支持的联络渠道，主动牵头成立家庭养老联络沟通常态机制，让外出流动子女后顾无忧。二是要通过村规民约强化子女对父母提供代际支持责任义务，运用社会氛围和社区约束手段提醒子女，避免空间距离导致的代际支持缺失，形成农村家庭代际支持稳定的文化氛围和延续机制。

建议农村家庭在个体层面要提升代际支持合理分工，避免对单个子女过度依靠或者多个子女的无效依靠。虽然法律法规已经清晰界定了子女对父母的赡养责任，但是具体如何分工则是家庭内部协商范畴。农村社区特别是村党委班子是促进农村家庭子女代际支持合理分工的外部有效因素。因此，村党委班子应该基于社区环境因素，比如社区经济条件、社区环境建设、社区文化氛围等，提出能够适应本村家庭子女合理提供代际支持的村规民约。一方面，要普及子女代际支持的责任义务和观念，避免传统农村单一依靠儿子的代际支持现象，防止出现儿子中断支持后代际支持完全终结现象，也要多提倡家庭财产和家庭资源的合理分配，让女儿能够更多实现家庭养老义务，促进子女合理分工承担义务。另一方面,也要主动营造社区养老和家庭养老相结合的机制和氛围,减少子女代际支持的实现难度。作为家庭老年人自己,应该未雨绸缪,在积极参与农村养老保险的同时,也要提前谋划子女代际支持的分工方式,自己未来的养老生存方式,加深子女沟通和交流,形成友好、公平、高效、和谐的家庭代际支持关系,减少家庭代际支持过程中的子女冲突以及子女父母冲突。此外,农村社区建立专门场所并设定专门人员在子女临时缺位时提供必要照顾,及时补充临时性的代际支持空间。

11.4.2 提升农村家庭资源对家庭养老的支持质量

通过农村家庭的可持续生计资源构建家庭养老的根本利益关系。农村家庭可持续生计资源是家庭通过天然的土地林地等自然资源、家庭固定资产设备等物质资产、家庭社会关系网络、家庭储蓄投资等金融资源以及家庭人力资本,构建家庭发展的多元资源供给从而保持家庭可持续的生存和发展,这也是构建子女对老年父母提供家庭代际支持的根本利益关系。考虑到当前农村家庭子女父代际关系冲突主要来自子女经济条件导致的代际支持不足,努力提升子女家庭可持续生计资源的储备是解决养老利益关系冲突的直接举措。因此,建议在地方政府层面结合国家脱贫过渡期历史机遇,在全面脱贫基础上结合最新的乡村振兴战略,引入农业产业化、旅游资源开发、新型城镇化等发展资源,开发农村集体资源和家庭人力资源,提升农村家庭基础资源储备,也要构建农村产业体系和产业开发方向的可持续导向,通过产业工人、家庭产业合作等方式构建农村家庭长期稳定的资源储备能力。农村家庭个体也应该围绕可持续生计资源寻找看得见、摸得着的发展资源而非等靠要,特别是农村中青年人群应该在自然资源依靠和现代商业产业资源参与中找到平衡点,在保证农业基础收益同时强化家庭多元方向收益,获得代际支持的稳定物质基础。

强化家庭资源支持家庭养老的质量。子女提供的代际支持虽然隶属于家庭资源范畴,但由于当代家庭模式的发展方向是独立化和小型化,特别是农村子女日益受到城镇化和现代家庭生活模式影响,对于为父母分享财政资源、提供亲自照料以及主动联络情感的积极性显著降低,这也是现代社会代际关系日益弱化而同僚关系或者外部社会关系占据家庭主要生活方式的直接体现。因此,建议农村子女家庭强化家庭资源支持父母养老的质量。在经济资源供给上,要考虑父母日常生活的同时,更要关注医疗健康资源需求,增加额外的医疗健康经济支持,避免父母身体状况不佳时的回避就医现象。在工具支持供给上,虽然现代子女减少对父母的人身照顾是大势所趋,但是可以考虑增加商业化照料服务,减少父母在生活和社会参与上的能力不足。在情感交流上,子女应该利用当代社会网络媒体平台,增加父母子女交流次数。在三种代际支持供给上,子女要增加对代际支持质量的关注,强化对家庭代际支持的感情投入,提升父母真正获得的代际支持质量,减少父母由于代际支持不足而出现的老年福利下降。作为老年人自己,也应该增加对代际支持质量的认识,明确代际支持质量的需求,主动改善代际支持关系,从另一个方向上促进代际支持关系的良好提升。

11.4.3 关注农村老年家庭的医疗卫生和健康需求

建议地方公共卫生与公共健康部门提升对老年人家庭医疗卫生条件与防疫需求的回应。在性别失衡社会情境下,农村家庭本身已经面临家庭代际支持的不确定性,而老年人健康则是家庭养老问题的核心问题之一。在新冠肺炎疫情情境下,作为疫情极高危人群,身处医疗条件劣势的农村老年人更需要强化医疗卫生条件和服务。建议乡镇政府积极投入资源,在当地老龄化工作推进中将医疗卫生工作纳入老龄化服务相关政策体系中,增加对于养老服务中农村医疗服务资源供给相关的文件和辅助条文。乡镇卫生院可以考虑承担常态化的农村老年人医疗卫生服务需求和日常检查排查工作。虽然乡镇财政资源有限,但是考虑到目前乡镇卫生院以回应居民就医为主而忽略了日常健康主动服务,乡镇财政可以探索如何引入商业化模式或者社会力量进驻乡镇卫生院并扩展常态化的农村老年人日常医疗健康服务。村和社区层面应该继续加强老年幸福院工作的质量和服务内容。不仅仅局限于对社区老年人的日常照料,可以考虑增加对个人身体健康或者年度健康检查等健康服务内容,社区可以发动社区家庭集体出资,雇佣商业化的医疗健康看护团队进驻社区幸福院,承担照顾老年人医疗照料和日常看护的责任。作为老年人自己,也应该积极主动融入不断进步更新的社区老龄化服务体系,减少对社区集体养老服务的排斥心理。

医疗与公共卫生服务政策应该积极回应农村老年人家庭健康需求。农村老年人的家庭健康问题往往在老年人紧急就医时凸显,带有突发健康风险的应急性质。但是从农村老年人家庭福祉来看,老年人因为身体素质较弱,日常的健康需求或者健康维护需求更能决定农村生活质量和安逸祥和。因此,建议地方卫生健康委员会积极调动县区和乡镇医疗机构,主动进行老年人医疗健康需求调查,及时发现农村老年人家庭的多样化健康需求,从主动视角进行老年人健康维护而非疾病治疗,从根本上将农村老年人医疗健康问题诊治转变为农村老年人医疗健康权利保障。建议地方卫健委和医疗卫生部门继续发挥已有的部门老龄办公室或者老龄委员会职能,从主动医疗卫生服务需求调查入手,以老年人健康福祉促进为工作导向,面向当前农村社会老龄化和性别失衡化日趋明显的社会现实,在资金、设备、人员、场所以及交通工具等方面将农村老年人健康权利保障做成一项系统工程,融入已有的农村居民医疗保险平台以及农村居民养老保险平台,丰富已有的农村老年人社会保险内涵,提升农村老年人在医疗卫生公共资源中的分享。建议社区层面应该结合本社区老年人具体特征,从人员构成、健康水平以及社区家庭资源等方面结合实际找到回应老年人医疗卫生与健康需求的实地做法。

11.5 农村家庭健康风险治理策略

11.5.1 强化农村男性 HIV/AIDS 预防与生殖健康服务

农村大龄未婚男性的生殖健康应该被给予关注,并纳入公共卫生服务系统中来。农村生殖健康服务劣势不仅事关当下的男性失婚,更是对生殖健康权利的忽视。现有的生殖健康公共卫生服务应该包括未婚男性人群在内,在更广泛的群体上普及和提供性安全的知识和健康服务,减弱生殖健康疾病传播可能对社会带来的风险。为了应对流动男性的 HIV/AIDS 累积风险,国家和地方卫健委已经出台了流动人口相关的疾病防控措施,但是依然需要提出针对性强并且行之有效的风险阻断措施,在阻断个人 HIV/AIDS 风险向群体传播的同时,也阻断弱势群体 HIV/AIDS 风险向社会的扩散和传播。因此,有必要针对 HIV/AIDS 风险趋势,在风险管理模式、风险阻断策略、风险治理策略以及风险干预策略上设定政策新导向。建议政策部门在明确 HIV/AIDS 前提下出台宏观风险预警机制,构建 HIV/AIDS 危机管理模式。鉴于婚姻挤压是当前流动男性 HIV/AIDS 风险的客观环境,因此需要针对 28—35 岁青年阶段的大龄未婚男性和其他未婚男性,设立宏观层面的 HIV/AIDS 风险预警机制,将其运行与现有的人口治理工作平台相结合,发挥HIV/AIDS风险预警机制在人口综合治理工作中的公共卫生保障功能。针对快速上升的HIV/AIDS感染率,政策部门和公共卫生管理机构应该引入危机管理模式,对于高危人群和高危社区进行及早发现、跟踪以及卫生措施干预,发挥危机管理模式在高危疾病风险由个人、社区向社会传播放大过程中的阻断功能。

引入教育服务理念,将健康教育提升为重要的HIV/AIDS风险阻断角色。流动人口的教育难题在于无法通过固定化和课堂讲座形式进行商业性行为风险和HIV/AIDS风险的知识教育,因此需要在教育模式和途径上进行扩展。国家和各地卫健委可以通过流动人口职能部门进行健康教育工作开展。可以在城市社区或者社区辖区内流动人口聚居地,在流动人口管理相关的机构或人员岗位上设立专门的HIV/AIDS教育服务职能,将HIV/AIDS知识教育作为流动人口服务工作的日常内容;明确流动人口群体特征,教育的方式方法和途径都需要进行切合实际的设计,要多用案例和风险后果对流动人口进行教育和引导,强化商业性行为和HIV/AIDS的风险后果宣传,在家庭、社区和社会营造出性健康的文化氛围。在具体形式上,应该结合农村流动男性城乡往返频率很高的群体特征,尝试和探索将疾病筛查、症状检验以及定期追踪排查等生殖健康服务引入农村流动男性所在家庭的农村社区进行登记,确保生殖健康服务能够获得服务追踪轨迹并实现服务质量评估和反馈。

11.5.2 提升城市社区对农村流动男性健康的关注与服务

建议国家卫健委的家庭司及地方卫健委的家庭处明确流动人口HIV/AIDS风险的根源治理方向,强化快速有效的风险阻断治理。针对未婚流动男性中较高比例的商业性行为及HIV/AIDS累积风险,作为根源与源头治理,首先是对婚姻挤压现象进行人口政策治理,家庭司在公共政策设计和治理工作中,可以通过人口性别比偏高治理工作环节婚姻挤压的持续扩大趋势,也可以通过丰富家庭健康服务内容环节未婚男性的性与生殖健康风险。其次是强化家庭的风险防范功能,因为中国的家庭观念与规范对商业性行为等HIV/AIDS高危风险行为具有天然的抵制功能,因此同样需要家庭司通过家庭文化建设构建家庭内部的商业性行为消减机制。为了对HIV/AIDS传播进行快速阻断,可以发挥卫健委具有的人口和卫生双重管理功能,重点关注尚未纳入家庭生殖健康服务的未婚男性,采取健康教育、法律宣传等方式弱化商业性行为倾向。

建议构建流动人口 HIV/AIDS 风险阻断和政策治理合作网络。公安与卫生部门可以开展合作,通过法律监管消减商业性行为的客观环境。卫生部门应该强化安全套推广及其效果认知,减少商业性行为带来的 HIV/AIDS 风险后果。国家及地方卫健委可以结合流动人口管理部门开展工作,在流动男性中逐渐培育健康的性与生殖健康文化氛围,充分发挥"风险厌恶者"(即完全拒绝商业性行为参与)的同伴教育功能,监测商业性行为初始年龄从而控制商业性行为参与,借此阻断 HIV/AIDS 累积风险。另外,在社区层面开展商业性行为及其 HIV/AIDS 风险的阻断和治理,是最为直接有效的干预模式,城市社区可以对社区内的流动人口进行实时跟访,通过人口信息登记和人口公共服务阻断商业性行为的发生和扩散。农村居委会可以对村委会外出流动人口进行季度和年度随访,发挥村卫生所等卫生服务机构对外出流动人口返乡后的卫生体检与健康服务功能,及时发现和掌握商业性行为及 HIV/AIDS 风险情况,阻断个人 HIV/AIDS 风险向家庭和农村社区传播扩散。

11.5.3 推进农村家庭健康维护的系统性和全局性

除了生殖健康相关的家庭健康问题,本书的系统分析也引出了普通农村家庭健康问题在性别失衡社会的存在现状,特别是劣势人群家庭健康问题的急迫性。因此,本书建议推进农村家庭健康系统维护而非局限于 HIV/AIDS 和生殖健康相关服务,强调农村家庭健康在性别失衡社会情境下的系统性和全局性。首先,性别失衡社会情境下农村家庭的健康问题不局限于男性或者老年人,也应该综合考虑农村家庭健康在中国城乡差异和城乡人口迁移中的脆弱性,强化公共财政和医疗资源在农村社区和家庭上的投入。建议国家健康医疗和公共卫生部门在关注性别失衡议题时,提升对于综合社会风险情境下农村家庭健康的多维关注。农村家庭未婚男性的 HIV/AIDS 风险之外,由于婚姻挤压面临长期的婚姻自卑心理,也会由于普遍的城乡流动具有失落感和无助感,农村家庭居民的心理危机是值得长期关注的重要议题。同时,留守农村家庭的生存发展也是值得决策与服务部门关注的健康领域,特别是留守老年人、留守儿童和留守妇女等,他们的健康需求和健康挑战应该予以关注。此外,建议农村社区与社会资源合作,探索建立社区公共医疗和健康资源募集制度和措施,构建农村社区集体性的健康维护策略,增加商业化村卫生服务点和老年幸福院等健康福利设施。

其次,加快城乡医疗保险和医疗诊治资源的融合与共享。即使没有性别失衡,农村家庭健康问题始终是城乡二元制下的当代中国医疗健康体系下的热点话题,性别失衡更进一步凸显了农村家庭医疗保险和健康资源与城市家庭的差距。因此,建议加快统筹和合并城乡二元医疗保险和医疗服务体系,尽快落实将农村新农合医疗保险体系和城镇居民医疗保险体系合二为一,探索在基本合并和融合基础上的功能附加与保障覆盖,扩大农村居民对新型城镇居民医疗保险制度的理解、加入和使用。建议城市医疗资源向农村地区的流动和补充,公共健康部门主动推进健康资源的农村可见度和利用度。从资源大盘子上来看,归根到底是要扩大中国社会公共医疗资源的整体投入力度。2020年以来的新冠肺炎疫情给中国公共卫生事业的数量和质量提升提供了外在风险冲击,城乡家庭医疗保障水平和保障力度的局限性也凸显出来,但是也获得了全社会和决策者的关注与支持。建议在当前新冠肺炎疫情下公共卫生事业整体得到快速推进和资源投入基础上,医疗健康部门快速研究、试验、实践和推广城乡公共健康资源联网模式与分享架构,尤其是针对疫情下农村社区和农村家庭健康脆弱性尽快弥补健康劣势,补足健康资源缺口,推进国家优势医疗健康资源下乡入村,提升农村家庭在疫情中的健康抗逆力。

参考文献

[1] 安东尼·吉登斯,2000.现代性的后果[M].南京:译林出版社.

[2] 保跃平,2013.跨境婚姻行为选择的主体性特征及制度困境:以云南边境地区为例[J].南方人口,28(4):17-25.

[3] 毕雅丽,李树茁,尚子娟,2014.制度关联性视角下的出生性别比治理制度环境分析[J].妇女研究论丛(2):34-43.

[4] 毕雅丽,李树茁,尚子娟,2015.制度分析视角下的性别失衡治理绩效研究:基于扎根理论的分析框架构建[J].妇女研究论丛(4):31-40.

[5] 陈社英,刘建义,马箭,2010.积极老龄化与中国:观点与问题透视[J].南方人口,25(4):35-44.

[6] 陈伟东,许宝君,2016.社区治理责任与治理能力错位及其化解:基于对湖北12个社区的调查[J].华中农业大学学报(社会科学版),121(1):101-107.

[7] 陈卫民,2012.我国家庭政策的发展路径与目标选择[J].人口研究(4):29-36.

[8] 程秀英,孙柏瑛,2017.社会资本视角下社区治理中的制度设计再思考.中国行政管理,(4),53-58.

[9] 楚蓓,于永娟,2015.老年流动人口就医行为及影响因素分析[J].中国农村卫生事业管理,35(7):856-859.

[10] 戴波,赵德光,2015.跨境婚姻行为的人口学分析[J].云南民族大学学报(哲学社会科学版),32(2):84-92.

[11] 丁宁宁,李国锋,袁王月,2015.新城镇化背景下农村社区治理模式变迁的制度选择:基于多案例研究视角[J].农村经济(6):56-61.

[12] 丁士军,张银银,马志雄,2016.被征地农户生计能力变化研究:基于可持续

生计框架的改进[J].农业经济问题,37(6):25-34.

[13] 董志强,钟粤俊,2016.性别失衡如何影响生育偏好[J].劳动经济研究,4(5):74-95.

[14] 杜本峰,李碧清,2014.农村计划生育家庭生计状况与发展能力分析:基于可持续性分析框架[J].人口研究,38(4):50-62.

[15] 杜本峰,王旋,2013.老年人健康不平等的演化、区域差异与影响因素分析[J].人口研究,37(5):81-90.

[16] 段成荣,杨舸,张斐,2008.改革开放以来我国流动人口变动的九大趋势[J].人口研究,32(6):32-45.

[17] 范广垠,童星,2012.建构主义视域中的风险及其动态治理:以面粉增白剂的存废为例[J].中国行政管理(7):75-78.

[18] 费孝通,1986.三论中国家庭结构的变动[J].北京大学学报(哲学社会科学版)(3):3-7.

[19] 冯成杰,2016.民国时期乡村性别比例问题述评:以1920—1930年代华北乡村为中心[J].人文杂志(12):92-102.

[20] 耿爱生,丛瑜,2016.老年人健康经济风险研究述评[J].老龄科学研究,4(3):34-45.

[21] 郭凯明,颜色,2011.性别偏好与人口转型[J].经济学(季刊),10(4):1209-1233.

[22] 谷树忠,1994.恰亚诺夫家庭发展分析法及其现实意义[J].人口与经济(1):59-62.

[23] 郭静,薛莉萍,范慧,2017.流动老年人口自评健康状况及影响因素有序logistic回归分析[J].中国公共卫生,33(12):1697-1700.

[24] 郭婷,秦雪征,2016.婚姻匹配、生活满意度和初婚离婚风险:基于中国家庭追踪调查的研究[J].劳动经济研究(6):42-68.

[25] 郭苏建,王鹏翔,2018.农村社区治理模式转型的探索与实践:基于对湖北省QL农村社区的调研[J].社会科学研究(5):54-60.

[26] 郭占锋,付少平,2014.西部地区城镇化进程中新型农村社区建设现状、困境与出路:以陕西省Z镇幸福社区为例[J].南京农业大学学报(社会科学版)(4):9-16.

[27] 郭志刚,2001.历时研究与事件史分析[J].中国人口科学(1):67-72.

[28] 郭志刚,2008.中国的低生育水平及其影响因素[J].人口研究(4):1-12.
[29] 果臻,李树茁,FELDMAN M W,2016.中国男性婚姻挤压模式研究[J].中国人口科学(3):69-80.
[30] 果臻,梁海俐,李树茁,2018.性别失衡背景下中国大龄未婚男性死亡研究[J].中国人口科学(6):69-79.
[31] 龚为纲,2013.男孩偏好的区域差异与中国农村生育转变[J].中国人口科学(1):66-76.
[32] 顾大男,2003.婚姻对中国高龄老人健康长寿影响的性别差异分析[J].中国人口科学(3):36-44.
[33] 国家卫生和计划生育委员会,2014.中国家庭发展报告[M].北京:中国人口出版社.
[34] 国务院人口普查办公室,国家统计局人口和社会科技统计司,2002.中国2000年人口普查资料[M].北京:中国统计出版社.
[35] 国务院人口普查办公室,国家统计局人口和就业统计司,2012.中国2010年人口普查资料[M].北京:中国统计出版社.
[36] 何莎莎,冯达,冯占春,等,2012.均等化目标下我国农村老年人对基本公共卫生服务的利用及满意度调查[J].医学与社会,25(50):49-51.
[37] 何兴强,史卫,2014.健康风险与城镇居民家庭消费[J].经济研究,49(5):34-48.
[38] 胡玉坤,2012.全球化冲击下的农村家庭:困境与出路[J].人口与发展(1):38-40.
[39] 胡湛,彭希哲,2012.老龄社会与公共政策转变[J].社会科学研究(2):107-114.
[40] 胡湛,彭希哲,王雪辉,2018.当前我国家庭变迁与家庭政策领域的认知误区[J].学习与实践(11):101-108.
[41] 黄玲,郭显超,2018.家庭发展能力评价指标体系构建方法的探讨[J].统计与管理(7):100-104.
[42] 纪洪江,任新民,2016.中越边民通婚:制度困境与国家治理[J].学术探索(10):70-74.
[43] 贾志科,李树斌,周鹏飞,2020.我国性别失衡后果及治理研究回顾与展望[J].西北人口,41(2):102-113.

[44] 江克忠,刘生龙,2017. 收入结构、收入不平等与农村家庭贫困[J]. 中国农村经济(8):75-90.

[45] 姜全保,李树茁,费尔德曼,2005. 20世纪中国"失踪女性"数量的估计[J]. 中国人口科学(4):2-11.

[46] 姜全保,果臻,李树茁,2010. 中国未来婚姻挤压研究[J]. 人口与发展,16(3):39-47.

[47] 姜全保,李波,2011. 性别失衡对犯罪率的影响研究[J]. 公共管理学报(1):71-80.

[48] 姜全保,李晓敏,Marcus W. Feldman,2013. 中国婚姻挤压问题研究[J]. 中国人口科学(5):60-67.

[49] 姜向群,魏蒙,张文娟,2015. 中国老年人口的健康状况及影响因素研究[J]. 人口学刊,37(2):46-56.

[50] 金斗燮,2013. 韩国跨国婚姻发展趋势:配偶差异、婚姻稳定度及生育率研究[J]. 贵州大学学报(社会科学版)(5):1-8.

[51] 金红,2013. 有缺陷的亲密关系:商业婚介和中韩跨国婚姻[J]. 广西民族大学学报(哲学社会科学版)(5):51-57.

[52] 靳永爱,宋健,陈卫,2016. 全面二孩政策背景下中国城市女性的生育偏好与生育计划[J]. 人口研究(6):22-37.

[53] 靳小怡,刘利鸽,2009. 性别失衡下社会风险与行为失范的识别研究[J]. 西安交通大学学报(社会科学版)(6):41-50.

[54] 靳小怡,郭秋菊,2011. 农村大龄未婚男性的代际经济支持研究[J]. 西北人口(4):38-42.

[55] 靳小怡,郭秋菊,刘利鸽,等,2010. 中国的性别失衡与公共安全:百村调查及主要发现[J]. 青年研究(5):21-94.

[56] 靳小怡,郭秋菊,刘蔚,2012. 性别失衡下的中国农村养老及其政策启示[J]. 公共管理学报(3):71-81.

[57] 靳小怡,谢妞婷,郭秋菊,2012. "光棍"聚集与社区公共安全:全国百村调查的研究发现[J]. 西安交通大学学报(社会科学版)(6):36-44.

[58] 雷晓燕,周月刚,2010. 中国家庭的资产组合选择:健康状况与风险偏好[J]. 金融研究(1):31-45.

[59] 李海鹰,2009. 试论国际婚姻的跨境阶级效果与性别化阶级结构:以韩国的

国际婚姻为例[J].延边大学学报(社会科学版)(4):50-55.

[60] 李建新,李毅,2009.性别视角下中国老年人健康差异分析[J].人口研究(2):48-57.

[61] 李静,2016.食品安全网络化治理的理路:困境解构与政策耦合[J].理论月刊(12):147-151.

[62] 李珊,2010.城市化进程中移居老年人的问题研究[J].济南大学学报(社会科学版),20(6):71-74.

[63] 李实,杨穗,2011.养老金收入与收入不平等对老年人健康的影响[J].中国人口科学(3):26-33.

[64] 李树茁,2013.性别失衡、男性婚姻挤压与婚姻策略[J].探索与争鸣(5):22-23.

[65] 李树茁,陈盈晖,杜海峰,2009.中国的性别失衡与社会可持续发展:一个跨学科的研究范式与框架[J].西安交通大学学报(社会科学版)(6):28-40.

[66] 李树茁,果臻,2013.当代中国人口性别结构的演变[J].中国人口科学(2):11-20.

[67] 李树茁,果臻,尚子娟,2014.中国性别失衡与社会可持续发展的理论、实践与政策创新:国家社科基金重大攻关课题"中国人口性别结构与社会可持续发展战略研究"成果概述[J].西安交通大学学报(社会科学版)(6):7-19.

[68] 李树茁,姜全保,费尔德曼,2006.性别歧视与人口发展[M].北京:社会科学文献出版社:219.

[69] 李树茁,姜全保,伊莎贝尔·阿塔尼,等,2006.中国的男孩偏好和婚姻挤压:初婚与再婚市场的综合分析[J].人口与经济(4):1-8.

[70] 李树茁,靳小怡,王跃生,等,2015.中国人口性别结构与社会可持续发展[M].北京:社会科学文献出版社.

[71] 李树茁,孟阳,2018.改革开放40年:中国人口性别失衡治理的成就与挑战[J].西安交通大学学报(社会科学版)(6):57-67.

[72] 李树茁,尚子娟,杨博,等,2012.中国性别失衡问题的社会管理:整体性治理框架[J].公共管理学报,9(4):90-98.

[73] 李树茁,韦艳,任锋,2010.国际视野下的性别失衡与治理[M].北京:社会

科学文献出版社.

[74]李树茁,朱楚珠,1996.中国出生性别比和女婴生存状况分析[J].人口与经济(1):13-18.

[75]李树茁,朱楚珠,2001.中国儿童死亡性别差异的研究和实践[M].北京:中国人口出版社.

[76]李琳,郭占锋,2018.精准扶贫中农村社区治理能力提升研究[J].西北农林科技大学学报(社会科学版),117(3):104-112.

[77]李玲玲,李长健,2016.农村社区治理能力现代化进路之思考:基于社区发展权理论的视角[J].华中农业大学学报:社会科学版(2):74-81.

[78]李岩,张小劲,2018.快速城镇化背景下"农转居"社区治理机制与类型比较:基于北京市四类典型社区的案例研究[J].北京行政学院学报(3):64-72.

[79]李勇华,陈祥英,2017.身份多元化和新型农村社区治理困境及其化解路径[J].学术界(1):84-93.

[80]梁宏,郭娟娟,2018.不同类别老年流动人口的特征比较:基于2015年国家卫生计生委流动人口动态监测数据的实证分析[J].人口与发展(1):94-108.

[81]廖庆忠,曹广忠,陶然,2012.流动人口生育意愿、性别偏好及其决定因素:来自全国四个主要城市化地区12城市大样本调查的证据[J].人口与发展,18(1):2-12.

[82]刘慧君,2011.性别失衡议题中的多元利益格局与政策博弈:对中国性别失衡政策议题网络的实证分析[J].公共管理学报,8(1):61-70.

[83]刘慧君,李树茁,2010.性别失衡背景下的社会风险放大及其治理——基于群体性事件的案例分析[J].中国软科学(5):152-160.

[84]刘红,张洪雨,王娟,2018.多中心治理理论视角下的村改居社区治理研究[J].理论与改革(5):153-162.

[85]刘鸿雁,汝小美,丁峰,2004.流动人口的生殖健康服务[J].人口研究(5):92-96.

[86]刘厚莲,2013.人口城镇化、城乡收入差距与居民消费需求:基于省际面板数据的实证分析[J].人口与经济(6):63-70.

[87]刘计峰,2011.中越边境跨国婚姻研究述评[J].西北人口(6):64-68.

[88] 刘军奎,2019. 人口流动导引的家庭代价及发展省思:基于陇东南 Q 村的个案考察[J]. 中国农业大学学报(社会科学版),36(1):48-60.

[89] 刘爽,冯解忧,2014. 政府何为:生育"性别偏好"的地区差异及其启示:以河北省定州市与湖北省大冶市为例[J]. 中州学刊,214(10):77-82.

[90] 刘靖,王伊欢,2011. 同性恋者身份认同研究综述[J]. 中国农业大学学报(社会科学版)(1):133-141.

[91] 柳玉芝,2001. 关注中国高龄老人中的性别问题:中国高龄老人健康长寿影响因素研究项目简介[J]. 妇女研究论丛(4):47-51.

[92] 龙耀,李娟,2007. 西南边境跨国婚姻子女的国家认同:以广西大新县隘江村为例[J]. 民族研究(6):50-59.

[93] 陆杰华,张韵,2014. 中国性别失衡的公共治理视角:"预前"与"预后"[J]. 西安交通大学学报(社会科学版)(7):24-26.

[94] 罗楚亮,2007. 健康风险、医疗保障与农村家庭内部资源配置[J]. 中国人口科学(2):34-42.

[95] 罗会强,钱佳慧,吴侃,等,2016. 基于地区差异视角下的老年人自评健康影响因素分析[J]. 四川大学学报(医学版),47(2):248-252.

[96] 罗杰·E,卡斯珀森,谢尔顿·克里姆斯基,2005. 风险的社会放大效应:在发展综合框架方面取得的进展[M]//谢尔顿·克里姆斯基,多米尼·戈尔丁. 风险的社会理论学说. 北京:北京出版社:102.

[97] 马磊,2015. 同类婚还是异质婚?:当前中国婚姻匹配模式的分析[J]. 人口与发展,21(3):29-36.

[98] 马晓红,2006. 浅议和谐社会与艾滋病社会风险[J]. 攀登(1):54-56.

[99] 马瀛通,2005. 出生人口性别比失调与从严控制人口中的误导与失误[J]. 中国人口科学(2):4-13.

[100] 马志雄,丁士军,2018. 精准扶贫、人情支出与农村家庭医疗负担[J]. 中国人口科学(3):85-96.

[101] 孟阳,李树茁,2017. 性别失衡背景下农村大龄未婚男性的社会排斥:一个分析框架[J]. 探索与争鸣(4):81-88.

[102] 穆光宗,2012. 论家庭幸福发展[J]. 中国延安干部学院学报,5(1):86-93.

[103] 牛建林,2013. 人口流动对中国城乡居民健康差异的影响[J]. 中国社会科

学(2):46-63.

[104] 潘允康,2002.社会变迁中的家庭:家庭社会学[M].天津:天津社会科学院出版社:182-183.

[105] 彭大松,陈友华,2016.初婚解体风险变化趋势及其影响因素:基于CFPS 2010数据的分析[J].人口与社会,2(3):85-97.

[106] 彭大松,张卫阳,王承宽,2017.流动老人的心理健康及影响因素分析:基于南京的调查发现[J].人口与社会,33(4):20-32.

[107] 彭希哲,胡湛,2015.当代中国家庭变迁与家庭政策重构[J].中国社会科学(12):113-132.

[108] 乔晓春,1992.对中国人口普查出生婴儿性别比的分析与思考[J].人口与经济(2):21-28.

[109] 戚伟,刘盛和,金浩然,2017.中国户籍人口城镇化率的核算方法与分布格局[J].地理研究,36(4):616-636.

[110] 秦和,2019.从危机到转机:家庭抗逆力视角下高风险家庭实务介入研究[J].宜宾学院学报(9):19-26.

[111] 全国关爱女孩行动领导小组办公室专家组,2008.中国的关爱女孩行动[M].北京:中国人口出版社:26-35.

[112] 尚子娟,李树茁,费尔德曼,2015.性别失衡公共治理结构对绩效的影响:基于陕西省71个县区的实证研究[J].中国行政管理(10):87-93.

[113] 尚子娟,李卫东,2012.闫绍华.性别失衡公共治理的结构与绩效:一个分析框架[J].西安交通大学学报(社会科学版),32(6):45-51.

[114] 尚子娟,宋瑞霞,李树茁,2016.中国性别失衡后果的态势与治理:基于广西、江西和贵州省的调查和政策建议[J].西安交通大学学报(社会科学版),36(6):112-118.

[115] 尚子娟,杨雪燕,毕雅丽,2012.性别失衡治理工具选择模型的实证研究:以国家"关爱女孩行动"43个试点县区为例[J].西安交通大学学报(社会科学版),32(1):57-62.

[116] 石贝贝,唐代盛,侯蔺,2017.中国人口生育意愿与男孩偏好研究[J].人口学刊(2):28-36.

[117] 石智雷,2014.计划生育政策对家庭发展能力的影响及其政策含义[J].公共管理学报,11(4):83-

[118] 石智雷,杨云彦,2012.家庭禀赋、家庭决策与农村迁移劳动力回流[J].社会学研究(3):157-181.94.

[119] 宋道雷,2017.转型中国的社区治理:国家治理的基石[J].复旦学报(社会科学版)(3):172-179.

[120] 宋健,陶椰,2012.性别偏好如何影响家庭生育数量:来自中国城市家庭的实证研究[J].人口学刊(5):3-11.

[121] 孙旦,2012.农村男女比例失衡对农民进城务工意愿的影响[J].人口研究(6):57-70.

[122] 孙菊,宋月萍,2008.社会性别视角下的健康公平:对中国城市人口群体的考察[J].中国药物经济学(5):19-27.

[123] 孙琼如,2013.中国出生人口性别比:三十年研究回顾与述评[J].人口与发展,19(5):95-109.

[124] 孙炜红,谭远发,2015.1989—2030年中国人口婚姻挤压研究[J].青年研究(5):78-84.

[125] 谭琳,周垚,2008.治理出生性别比偏高:公共政策的赋权性分析:中国和韩国国家层面公共政策的比较[J].妇女研究论丛(5):5-10.

[126] 汤兆云,2010.韩国、印度和中国台湾治理出生性别比偏高的对策及启示[J].国外社会科学(4):68-75.

[127] 唐美玲,2010."剩男"与"剩女":社会性别视角下的婚姻挤压[J].青年探索(6):7-12.

[128] 陶涛,2012.农村妇女对子女的效用预期与其男孩偏好的关系[J].人口与经济(2):25-32.

[129] 陶自祥,2017.中越边境跨国婚姻产生的社会基础:以广西龙州县G村为例[J].人口与社会(3):96-103.

[130] 田毅鹏,2018.农村社区治理能力现代化的新取向[J].政治学研究(1):111-114.

[131] 童星,2012.社会管理创新八议:基于社会风险视角[J].公共管理学报,9(4):81-89.

[132] 童星,张海波,2009.灾害社会科学:一种跨学科整合的可能:概念、框架与方法[J].中国风险管理(3):15-20.

[133] 万将军,钟颢,2014.近十年来流动人口变化的特征、原因和对策研究:对

人口"五普"和"六普"数据比较分析[J].决策咨询(1):64-68.

[134] 王登科,2011.台湾的东南亚新娘[J].东南亚纵横(2):86-91.

[135] 王景新,2015.中国农村发展新阶段:村域城镇化[J].中国农村经济(10):4-14.

[136] 王鹏,2015.生命历程、社会经济地位与生育性别偏好[J].山东社会科学(1):83-89.

[137] 王跃生,2011.家庭生命周期、夫妇生命历程与家庭结构变动:以河北农村调查数据为基础的分析[J].社会科学战线(6):176-190.

[138] 王跃生,2013.中国城乡家庭结构变动分析:基于2010年人口普查数据[J].中国社会科学(12):60-77.

[139] 王跃生,2016.中国当代家庭、家户和家的"分"与"合"[J].中国社会科学(4):91-110.

[140] 王义保,李宁,2016.社会资本视角下新型农村社区治理秩序困境与能力创新[J].思想战线,42(1):141-146.

[141] 王晓征,2016.新型城镇化视域下的农村社区社会资源整合研究[J].中州学刊(9):62-66.

[142] 王增文,邓大松,2015.农村家庭风险测度及风险抵御和防范机制研究:兼论农村社会保障制度抵御风险的有效性[J].中国软科学(7):182-192.

[143] 汪为,吴海涛,2017.家庭生命周期视角下农村劳动力非农转移的影响因素分析:基于湖北省的调查数据[J].中国农村观察(6):1-14.

[144] 文洪星,韩青,2018.非农就业如何影响农村居民家庭消费:基于总量与结构视角[J].中国农村观察,141(3):93-111.

[145] 韦艳,李静,2011.政策网络视角下中韩性别失衡治理比较研究[J].人口学刊(2):46-57.

[146] 韦艳,李静,李卫东,2012.性别失衡下相关利益者的微观失范研究[J].人口与发展,18(5):26-35.

[147] 韦艳,李树茁,杨雪燕,2009.亚洲女性缺失国家和地区性别失衡的治理及对中国的借鉴[J].人口研究(1):91-103.

[148] 韦艳,吴燕,2011.整体性治理视角下中国性别失衡治理碎片化分析及路径选择[J].人口研究(2):15-27.

[149] 韦艳,张力,2011.农村大龄未婚男性的婚姻困境:基于性别不平等视角

的认识[J].人口研究(5):58-70.

[150] 魏伟,2013.同性伴侣关系:亲密关系的多重样态及可能[J].探索与争鸣(5):31-32.

[151] 魏伟,2016.同性伴侣家庭的生育:实现途径,家庭生活和社会适应[J].山东社会科学(12):75-82.

[152] 温忠麟,侯杰泰,张雷,2005.调节效应与中介效应的比较和应用[J].心理学报,37(2):268-274.

[153] 吴帆,李建民,2012.家庭发展能力建设的政策路径分析[J].人口研究(4):37-44.

[154] 吴晓林,李咏梅,2016.旧乡村里的新城区:城市"新增空间"的社区风险治理[J].北京行政学院学报(4):9-16.

[155] 夏益俊,2012.着力提高农村家庭发展能力的对策[J].党政干部学刊(2):88-90.

[156] 夏玉珍,郝建梅,2007.当代西方风险社会理论:解读与讨论[J].学习与实践(10):120-128.

[157] 谢娅婷,靳小怡,杜海峰,2015.婚姻挤压对中国农村不同群体安全感的影响:基于全国百村调查数据的分析[J].西北农林科技大学学报(社会科学版)(3):132-139.

[158] 熊跃根,杨雪,2016.我国城市老年人健康水平的性别差异研究:基于CHARLS数据的实证分析[J].江苏行政学院学报(4):56-65.

[159] 徐婧,2015.我国老年健康的性别差异及其影响因素分解[J].西北师大学报(社会科学版),52(1):139-144.

[160] 徐毅,郭维明,1991.中国出生性别比的现状及有关问题的探讨[J].人口与经济(5):9-12,54.

[161] 徐珣,2018.社会组织嵌入社区治理的协商联动机制研究:以杭州市上城区社区"金点子"行动为契机的观察[J].公共管理学报,15(1):96-107.

[162] 薛新东,葛凯啸,2017.社会经济地位对我国老年人健康状况的影响:基于中国老年健康影响因素调查的实证分析[J].人口与发展,23(2):61-69.

[163] 闫绍华,刘慧君,2012.社会变迁中性别失衡在中国演化的机制分析[J].西安交通大学学报(社会科学版),32(1):52-56.

[164]闫文秀,李善峰,2017.新型农村社区共同体何以可能?:中国农村社区建设十年反思与展望(2006—2016)[J].山东社会科学(12):108-117.

[165]杨国才,施玉桥,2015.边境跨国婚姻的研究与展望[J].北方民族大学学报(3):118-125.

[166]杨菊华,2012.男孩偏好与性别失衡:一个基于需求视角的理论分析框架[J].妇女研究论丛(2):24-35.

[167]杨菊华,何炤华,2014.社会转型过程中家庭的变迁与延续[J].人口研究(2):36-51.

[168]杨雪冬,2006.风险社会与秩序重建[M].北京:社会科学文献出版社:288.

[169]杨雪燕,李树茁,2008.出生性别比偏高治理中的公共政策失效原因分析[J].公共管理学报(4):84-92.

[170]杨雪燕,李树茁,2009.国际视野中的性别失衡公共治理:比较与借鉴[J].公共管理学报,6(3):92-101.

[171]杨雪燕,李树茁,龚怡,2010.经济增长、社会发展与男孩偏好:基于治理的视角[J].妇女研究论丛(6):27-33.

[172]杨雪燕,尚子娟,2010."关爱女孩行动"治理模式识别:基于24个试点县区的分析[J].西安交通大学学报(社会科学版),30(3):63-69.

[173]杨亮承,鲁可荣,2015.城市化进程中城郊型农村社区治理困境与策略选择[J].农村经济(5):100-104.

[174]尹秀芳,杨云彦,2014.农村家庭风险抵御能力研究:基于湖北省的调查[J].农村经济(10):86-90.

[175]英瓦尔·卡尔松,什里达特·兰法尔,1995.天涯成比邻:全球治理委员会的报告[R].北京:中国对外翻译出版公司:2.

[176]于潇,祝颖润,阚兴龙,2019.中国男性婚姻挤压城乡差异研究[J].人口研究(4):3-16.

[177]原新,2014.出生人口性别失衡:形势与治理[J].西安交通大学学报(社会科学版),34(6):28-30.

[178]原新,2016a.出生人口性别比最新动态及问题判断[J].西安交通大学学报(社会科学版),36(6):122-124.

[179]原新,2016b.我国生育政策演进与人口均衡发展:从独生子女政策到全面

二孩政策的思考[J].人口学刊,38(5):5-14.

[180] 曾毅,1988.一门十分活跃的人口学分支学科:家庭人口学[J].中国人口科学(6):58-63.

[181] 周长洪,2013.中国家庭结构变化的几个特征及其思考:基于"五普"和"六普"数据的比较[J].南京人口管理干部学院学报(4):3-8

[182] 周垚,2010.中国治理出生性别比偏高的公共政策研究[D].南开大学.

[183] 周庆智,2016.论中国社区治理:从威权式治理到参与式治理的转型[J].学习与探索(6):44-53.

[184] 朱楚珠,李树茁,2000.宣言下的合力:中国农村改善女孩生活环境的社区发展项目[J].妇女研究论丛(4):21-24.

[185] 朱华桂,2012.论风险社会中的社区抗逆力问题[J].南京大学学报(哲学·人文科学·社会科学),49(5):47-53.

[186] 朱宇,2012.51.27%的城镇化率是否高估了中国城镇化水平:国际背景下的思考[J].人口研究(2):31-36.

[187] 瞿小敏,2016.社会支持对老年人生活满意度的影响机制:基于躯体健康、心理健康的中介效应分析[J].人口学刊,38(2):49-60.

[188] 赵晨,高中华,2014.新生代知识员工队伍的工作家庭冲突:基于人口特征差异交互效应的视角[J].心理科学(4):944-949.

[189] 张爱华,2016.村落日常实践中的男孩偏好:对河北上村生育偏好的文化分析[J].山东社会科学(9):162-167.

[190] 张灿强,闵庆文,张红榛,等,2017.农业文化遗产保护目标下农户生计状况分析[J].中国人口资源与环境(1):169-176.

[191] 张澧生,2015.基于政策利益主体损耗的性别失衡问题探讨[J].中国行政管理(10):94-98.

[192] 张金鹏,保跃平,2013.云南边疆民族地区跨境婚姻与社会稳定研究[J].云南民族大学学报(哲学社会科学版)(1):47-54.

[193] 张墨宁,2013."越南新娘":婚姻市场的风险和门槛[J].南风窗(26):58-61.

[194] 张秀兰,徐月宾,2003.建构中国的发展型家庭政策[J].中国社会科学(06):84-96.

[195] 张永理,徐浩,2014.改革开放以来我国乡村社区风险变化研究[J].马克

思主义与现实(6):64-69.

[196] 郑晓瑛,2000.中国老年人口健康评价指标研究[J].北京大学学报(哲学社会科学版),37(4):144-151.

[197] 郑妍妍,李磊,刘斌,2013."少子化""老龄化"对我国城镇家庭消费与产出的影响[J]人口与经济(6):19-29.

[198] 中国人口与发展研究中心课题组,2012.中国人口城镇化战略研究[J].人口研究(3):3-13.

[199] 周国伟,2008.中国老年人自评自理能力:差异与发展[J].南方人口,23(1):51-58.

[200] 周红云,胡浩钰,2017.社会支持对流动老人社会融合的影响:基于武汉和深圳的调查数据[J].西北人口(4):24-32.

[201] 周建新,2002.中越中老跨国民族及其族群关系研究[M].北京:民族出版社.

[202] 周建新,2008.中越边境跨国婚姻中女性及其子女的身份困境:以广西大新县壮村个案为例[J].思想战线(4):1-8.

[203] 祖群英,2009.她们为何选择嫁到台湾:大陆配偶婚姻迁移的动因分析[J].青年探索(5):47-50.

[204] ABELMANN N, KIM H, 2005. A failed attempt at transnational marriage: maternal citizenship in a globalizing South Korea[M]//CONSTABLE N. Cross-border marriages: gender and mobility in transnational Asia. Philadelphia: University of Pennsylvania Press:101-123.

[205] ANAGNOST A, 2000. Scenes of misrecognition: maternal citizenship in the age of transnational adoption[J]. Positions,8(2):389-421.

[206] ANGELES L C, SUNANTA S, 2009. Demanding daughter duty: gender, community, village transformation, and transnational marriages in northeast Thailand[J]. critical asian studies,41(4):549-574.

[207] ATTANE I, 2006. The demographic impact of a female deficit in China, 2000-2050[J]. Population and development review,32(4):755-770.

[208] BARDIN A, ZUANNA T D, FAVARATO S, et al., 2019. The role of maternal citizenship on pediatric avoidable hospitalization: a birth cohort study in North-East Italy[J]. The indian journal of pediatrics,86:S3-S9.

[209] BAILEY W A, GORDON S A, 2016. Family caregiving amidst age – associated cognitive changes: implications for practice and future generations[J]. Family relations, 65: 225 – 238.

[210] BAFFOE G, MATSUDA H, 2018. An empirical assessment of households livelihood vulnerability: the case of rural ghana[J]. Social indicators research, 140(3): 1225 – 1257.

[211] BEAUCLAIR R, MENG F, DEPREZ N, 2013. Evaluating audio computer assisted self – interviews in urban south African communities: evidence for good suitability and reduced social desirability bias of across – sectional survey on sexual behavior[J]. BMC Medical Research Methodology, 13: 2 – 7.

[212] BEAVERS W R, HAMPSON R, 2000. The beavers systems model of family functioning[J]. Journal of family therapy, 22(2): 128 – 143.

[213] BELANGER D, Lee H K, WANG H Z, 2010. Foreign brides surveys: ethnic statistics in East Asia[J]. Ethnic and racial studies 33(3): 1 – 23.

[214] BELANGER D, LI X, 2009. Agricultural land, gender and kinship in rural China and Vietnam: a comparison of two villages[J]. Journal of agrarian change, 9(2): 204 – 230.

[215] BELANGER D, LINH T G, 2011. The impact of transnational migration on gender and marriage in sending communities of Vietnam[J]. Current sociology, 59(1): 59 – 77.

[216] BELANGER D, LINH T G, DUONG L B, 2011. Marriage migrants as emigrants: remittances of marriage migrant women from Vietnam to their natal families[J]. Asian population studies, 7(2): 89 – 105.

[217] BELANGER D, LINH T G, WANG H Z, 2010. Ethnic diversity and statistics in East Asia: "foreign brides" surveys in Taiwan and South Korea[J]. Ethnic and racial studies, 33(6): 1108 – 1130.

[218] BENGTSON V L, ROBERTS R, 1991. Intergenerational solidarity in aging families: an example of formal theory construction[J]. Journal of marriage and the family, 53: 856 – 70.

[219] BERKES F, ROSS H, 2013. Community resilience: toward an integrated approach[J]. Society and natural resources, 26(1): 5 – 20.

[220] BLACK D, GATES G, SANDERS S, et al., 2000. Demographics of the gay and lesbian population in the United States: evidence from available systematic data sources [J]. Demography, 37(2):139-154.

[221] BLACK K, LOBO M, 2008. A conceptual review of family resilience factors [J]. Journal of family nursing, 14(1):33-55.

[222] BONANNO G A, ROMERO S A, KLEIN S I, 2015. The temporal elements of psychological resilience: an integrative framework for the study of individuals, families, and communities [J]. Psychological Inquiry, 26(2):139-169.

[223] BONGAARTS J, GUILMOTO C Z, 2015. How many more missing women? Excess female mortality and prenatal sex selection, 1970-2050 [J]. Population & development review, 41(2):241-269.

[224] CAI R, ZHAO J, CAI W D, et al., 2014. HIV risk and prevention behaviors in men who have sex with men and women: a respondent-driven sampling study in Shenzhen, China [J]. AIDS and Behavior, 18(8):1560-1568.

[225] CANDA E R, 2013. Filial piety and care for elders: a contested confucian virtue reexamined [J]. Journal of ethnic and cultural diversity in social work, 22: 213-234.

[226] CAO M T, XU D D, XIE F T, et al., 2016. The influence factors analysis of households' poverty vulnerability in southwest ethnic areas of China based on the hierarchical linear model: a case study of liangshan yi autonomous prefecture [J]. Applied geography, 66: 144-152.

[227] CHANG F, SHI Y J, YI H M, et al., 2016. Adult child migration and elderly parental health in rural China [J]. Adult child migration, 8(4):677-697.

[228] CHASKIN R J, 2008. Resilience, community, and resilient communities: conditioning contexts and collective action [J]. Child care in practice, 14(1): 65-74.

[229] CHAPPELL N L, KUSCH K, 2007. The gendered nature of filial piety: a study among Chinese Canadians [J]. Journal of cross-cultural gerontology, 22: 29-45.

[230] CHAN Y F, PASSETTI L L, GARNER B R, 2011. HIV risk behaviors: risky sexual activities and needle use among adolescents in substance abuse treat-

ment[J]. AIDS and behavior,15(1):114-124.

[231] CHEN C M,DU B F,Ho C L,et al.,2018. Perceived stress,parent-adolescent/young adult communication, and family resilience among adolescents/young adults who have a parent with cancer in taiwan:a longitudinal study [J]. Cancer nursing,41(2):100-108.

[232] CHEN F,YANG Y, LIU G,2010. Social change and socioeconomic disparities in health over the life course in China:a cohort analysis[J]. American sociological review,75(1):126-150.

[233] CHEW J,HAASE A M,2016. Psychometric properties of the family resilience assessment scale:a singaporean perspective [J]. Epilepsy & behavior,61: 112-119.

[234] CHOI S Y P,CHEUNG A K L,2017. Dissimilar and disadvantaged:age discrepancy, financial stress, and marital conflict in cross-border marriages [J]. Journal of family issues,38(18):2521-2544.

[235] CHOI S Y P,CHEUNG Y W,CHEUNG A L. 2012. Social isolation and spousal violence:comparing female marriage migrants with local women[J]. Journal of marriage and family,74:444-461.

[236] CHOU R J A,2011. Filial piety by contract:the emergence, implementation, and implications of the "family support agreement" In China[J]. The gerontologist,51(1):3-16.

[237] CHRISTIAENSEN L, SABBARAO K, 2004. Toward an understanding of household vulnerability in rural kenya[R]. Washington DC: World Bank Policy Research Working Paper:3326-3345.

[238] CHUNG W C,GARMESTANI A,EASON T N,et al.,2018. Enhancing quantitative approaches for assessing community resilience[J]. Journal of environmental management, 213:353-362.

[239] CLARK T T,SALAS-WRIGHT C P,VAUGHN M G,et al.,2015. Everyday discrimination and mood and substance use disorders:a latent profile analysis with African Americans and Caribbean Blacks[J]. Addictive behaviors,40: 119-125.

[240] CONG Z,SILVERSTEIN M,2008. Intergenerational time for money exchanges

in rural China:does reciprocity reduce depressive symptoms of older grandparents[J]. Research in human development,5(1):6 – 25.

[241]CONG Z,SILVERSTEIN M,2008. Intergenerational support and depression among elders in rural China:do daughters – in – law matter[J]. Journal of marriage and family,70:599 – 612.

[242]CONG Z,SILVERSTEIN M,2014. Parents' preferred care – givers in rural China: gender, migration and intergenerational exchanges[J]. Ageing and society,34(5):727 – 757.

[243]CROLL E,2006. The intergenerational contract in the changing asian family [J]. Oxford development studies, 34(4):473 – 491.

[244]DAVIS C,TANG C S K,CHAN S F F,et al. ,1999. The development and validation of the international AIDS questionnaire chinese version(IAQ – C)[J]. Educational and psychological measurement,59(3):481 – 491.

[245]DOUGLAS M,WILDAVSKY A,1982. Risk and culture:an essay in the selection and interpretation of technological and environmental dangers[M]. Berkeley:University of California Press:186.

[246]EMERY M,FLORA C,2006. Spiralling up:mapping community transformation with community capital framework [J]. Community development, 37 (1): 19 – 30.

[247]FENG Z, WANG W, JONES K,et al. ,2012. An exploratory multilevel analysis of income, income inequality and self – rated health of the elderly in China [J]. Social science & medicine,75:2481 – 2492.

[248]FINKLESTEIN M,2015. Risk and resilience factors in families under ongoing terror along the life cycle [J]. Contemporary family therapy, 38 (2): 129 – 139.

[249]FOGARTY L,MARCUS W,FELDMAN,2011. The cultural and demographic evolution of son preference and marriage type in contemporary China[J]. Biol theory, 6:272 – 282.

[250]FORNELL C, LARCKER D F,1981. Evaluating structural equation models with unobservable variables and measurement error[J]. Journal of marketing research ,24(4):337 – 346.

[251] GOLDBERG A E,2009. Heterosexual, lesbian, and gay preadoptive parents' preferences about child gender[J]. Sex roles, 61.

[252] GOODKIND D,2011. Child underreporting, fertility, and sex ratio imbalance in China[J]. Demography ,48:291-316.

[253] GREEFF A P, VANSTEENWEGEN A, IDE M,2006. Resiliency in families with a member with a psychological disorder[J]. American journal of family therapy, 34(4):285-300.

[254] GRIFFITH J L, AGANI F, WEINE S, et al. ,2005. A family-based mental health program of recovery from state terror in kosova[J]. Behavioral sciences & the law,23(4): 547-558.

[255] GRILLOT C,2012. Between bitterness and sweetness, when bodies say it all: Chinese perspective on vietnamese women in a border space[J]. Journal of vietnamese studies,7(1):106-148.

[256] GROSSMAN M,1972. On the concept of health capital and the demand for health [J]. Journal of political economy,80(2):223-255.

[257] GUILMOTO C Z,2012. Skewed sex ratios at birth and future marriage squeeze in China and india,2005-2100[J]. Demography,49(1):77-100.

[258] GUO M,2014. Parental status and late-life well-being in rural China:the benefits of having multiple children[J]. Aging and mental health,18(1): 19-29.

[259] GUO M, CHI I, SILVERSTEIN M,2012. The structure of intergenerational relations in rural China:a latent class analysis[J]. Journal of marriage and family,74:1114-1128.

[260] GUO M, CHI I, SILVERSTEIN M,2017. Intergenerational support and depression among Chinese older adults:do gender and widowhood make a difference [J]. Ageing & society, 37:695-724.

[261] GUO Z, GUPTA M D, LI S,2016. Missing girls' in China and India:trends and policy challenges[J]. Asian population studies,12(2):135-155.

[262] GUO Y R, ZHANG J, ZHANG Y L, et al. ,2018. Examining the relationship between social capital and community residents' perceived resilience in tourism destinations [J]. Journal of sustainable tourism,26(6):973-986.

[263] HAWLEY D R, DEHAAN L, 1996. Toward a definition of family resilience: integrating life – span and family perspectives[J]. Family process, 35(3): 283 – 298.

[264] HE C, YE J, 2014. Lonely sunsets: impacts of rural – urban migration on the left-behind elderly in rural China[J]. Population, space and place, 20: 352 – 369.

[265] HENDRICKER E, REINKE W M, 2017. Conceptualizing family risk in a racially/ethnically diverse, low – income kindergarten population[J]. Contemporary school psychology, 21(2): 125 – 139.

[266] HENRY K L, MUTHEN B, 2010. Multilevel latent class analysis: an application of adolescent smoking typologies with individual and contextual predictors [J]. Structural equation modeling: a multidisciplinary journal, 17(2): 193 – 215.

[267] HVISTENDAHL M, 2013. Can China age gracefully? A massive survey aims to find out [J]. Science, 341(23): 831 – 832.

[268] HILL R, MATTESSICH P, 1979. Family development theory and life spandevelopment [J]. Life span developmentand behavior, 3: 174.

[269] HOANG L A, YEOH B S A, 2015. "I'd do it for love or for money": vietnamese women in taiwan and the social construction of female migrant sexuality[J]. Gender, place & culture, 22(5): 591 – 607.

[270] HONG Y, STANTON B, LI X M, et al., 2006. Rural – to – urban migrants and the HIV epidemic in China[J]. AIDS and Behavior, 10(4): 421 – 430.

[271] HOFFMAN L, NQUYEN H T, KERSHAW T S, et al., 2010. Dangerous subtlety: relationship – related determinants of consistency of condom use among female sex workers and their regular, non – commercial partners in hai phong, viet nam[J]. AIDS and behavior, 15(7): 1372 – 1380.

[272] HU Y, 2017. Attitudes toward transnational intermarriage in China: testing three theories of transnationalization [J]. Demographic research, 37: 1413 – 1444.

[273] HUANG H L, 2009. Where are our daughters, mothers, sisters, and wives? A typological analysis of missing women and girls in greater China, 1900 – 2000s

[J]. Asian journal of criminology,4:85-106.

[274] HUANG P L,2017. Dependent or breadwinner? Vietnamese brides reshaping gender roles at the China-Vietnam border[J]. The journal of chinese sociology,4:16-23.

[275] HUANG P L,HO S Y,2016. Vietnamese brides' practices of maternal citizenship at the China-Vietnam border[J]. Asian women,32(1):77-110.

[276] HUANG Y N,2012. Family relations and life satisfaction of older people: a comparative study between two different hukous in China[J]. Ageing & society,32(1):19-40.

[277] HUDSON V,BOER A D,2004. Bare branches: the security implications of asia's surplus male population[M]. Cambridge:The MIT Press:245.

[278] HUNG S C,YANG W S,YEN P C,2010. More than lost in translation? An exploratory study of social workers' experiences working with vietnamese wives in taiwan [J]. International social work,53(3):327-338.

[279] HSIN C T,2017. Young children's learning of literacies in transnational and sociocultural contexts in families with immigrant mothers in Taiwan[J]. Australasian journal of early childhood,42(1):33-40.

[280] ISAACS S A,ROMAN N V,SAVAHL S, et al. ,2018. Adapting and validating the family resilience assessment scale in an afrikaans rural community in south africa [J]. Community mental health journal,54(1):73-83.

[281] JAGGER C,MATTHEWS F,2002. Gender differences in life expectancy free of impairment at older ages[J]. Journal of women & aging,14(1-2):85.

[282] JEFFREYS E,PAN W,2013. The rise of Chinese-foreign marriage in mainland China, 1979-2010[J]. China information,27(3):347-369.

[283] JIANG Q B,FELDMAN M W,LI S Z,2014. Marriage squeeze, never-married proportion,and mean age at first marriage in China[J]. Population research and policy review,33(2):189-204.

[284] JIANG Q B,SHUZHUO L,MARCUS W F,2011. Demographic consequences of gender discrimination in China: simulation analysis of policy options[J]. Population research & policy review,30(4):619-638.

[285] JIANG Q B,JESÚS J,SÁNCHEZ-BARRICARTE, et al. , 2011. Marraige

squeeze in China's future[J]. Asian population studies,7(3):177 - 193.

[286] JIANG Q B, LI Y, BARRICARTE J J S,2013. Trafficking of women from neighboring countries into China for marriage within the context of gender imbalance1[M]// Sharma V P. Human Trafficking and Female Migration - Problem of Evolving Humanity and Emerging World. New Delhi, INDIA:Anmol Publications Pvt Ltd:1 - 25.

[287] JIANG Q B,LI X M,LI S Z,et al. ,2016. China's marriage squeeze:a decomposition into age and sex structure[J]. Social indicators research,127(3):793 - 807.

[288] JOHANSSON S,CHENG S L,2016. Universal old - age pension in an aging China:can China learn from Sweden[J]. International social work,59(6):922 - 937.

[289] JOSEPH A E, PHILLIPS D R,1999. Ageing in rural China: impacts of increasing diversity in family and community resources[J]. Journal of cross - cultural gerontology,14: 153 - 168.

[290] KAYA M, ARICI N,2012. Turkish version of shortened family resiliency scale (FRAS): the study of validity and reliability[J]. Procedia:social and behavioral sciences,55: 512 - 520.

[291] KELLY C, FERRARA A, WILSON G A, et al. ,2015. Community resilience and land degradation in forest and shrubland socio - ecological systems:evidence from gorgoglione, basilicata,italy[J]. Land use policy,46:11 - 20.

[292] KHANLOU N,WRAY R,2014. A whole community approach toward child and youth resilience promotion:a review of resilience literature[J]. International journal of mental health addiction,12:64 - 79.

[293] KIM H K,2012. Marriage migration between South Korea and Vietnam:a gender perspective[J]. Asian perspective,36(3):531 - 563.

[294] KIM J, YANG S B, TORNEO A,2014. Marriage immigration and multicultural families: public policies and their implications for the philippines and south korea[J]. Asian politics & policy,6(1):97 - 119.

[295] KIM K,2017. Cross - border marriages in south korea and the challenges of rising multiculturalism[J]. International migration,55(3):76 - 88.

[296] KIM K L,2017. Korea and the gender construction of female marriage immigrants [J]. Pastoral psychology,66:13 -25.

[297] KIM Y L,SHIN H R,2018. Governing through mobilities and the expansion of spatial capability of vietnamese marriage migrant activist women in south korea [J]. Singapore journal of tropical geography,39:364 -381.

[298] KLINE R B,1998. Principle and practice of structural equation modeling [M]. New York: Guilford Press.

[299] LEE H,2012. Political economy of cross - border marriage: economic development and social reproduction in korea[J]. Feminist economics,18(2):177 -200.

[300] LEE H,2014. Trafficking in women? Or multicultural family? The contextual difference of commodification of intimacy [J]. Gender, place & culture, 21 (10):1249 -1266.

[301] LEE S,2010. Surfing the skin: images of brides as the sexualized other in cross-border marriages[J]. Asian journal of women's studies,16(3):35 -61.

[302] LEE Y H,Cheng C Y,Lin S S J, 2014. A latent profile analysis of self-control and self-esteem and the grouping effect on adolescent quality of life across two consecutive years[J]. Social indicators research,117(2):523 -539.

[303] LEYKIN D,LAHAD M, COHEN O,2013. Conjoint community resiliency assessment measure-28/10 items (CCRAM28 and CCRAM10): a self - report tool for assessing community resilience[J]. American journal of community psychology,52(3 -4):313 -323.

[304] LI C,LI S Z,FELDMAN M W,et al.,2012. Does out-migration reshape rural households' livelihood capitals in the source communities? Recent evidence from western China[J]. Asian and pacific migration journal,21(1):1 -30.

[305] LI H B,YI J J,ZHANG J S,2011. Estimating the effect of the one-child policy on the sex ratio imbalance in China: identification based on the difference-in-differences [J]. Demography ,48(4):1535 -1557.

[306] LI M T,LUO Y L,LI P H,2020. Intergenerational solidarity and life satisfaction among empty-nest older adults in rural China: does distance matter? [J]. Journal of family issues: 42(3):1 -24.

[307] LI S Y,LIN S L,2016. Population aging and China's social security reforms [J]. Journal of policy modeling,38:65-95.

[308] LI S Z,ZHANG Q L,YANG X Y,et al.,2010. Male singlehood,poverty and sexuality in rural China: an exploratory survey [J]. Population,65(4): 679-694.

[309] LI S Z,ZHU C,FELDMAN M W,2004. Gender differences in child survival in contemporary rural China: a county study[J]. Journal of biosocial science,36(1):83-109.

[310] LI Y L,ZHAO Y,ZHANG J,et al.,2016. Psychometric properties of the shortened chinese version of the family resilience assessment scale [J]. Journal of child and family studies,25(9):2710-2717.

[311] LI Y W,2011. Correlates of physician visits among older adults in China: the effects of family support[J]. Journal of aging and health,23(6):933-953.

[312] LIANG M C,CHEN W,2014. Transnational undocumented marriages in the sino-vietnamese border areas of China[J]. Asian and pacific migration journal,23(1):113-126.

[313] LIANG J,ZHANG P P,ZHU X,et al.,2014. Effect of intergenerational and intragenerational support on perceived health of older adults: a population-based analysis in rural China[J]. Family practice,31(2):164-171.

[314] LIANG Y,YI Y Y,SUN Q F,2014. The impact of migration on fertility under China's underlying restrictions: a comparative study between permanent and temporary migrants[J]. Social indicators research,116(1):307-326

[315] LIN Z Y,PEI X M,2016. Intergenerational exchange of resources and elderly support in rural China[J]. The international journal of aging and human development,83(2):108-127.

[316] LIU H J,LI S Z,FELDMAN M W,2013. Gender in marriage and life satisfaction under gender imbalance in China: the role of intergenerational support and SES[J]. Social indicators research,114(3):915-933.

[317] LIU J F,2011. The review of cross border marriage between China and Vietnam [J]. Northwest Population,6:64-68.

[318] LIU J Y,2017. Intimacy and intergenerational relations in rural China[J]. So-

ciology,51(5):1034-1049.

[319] LIU Y,STILLWELL J,SHEN J,et al.,2014. Interprovincial migration,regional development and state policy in China,1985-2010[J]. Applied spatial analysis and policy,7(1):47-70

[320] LIU Y,ZONG Q Q,2018. Agricultural roots in intergenerational transfers in China [J]. Frontiers of economics in China,13(2):249-280.

[321] LOWRY D,XIE Y,2009. Socioeconomic status and health differentials in China:convergence or divergence at old ages? [R]. Population studies center,university of michigan.

[322] LU B,LIU X T,PIGGOTT J,2015. Informal long term care in China and population ageing:evidence and policy implications[J]. Population review,54(2):28-41.

[323] LU Y,TAO R,2015. Female migration,cultural context,and son preference in rural China [J]. Popul research and policy review,34(5):665-686.

[324] LUO B,ZHAN H,2011. Filial piety and functional support:understanding intergenerational solidarity among families with migrated children in rural China [J]. Ageing international,37(1):69-92.

[325] MADDOX G L,DOUGLASS E B,1973. Self-assessment of health:a longitudinal study of elderly subjects[J]. Journal of health and social behavior,14(1):87-93.

[326] MANCINI J A,ONEAL C W,MARTIN J A,et al.,2018. Community social organization and military families:theoretical perspectives on transitions,contexts,and resilience[J]. Journal of family theory & review,10(3):550-565.

[327] MASTEN A S,2013. Competence,risk,and resilience in military families:conceptual commentary[J]. Clin child fam psychol review,16:278-281.

[328] MERLI G,HERTOG S,2010. Masculine sex ratios,population age structure and the potential spread of HIV in China[J]. Demographic research,22:63-94.

[329] MICHAEL C M,LEUNG,ZHANG J S,2008. Gender preference, biased sex ratio, and parental investments in single-child households[J]. Review econ household,6:91-110

[330] MILLER E T,2004. Filial daughters, filial sons: comparisons from north rural China[M]//IKELS C. Filial Piety. Stanford, CA: Stanford University Press: 34-52.

[331] MONTPETIT M A,NELSON N A,TIBERIO S S,2017. Daily interactions and affect in older adulthood:family,friends,and perceived support[J]. Journal of happiness studies,18:373-388.

[332] MOSLEY W H,CHEN L C,2003. An analytical framework for the study of child survival in developing countries[J]. Bull world health organ,81(2):140-145.

[333] MUTHéN B O,ASPAROUHOV T,2009. Multilevel regression mixture analysis [J]. Journal of the royal statistical society,series A,172(3):639-657.

[334] MUTHéN L K,MUTHéN B O,2017. Mplus user's guide[M]8th ed. Los Angeles: Muthén & Muthén.

[335] NGUYEN T D T,BELK R,2012. vietnamese weddings:from marx to market [J]. Journal of macromarketing,32(1):109-120.

[336] NJUE C,VOETEN H A,REMES P,2011. Porn video shows, local brew, and transactional sex:HIV risk among youth in Kisumu, Kenya[J]. BMC public health,11:635-641.

[337] NORRIS F H,STEVENS S P,PFEFFERBAUM B,et al.,2008. Community resilience as a metaphor, theory, set of capabilities, and strategy for disaster readiness [J]. American journal of community psychology,41(1-2):127-150.

[338] NYLUND K,BELLMORE A,NISHINA A,et al.,2007. Subtypes, severity, and structural stability of peer victimization:what does latent class analysis say [J]. Child development,78(6):1706-1722.

[339] OCAMPO J M,2010. Self-rated health: importance of use in elderly adults [J]. Colombia médica,41(3):275-289.

[340] PANDEY R,KUMARJHA S,ALATALO J M,et al.,2017. Sustainable livelihood framework-based indicators for assessing climate change vulnerability and adaptation for himalayan communities[J]. Ecological indicators,79:338-346.

[341] PARK S S, WALDINGER R D, 2017. Bridging the territorial divide: immigrants' cross-border communication and the spatial dynamics of their kin networks[J]. Journal of ethnic and migration studies, 43(1): 18 - 40.

[342] PATTERSON J M, 2002. Integrating family resilience and family stress theory [J]. Journal of marriage and family, 64(2): 349 - 360.

[343] PEI Y L, CONG Z, 2020. Children's education and their financial transfers to ageing parents in rural China: mothers and fathers' strategic advantages in enforcing reciprocity [J]. Aging & society, 40(4): 896 - 920.

[344] PFEFFERBAUM R L, NEAS B R, PFEFFERBAUM B, et al., 2013. The communities advancing resilience toolkit(CART): development of a survey instrument to assess community resilience[J]. International journal of emergency mental health, 15(1): 15 - 29.

[345] PHILLIPS D R, FENG Z X, 2015. Challenges for the aging family in the people's republic of China[J]. Canadian journal on aging, 34(3): 290 - 304.

[346] PRENDERGAST S, MACPHEE D, 2017. Family resilience amid stigma and discrimination: a conceptual model for families headed by same-sex parents [J]. Family relations, 67(1): 26 - 40.

[347] PRICE M A, BUTOW P A, LO S K, 2007. Predictors of cancer worry in unaffected women from high risk breast cancer families: risk perception is not the primary issue [J]. Journal of genetic counseling, 16(5): 635 - 644.

[348] QIN M, FALKINGHAM J, EVANDROU M, et al., 2020. Attitudes and preferences towards future old-age support amongst tomorrow's elders in China[J]. Demographic research, 43: 285 - 314.

[349] RAPAPORT C, HORNIK - LURIE T, COHEN O, et al., 2018. The relationship between community type and community resilience[J]. International journal of disaster risk reduction, 31: 470 - 477.

[350] REGNERUS M, 2012. Mating market dynamics, sex-ratio imbalances and their consequences[J]. Sociology, 49: 500 - 505.

[351] RETTIG K D, LEICHTENTRITT R D, 1999. A general theory for perceptual indicators of family life quality[J]. Social indicators research, 47: 307 - 342.

[352] RITCHWOOD T D, HOWELL R J, TRAYLOR A C, et al., 2014. Change in

age-specific, psychosocial correlates of risky sexual behaviors among youth: longitudinal findings from a deep south, high-risk sample[J]. Journal of child and family studies,23(8):1366-1377.

[353] ROCCHI S, GHIDELLI C, BURRO R, et al.,2017. The walsh family resilience questionnaire:the italian version[J]. Neuropsychiatric disease and treatment,13: 2987-2999.

[354] RUS K, KILAR V, KOREN D,2018. Resilience assessment of complex urban systems to natural disasters:a new literature review[J]. International journal of disaster risk reduction,31:311-330.

[355] SALTZMAN W R, LESTER P, BEARDSLEE W R,2011. Mechanisms of risk and resilience in military families:theoretical and empirical basis of a family-focused resilience enhancement program[J]. Clin child fam psychol rev,14:213-230.

[356] SALTZMAN W R. LESTER P, MILBURN N,2006. Pathways of risk and resilience: impact of a family resilience program on active-duty military parents[J]. Family process, 55(4):633-646.

[357] SCHOENBERGER L, TURNER S,2008. Negotiating remote borderland access: small-scale trade on the Vietnam-China border[J]. Development and change,39(4), 667-696.

[358] SIXBEY M T,2005. Development of the family resilience assessment scale to identify family resilience constructs[D]. Gainesville:University of florida.

[359] SKINNER H, STEINHAUER P,2000. Family assessment measure and process model of family functioning[J]. Journal of family therapy,22(2):190-210.

[360] SONG L, LI S Z, FELDMAN M W,2012. Out-migration of young adults and gender division of intergenerational support in rural China[J]. Research on aging,34(4):399-424.

[361] STEVAN M W, KASHUDA A B,2012. Labor migration and HIV risk:a systematic review of the literature[J]. Aids & behavior,16:1605-1621.

[362] STOCKL H, KISS L, KOEHLER J, et al.,2017. Trafficking of vietnamese women and girls for marriage in China[J]. Global health research and policy, 2:28-36.

[363] SU Z X, HU Z, PENG X Z. 2017. The impact of changes in China's family patterns on family pension functions[J]. International journal of health planning and management, 32:351 – 362.

[364] SUN K, DUTTA M J, 2016. Meanings of care: a culture-centered approach to left-behind family members in the countryside of China[J]. Journal of health communication, 21: 1141 – 1147.

[365] SUNANTA S, ANGELES L C, 2013. From rural life to transnational wife: a grarian transition, gender mobility, and intimate globalization in transnational marriages in northeast thailand[J]. Gender, place & culture, 20(6):699 – 717.

[366] THAPAN M, 2005. Transnational migration and the politics of identity[M]. New York: Springer-Verlag.

[367] UNGAR M, 2011. The social ecology of resilience: addressing contextual and cultural ambiguity of a nascent construct [J]. American journal of orthopsychiatry, 81(1): 1 – 17.

[368] VESELY C K, LETIECQ B L, GOODMANR D, 2017. Immigrant family resilience in context: using a community-based approach to build a new conceptual model[J]. Journal of family theory & review, 9(1):93 – 110.

[369] WALSH F, 2003. Family resilience: a framework for clinical practice[J]. Family process, 42(1):1 – 18.

[370] WALSH F, 2007. Traumatic loss and major disasters: strengthening family and community resilience[J]. Family process, 46(2):207 – 227.

[371] WALSH F, 2015. Strengthening family resilience [M]. 3rd ed. New York: Guilford Press.

[372] WALSH F, 2016a. Family resilience: a developmental systems framework[J]. European journal of developmental psychology, 13(3):313 – 324.

[373] WALSH F, 2016b. Applying a family resilience framework in training, practice, and research: mastering the art of the possible[J]. Family process, 55(4):616 – 632.

[374] WEN Y, HANLEY J, 2015. Rural-to urban migration, family resilience, and policy framework for social support in China[J]. Asian social work and policy

review,9(1): 18 - 28.

[375] WILLIAMS L,ZHANG R L,PACKARD K C,2017. Factors affecting the physical and mental health of older adults in China: the importance of marital status, child proximity, and gender[J]. SSM-Population health,3:20 - 36.

[376] WILSON G A,HU Z P,RAHMAN S,2018. Community resilience in rural China: the case of hu village, sichuan province[J]. Journal of rural studies,60: 130 - 140.

[377] WINDL G,BENNETT K M,NOYES J,2011. A methodological review of resilience measurement scales[J]. Health and quality of life outcomes,9:8 - 27.

[378] WU J C L,BRADLEY R H,CHIANG T L,2011. Cross-border marriage and disparities in early childhood development in a population-based birth cohort study: the mediation of the home environment[J]. Child: care, health and development,38(4):595 - 603.

[379] WU Z,PENNING M J,ZENG W H, et al.,2016. Chappell. Relocation and social support among older adults in rural China[J]. Journals of gerontology: social sciences, 71(6):1108 - 1119.

[380] WU Z Q,SUN L,SUN Y H, et al.,2010. Correlation between loneliness and social relationship among empty nest elderly in anhui rural area[J]. Aging & mental health,14:108 - 112.

[381] XU Q, CHOW J C,2011. Exploring the community-based service delivery model: elderly care in China[J]. International social work,54:374 - 387.

[382] YAN Y,2011. The individualization of the family in rural China[J]. Boundary 2,38(1):203 - 229.

[383] YANG C, LATKIN C, LUAN R, et al.,2010. Condom use with female sex workers among male clients in sichuan province, China: the role of interpersonal and venue-level factors[J]. Journal of urban health: bulletin of the new york academy of medicine,87(2):292 - 303.

[384] YANG X Y,ATTANE I,LI S Z, et al.,2012. Same-sex sexual behaviors among male migrants in a context of male "marriage-squeeze": results from an exploratory survey in urban xi'an[J]. American journal of men's health,6(6):485 - 496.

[385] YE X X, SHANG M L, SHEN T et al. ,2012. Social, psychological, and environmentalstructural factors determine consistent condom use among rural-to-urban migrant female sex workers in shanghai China[J]. BMC public health, 12:599 – 606.

[386] YEUNG W J, XU Z H, 2012. Economic stress, quality of life, and mortality for the oldest-old in China[J]. Social indicators research, 108:131 – 152.

[387] YOO S H, HAYFORD S R, AGADJANIAN V, 2017. Old habits die hard? Lingering son preference in an era of normalizing sex ratios at birth in south korea [J]. Population research and policy review, 36(1):25 – 54.

[388] YOON Y J, 2006. Gender imbalance: the male/female sex ratio determination [J]. Journal of bioeconomics, 8:253 – 268.

[389] YU S J, CHEN F N, 2016. Life satisfaction of cross-border marriage migrants in south korea: exploring the social network effects [J]. International migration review:597 – 634.

[390] WANG B, XM LI, STANTON B, 2005. Vaginal douching, condom use, and sexually transmitted infections among chinese female sex workers[J]. Sexually transmitted diseases, 32(11):696 – 702.

[391] WANG H Z, CHANG S M, 2002. The commoification of international marriage: cross-border marriage business in Taiwan and Vietnam[J]. International migration, 40(6):93 – 116.

[392] WANG W Q, MUESSIG KE, MQ LI, et al. ,2014. Networking activities and perceptions of HIV risk among male migrant market vendors in China[J]. AIDS behavior, 18:142 – 151.

[393] WILKINSON L R, SHIPPEE T P, FERRARO K F, 2012. Does occupational mobility influence health among working women? Comparing objective and subjective measures of work trajectories[J]. Journal of health & social behavior, 53(4):432 – 447.

[394] ZAVORETTI R, 2006. Family-based care for China's ageing population: a social research perspective[J]. AEJ, 4:211 – 228.

[395] ZENG Y, LAND K C, GU D N, et al. ,2014. Household and living arrangement projections: the extended cohort-component method and applications to the U.

S. and China[M]. New York:Springer Publisher:218.

[396] ZENG Y,WANG Z L,JIANG L W,et al. ,2008. Future trend of family households and elderly living arrangement in China[J]. Genus,1 - 2:9 - 36.

[397] ZHAN H J,2004. Willingness and expectations:intergenerational differences in attitudes toward filial responsibility in China[J]. Marriage & family review, 36(1/2):175 - 200.

[398] ZHANG L,CHOW E P F,JAHN H J,et al. ,2013. High HIV prevalence and risk of infection among rural-to-urban migrants in various migration stages in China:a systematic review and meta-analysis[J]. Sexually transmitted diseases,40 (2):136 - 147.

[399] ZHANG N,WILLIAM L P, HUANG Y Y,et al. ,2012. Sexual infidelity in China: prevalence and gender-specific correlates[J]. Arch sex behav,41: 861 - 873.

[400] ZHANG N J,GUO M,ZHENG X,2012. China:awakening giant developing solutions to population aging[J]. The gerontologist,52:589 - 596.

[401] ZHANG Y K,VALERIE A,2018. Yeager and shengtian hou. The impact of community-based supports and services on quality of life among the elderly in China: a longitudinal study [J]. Journal of applied gerontology, 37 (10): 1244 - 1269.

[402] ZHANG W J,LI S Z,FELDMAN M W,2005. Gender differences in activity of daily living of the elderly in rural China:evidence from chaohu[J]. Journal of women & aging, 17(3):73 - 89.

[403] ZHANG Z,LUO Y, ROBINSON D,2019. Who are the beneficiaries of China's new rural pension scheme? Sons,daughters,or parents[J]. International journal of environmental research and publich health,16(17):1 - 16.

[404] ZHOU J X,2008. The status dilemma of women and their children in cross border marriage between China and Vietnam:a case study of zhuang nationality at xin county,guangxi[J]. Thinking,4:1 - 8.

[405] ZHU H Y,WALKER A,2018. The gap in social care provision for older people in China[J]. Asian social work and policy review,12:17 - 28.